원전으로 이해하는

칸트 윤리학

원전으로 이해하는
칸트 윤리학

초판 1쇄 발행   2023년 11월 22일
초판 2쇄 발행   2024년 9월 2일

—

지은이   박찬구
펴낸이   이방원
책임편집   정조연   **책임디자인**   손경화 · 박혜옥
마케팅   최성수 · 김 준   **경영지원**   이병은

—

펴낸곳   세창출판사
　　　　신고번호 제1990-000013호   주소 03736 서울시 서대문구 경기대로 58 경기빌딩 602호
　　　　전화 02-723-8660   팩스 02-720-4579   **이메일** edit@sechangpub.co.kr   **홈페이지** http://www.sechangpub.co.kr
　　　　블로그 blog.naver.com/scpc1992   페이스북 fb.me/Sechangofficial   인스타그램 @sechang_official

—

ISBN   979-11-6684-280-1   03190

원전으로 이해하는

칸트 윤리학

박찬구 지음

Immanuel Kant,

Werke in zehn Bänden, Hrsg. v. W. Weischedel

세창출판사

지난 2022년 3월, 불현듯 타계하신

나의 영원한 스승 진교훈 선생님께

삼가 이 책을 바칩니다.

강의에 앞서

　이 책은 칸트 윤리학에 관심을 가지면서도 칸트의 원전을 읽는 데 부담을 느끼는 독자들을 위해 집필되었습니다. 사범대학 윤리교육과에 재직하면서 현재와 미래의 도덕·윤리 선생님들을 만나는 가운데, 저자는 칸트의 윤리를 좀 더 쉽고 체계적으로 설명할 필요성을 절감했습니다. 도덕·윤리에 관한 어떤 교과서나 이론서이든 칸트 윤리가 거론되지 않는 곳은 없습니다. 따라서 이 나라에서 공교육을 받은 사람치고 '칸트'의 이름을 모르는 사람도 없습니다. 18세기의 한 독일 철학자가 21세기 한국이라는 나라에서 어떻게 이렇게도 유명한지, 아마독일 사람들조차 어리둥절할 것입니다(참고로, 저자가 독일 유학 중 세들어 살던 집주인은 칸트가 누군지도 몰랐습니다).

　이처럼 우리에게 널리 알려진 칸트인데도 저자가 접한 많은 학생과 선생님들은 칸트 윤리 이론에 대해서 상당한 부담감을 가지고 있었습니다. 달리 말하면, 그들에게 칸트 윤리는 그다지 설득력을 갖지 못하는 것으로 보였습니다. 의무, 선의지, 도덕법칙, 정언명령 등의 용어에는 친숙하면서도 그 의미를 충분히 납득하지 못한 것으로 보였으며, 이 때문인지 칸트 윤리의 근본 취지를 오해하거나, 초점이 빗나간 비판에 쉽게 동조하는 경향도 엿보였습니다. 이런 안타까운 현상의 배후에는 아마도 다음과 같은 문제들이 놓여 있을 것으로 짐작됩니다.

우선, 교과서나 윤리학 개론서에 등장하는 칸트 관련 서술들이 너무 정형화된stereotyped 해석에 근거함으로써 칸트 윤리의 진정한(생생한) 의미를 제대로 살리지 못하고 있다는 점입니다. 이는 원전이 아닌 2차 서적에 근거한 설명들이 지니기 쉬운 한계이기도 한데, 이에 대한 해법은 원전의 내용을 직접 확인함으로써 칸트의 본래적 취지를 제대로 이해하는 길밖에 없습니다.

다음으로, 칸트 윤리에 대한 설명이 그의 인식론을 포함한 전체 철학의 구도 속에서 체계적으로 전개되기보다 맥락 없이 단편적으로 서술됨으로써 깊이 있는 이해를 방해한다는 점입니다. 이로 인한 피상적인 이해는 오해와 왜곡, 잘못된 비판으로 이어지기 일쑤입니다. 저자는 그와 같은 반응을 수없이 경험한 바 있는데, 부디 이 책이 이런 문제점을 개선하는 데 도움이 되기를 바랍니다.

제목에서 짐작할 수 있듯이 이 책은 칸트의 원전 텍스트를 가능한 한 많이 수록하였습니다. 이는 학생들에게 과제를 통해 주제에 걸맞은 칸트의 원전을 읽히면서 진행했던 강의의 소산이기도 합니다. 난해하고 잘 읽히지 않기로 유명한 칸트의 텍스트였건만, 이를 직접 접한 학생들의 반응은 뜻밖에도 고무적이었습니다. 칸트의 생생한 목소리를 직접 듣는다는 신기함 때문인지, 이제까지 어렴풋하게만 알아왔던 칸트의 본뜻을 비로소 깨닫게 되었다는 희열 때문인지, 그들은 매우 의욕적으로 강의를 따라왔습니다. 이 책은 이러한 학생들의 반응에 용기를 얻은 결과물이라고 할 수 있습니다.

　이 책에 실린 칸트의 원문들은 물론 독일어 원전과 대조하고 확인하는 과정을 거쳤지만, 대부분 기존 번역서들을 참고한 것입니다. 그중에서도 최근 한국칸트학회에서 간행한 『칸트전집』과 대우고전총서로 나온 백종현의 번역서들을 가장 많이 참고하였습니다. 그 밖에 최재희 등 선배 학자들의 번역서에서도 부분적으로 도움을 받았습니다. 이 자리를 빌려 200여 년 전의 독일어 원전을 힘들여 오늘날의 우리말로 번역해 준 학자들의 노고에 깊은 감사와 함께 경의를 표하고 싶습니다.

　이 책의 중간중간에 비트겐슈타인의 언급이 등장하는 것에 대해 약간의 해명이 필요할 듯합니다. 비트겐슈타인의 글을 인용한 이유는 그가 특유의 짧은 문장으로 칸트의 메시지를 간결하게 전달해 주기 때문입니다. 다시 말해서 복잡한 칸트의 설명을 간결한 현대적 표현으로 바꾸어 줌으로써 우리의 이해를 돕기 때문입니다. 칸트와 비트겐슈타인의 사상이 여러 가지 측면에서 서로 유사하고 비교될 수 있는 측면이 많다는 것은 이미 잘 알려져 있습니다.[1] 그래서 어떤 학자는 비트겐슈타인을 가리켜 "칸트의 후계자"[2] 또는 "칸트주의자"[3]라고 부

1　칸트와 비트겐슈타인 사상의 관련성에 관한 2차 문헌들과 그 요지에 대해서는 수잔 프롬 지음, 김용정·배의용 옮김, 『칸트 대 비트겐슈타인』, 동국대학교출판부, 1988, 1~10쪽 참조.
2　만프레트 가이어 지음, 김광명 옮김, 『칸트 평전』, 미다스북스, 2004, 157쪽.
3　같은 책, 185쪽 및 372쪽.

르는가 하면, "비트겐슈타인이 일생 동안 윤리학을 염두에 두면서 저술 활동을 했다는 사실은 본래의 의미에서 칸트를 해석한 것"[4]이라고 말하기도 합니다. 이 책의 일부 주제에서 등장하는 비트겐슈타인의 표현을 통해 칸트의 메시지가 독자들에게 좀 더 명료하게 다가갈 수 있기를 기대합니다.

이 책이 나올 수 있도록 도움을 주신 분들에 대한 감사의 말씀도 빼놓을 수 없습니다. 먼저, 이 책의 얼개에 대한 기본 아이디어를 제공했을 뿐만 아니라 초고를 검토하고 수정 의견까지 제시해 준 곽정훈, 차승한, 이두연, 세 분의 박사와 최종 원고를 검토하고 유익한 지적을 해 준 이병익 박사께 깊이 감사드립니다. 다음으로, 늘 좋은 책을 기획하고 저자의 원고를 꼼꼼히 다듬어 완성도 높은 책으로 만들어 주는 세창출판사의 편집팀에 심심한 감사의 인사를 드립니다. 끝으로, 의욕적인 강의를 할 수 있도록 판을 마련해 준 서울대학교 윤리교육과의 패컬티faculty와 진리에 대한 열정으로 저자의 강의에 활력을 불어넣어 준 '서양윤리사상연습' 대학원생 여러분에게도 고마운 마음을 전합니다.

2023년 11월
박찬구

---

4 같은 책, 369쪽.

차 례

일러두기

1. 본문에 표기된 칸트 원전의 쪽수는 빌헬름 바이셰델W. Weischedel이 편집한 『칸트전집』의 초판본 쪽수를 따랐다(Immanuel Kant, *Werke in zehn Bänden*, Hrsg. v. W. Weischedel, Darmstadt: Wissenschaftliche Buchgesellschaft, 1983).

2. 원문을 인용한 부분 중 필자의 보충설명은 [   ]안에 담았다.

3. 인용문의 강조 표기(**굵은 글자**) 부분은 모두 칸트 원전의 강조 표기를 그대로 반영한 것이다.

4. 이 책에서 사용된 칸트의 원전 및 그 약칭은 다음과 같다.

『순수이성비판*Kritik der reinen Vernunft*』 → 『순수이성비판KrV』

『실천이성비판*Kritik der praktischen Vernunft*』 → 『실천이성비판KpV』

『판단력비판*Kritik der Urteilskraft*』 → 『판단력비판KU』

『도덕형이상학 정초*Grundlegung zur Metaphysik der Sitten*』 → 『정초GMS』

『학문으로 등장할 수 있는 미래의 모든 형이상학을 위한 서설*Prolegomena zu einer jeden künftigen Metaphysik, die als Wissenschaft wird auftreten können*』 → 『형이상학 서설Prol.』

『도덕형이상학*Die Metaphysik der Sitten*』 「덕론*Tugendlehre*」 → 「덕론MS-T」

『도덕형이상학*Die Metaphysik der Sitten*』 「법론*Rechtslehre*」 → 「법론MS-R」

『이성의 한계 안에서의 종교*Die Religion innerhalb der Grenzen der bloßen Vernunft*』 → 『종교론Rel.』

『교육론*Über Pädagogik*』 → 『교육론P□d.』

『윤리학 강의*Eine Vorlesung über Ethik*』

「세계시민적 관점에서 본 보편사의 이념*Idee zu einer allgemeinen Geschichte in weltbürgerlicher Absicht*」 → 「보편사의 이념」

「자연신학 원칙과 도덕 원칙의 명확성에 관한 연구*Untersuchung über die Deutlichkeit der Grundsätze der natürlichen Theologie und der Moral*」

「일반 자연사와 천체 이론 또는 뉴턴의 원칙에 따라 다룬 우주 전체의 구조와 기계적 시원에 관한 시론*Allgemeine Naturgeschichte und Theorie des Himmels oder Versuch von der Verfassung und dem mechanischen Ursprunge des ganzen Weltgebäudes, nach Newtonischen Grundsätzen abgehandelt*」

「형이상학의 꿈으로 해명한 시령자視靈者의 꿈*Träume eines Geistersehers, erläutert durch Träume der Metaphysik*」

오리엔테이션

—학생들의 전형적 질문에 대한 칸트식의 응답—

대학에서 강의하다 보면 학생들의 반응을 통해서 변화하는 요즘 세상의 흐름을 엿볼 수 있습니다. 더욱이 저자의 수강생 중 상당수가 사범대학의 도덕·윤리 예비교사이다 보니 오늘날 초·중·고교 도덕·윤리 교육의 비관적 전망을 토로하는 말을 자주 듣게 됩니다. 사람들의 관심이 온통 물질, 돈, 외모에만 쏠려 있는 현실에서 정신적 가치, 도덕, 내면의 품성을 강조하는 교육은 설 자리가 없다는 것입니다. 그뿐만 아니라 '도덕'은 대개 뻔~한 얘기가 반복되는, 그래서 지루하고 재미없는, 정답도 뻔~한 것이어서 머리 좋은 애들은 쉽게 점수를 따는, 그런 과목이라는 것입니다. "그럼 왜 이런 학과에 들어왔느냐?"라고 물으면 매우 곤혹스러워합니다. 점수에 맞춰 지원하다 보니 그렇게 되었다고 고백하거나, 그래도 이런 시대일수록 도덕 교육이 더 필요한 것 아니겠냐며 당위론을 펴기도 합니다.

물질과 외모와 본능적 욕망의 추구에 정신이 팔린 시대, 그래서 도덕·윤리에 대해서는 냉소주의가 만연한 시대에 윤리교육과에 입학한 학생들의 심정은 복잡합니다. 이런 시대에 도덕·윤리를 이야기하는 게 무슨 의미가 있을까요? 도덕 교육은 과연 가능한 기획일까요? 마치 계란으로 바위를 치는 격이 아닐까요? 학부생 중에는 스스로 냉소주의자임을 자처하면서 이런 질문을 집요하게 던지는 학생들이 있습니다. 그럴듯한 사탕발림식의 대답이 통할 수 있는 상황이 아닙니다.

이처럼 도덕 교육에 대해 냉소적인 학생들이 내세우는 전제가 있습니다. 첫째는 "인간은 동물이다. 아니, 동물에 불과하다!"라는 것입니다. 아마도 최근의 진화심리학이나 사회생물학도 이런 주장에 일조一助했을 것입니다. 둘째는 "인간은 원래 이기적 존재"라는 것입니다. 자본주의 사회의 구성원이라면 누구나 당연시하는 생각일 것입니다. 이런 생각은 '도덕' 시간에 "도덕규범을 지킬 경우, 내가 손해를 보는데도 왜 나는 그것을 지켜야 하느냐?"라는 전형적 질문의 형태로 표출됩니다. 짐작하다시피 이런 질문에 명쾌한 대답을 내놓기는 쉽지 않습니다. 하지만 도덕 교사라면 이러한 질문을 피해 갈 수는 없습니다. 대답을 회피할 경우, 그가 가르치는 도덕은 자기모순에 빠지거나 설득력을 상실하고 말 것이기 때문입니다.

이제부터 이런 두 가지 문제 제기에 대해 칸트의 생각을 빌려 대답해 보고자 합니다.

1. 인간은 동물이다!?

사실 "인간은 동물이다"라는 명제는 새삼스러울 것이 전혀 없는 평범한 명제에 불과합니다. 인간이 동물의 일종이라는 것은 모두가 알고 있는 하나의 생물학적 사실이기 때문입니다. 그런데도 굳이 이런 주장을 한다는 것은 아마도 다른 동물과 차별화되는 인간의 특성이나 우월성을 인정하지 않겠다는 뜻일 것입니다. 흔히 인간의 고유성으로 이성, 언어, 도구 사용 능력 등을 거론하지만 철학적 관점에서 가장 큰 의미를 지니는 것은 인간의 탈중심적脫中心的 사고 능력 또는 반성 능력입니다. 이것은 자신의 관점에만 갇혀 있지 않고 스스로를 대상화함으로써 자신을 객관적으로 파악할 수 있음을 의미합니다. 다시 말해 인간도 다른 동물과 마찬가지로 식욕과 성욕 등 자신의 생명과 종족을 유지하기 위한 본능적 욕구들을 지니고 있지만, 인간은 자신의 욕망들에 대해서도 거리를 두고 거기에 대해 어떤 태도를 취할 수 있다는 것입니다. 이러한 인간의 자기 초월 능력을 가리켜 실천이성 또는 자유의지라 부르기도 하는데, 이것이 도덕을 가능하게 하는 근거가 됩니다.

이런 맥락에서 볼 때, "인간은 동물이다"라는 주장은 인간을 자연 법칙이 지배하는 현상적 차원에서만 바라보겠다는 것이며, 인간의 자기 초월 능력을 인정하지 않겠다는 뜻입니다. 이러한 입장은 심리적 해방의 기제로 작용하기도 합니다. 늘 자유로운 의지로 도덕적 결단을 해야 하는 부담에서 벗어나 욕망을 마음껏 추구할 수 있는 명분을 주기 때문입니다. 하지만 "인간은 동물!"이라는 말로 자신의 욕망을 통제할 수 있는 가능성을 무시한다고 해서 그러한 가능성 자체가 없어질 수는 없습니다. 아무리 그렇게 말한다 해도 그는 여전히 인간일 수밖에 없기 때문입니다. 또 이러한 입장은 인간의 이성 능력을 제한적으로 해석하려 합니다. 다시 말해서, 도구적 이성만을 인정합니다. 인간의 욕망, 그중에서도 행복 추구의 욕망을 자명自明한 것으로 간주하고, 그러한 욕망의 충족에 관심을 기울이는 경우에, 이성의 과제는 어떻게 하면 가장 효율적으로 욕망을 충족시킬 수 있는지 그 방법을 찾는 것입니다.

우리에게 자연의 섭리로서 본능적 욕망이 주어져 있음을 당연시하고 "우리는 어떻게 욕망을 충족시킬 것인가?"를 묻는 태도와, 욕망으로부터 거리를 두고 "우리는 어떤 욕망을 가져야 하는가?", 즉 "우리는 어떻게 욕망을 통제할 것인가?"를 묻는 태도는 서로 다른 차원의 태도입니다. 전자가 인간을 현상계의 차원에서 **현상적 자아**로 바라보는 태도라면, 후자는 그를 본체계의 차원에서 **본체적 자아**로 바라보는 태도라 할 수 있습니다.[1] 우리는 일차적으로 동물과 본능적 욕망을 공유하는 '물리적' 차원의 존재이면서 동시에 도구적 이성을 발휘하는 '심리적' 차원의 존재이기도 하지만, 더 나아가 자신의 욕망조차 반성적으로 바라볼 수 있는 '선험적' 차원의 존재이자 자유로운 정신의 소유자이기도 한 것입니다.

이처럼 현상계와 본체계, 자연세계와 도덕세계에 동시에 속한 존재로서 인간은 동물과 공유하는 본능적 욕망의 차원과 인간만이 지닌 이성적 차원을 함께 지닙니다. 칸트는 이 후자를 다시 둘로 나누어 인간 본성의 세 가지 차원을 이야기합니다. 첫째는 생물로서 인간의 '**동물성**Tierheit'의 소질인데, 이것은 자연적이며 기계적인 자기애自己愛로서 이성을 필요로 하지 않는 것입니다. 둘째는 생물이면서 동시에 이

---

1 현상적 자아(또는 경험적 자아)와 본체적 자아(또는 선험적 자아)의 구분에 관해서는 네 번째 강의, '현상적 자아의 부정을 넘어 본체적 자아의 세계로' 참조.

첫 번째 강의, **오리엔테이션**

성적인 존재로서의 '**인간성**Menschheit'의 소질인데, 이것은 자연적이면서도 계산할 줄 아는, 즉 타산적 이성이 개입한 자기애를 가리킵니다. 이로써 인간은 자기의 욕구를 실현하기 위해 앞뒤를 따져 보면서 행동하게 됩니다. 셋째는 이성적이면서 동시에 도덕적인 존재로서의 '**인격성**Persönlichkeit'의 소질인데, 이것은 '스스로 의지를 규정하는 충분한 동기'로서 '도덕법칙에 대한 존경'을 가리킵니다. 도덕법칙이란 인간이 스스로에게 명령하는 당위의 규칙, 곧 정언명법이므로, 인격성의 소질이란 바로 이것을 받아들이고 자신을 거기에 따르도록 하는 의지의 자유를 의미합니다(Rel., B15~20). 여기서 우리는 '인간성'의 소질은 **타산적·도구적 이성**을, '인격성'의 소질은 **도덕적·실천적 이성**을 의미한다는 것을 알 수 있습니다.

인간은 분명히 동물성, 즉 본능적 욕구를 지닌 존재이지만, 동시에 이성도 지니고 있기 때문에 위에서 언급한 첫 번째 차원에서 두 번째와 세 번째 차원으로 나아갈 수 있습니다. 칸트는 이러한 이행移行이 가능하다는 것을 매우 흥미로운 예를 통해 역설합니다.

누군가가 자기의 성적 쾌락의 경향성에 대해 말하기를, 만일 자기에게 사랑스러운 대상과 즐길 기회가 온다면 자기는 이러한 경향성에 도저히 저항할 수 없을 것이라고 변명한다고 해 보자. 그러나 그가 이런 기회를 만난 집 바로 앞에 그런 향락을 누린 직후에 그를 달아맬 교수대가 설치되어 있다면, 그래도 과연 그가 자기의 경향성을 이겨 내지 못할 것인가. 그가 어떤 대답을 할지는 길게 생각할 필요도 없다.

• KpV, A54

위의 예를 통해 칸트는 인간이 단지 첫 번째 차원에 머무는 존재가 아니라 두 번째 차원을 지니고 있음을, 다시 말해서 자신의 본능적 욕구를 이성적 사고 능력으로 통제할 수 있음을 보여 주고자 합니다. 이때의 이성 능력은 타산적 사고 능력을 가리킵니다. 성적 욕구라는 경향성과 생존의 욕구라는 경향성이 충돌할 때, 인간은 이성적 분별력을 발휘하여 더 중요한 경향성, 즉 (성욕 충족 대신) 생명 보존 쪽을 선택할 수 있다는 것입니다. 이어서 칸트는 인간이 두 번째 차원에 머무르지 않고 세 번째 차원으로 나아갈 수 있음을 주장합니다.

그러나 그에게 그의 군주가 그를 즉시 사형에 처하겠다고 위협하면서 한 정직한 사람에 대하여 —이 사람은 그 군주가 그럴듯한 거짓 구실을 대어 파멸시키고 싶어 하는 사람인데— 위증할 것을 부당하게 요구한다고 할 때, 비록 생명에 대한 그의 사랑이 아무리 크다고 하더라도, 과연 그가 그것을 극복할 수 있으리라고 생각하는지 그렇지 않은지를 그에게 물어보라. 자신이 그렇게 할 수 있을지 없을지에 대해서 어쩌면 그는 확신하지 못할지도 모른다. 하지만 틀림없이 그는, 그런 일이 자신에게 가능하다는 것만은 주저 없이 시인할 것이다.

• KpV, A54

이 예를 통해 칸트는, 경향성과 도덕('정직함'이나 '정의' 같은)이 충돌할 경우에 인간이 도덕 쪽을 선택하는 것은 매우 힘든 일이지만, 그럼에도 불가능한 일은 아니라는 점을 역설하고 있습니다. 여기서 우리는 칸트 윤리학의 두 가지 메시지를 확인할 수 있습니다. 하나는 '도

덕법칙의 자명성^{自明性}'입니다. "도덕과 관련된 일에서 인간의 이성은 아주 평범한 사람조차 매우 쉽고 정확하게 [옳고 그름에 대한] 판단을 내릴 수 있다"(GMS, AXVI)고 칸트는 자신합니다. 또 "도덕법칙은 **순수 [실천]이성의 사실로서** 주어져 있고, 우리는 그것을 아프리오리^{a priori}[2] 하게 의식하며 절대적으로 확신한다"(KpV, A81)라고 말합니다.[3]

다른 하나는 **'도덕법칙을 실행하는 일의 어려움'**입니다. 위 인용문의 주인공도 "그런 일이 자신에게 가능하다는 것"은 확언할 수 있지만, 자신이 그 일을 과연 실행할 수 있을지는 확신하지 못합니다. 왜냐하면, 도덕법칙을 실현하려면 그 과정에서 막강한 자연적 경향성을 극복해야 하기 때문입니다. 그래서 도덕법칙은 유한한 존재인 인간에게 항상 당위 또는 의무로 다가옵니다. 도덕법칙이 명령의 형태를 띠는 것도 이 때문입니다.[4]

이상 살펴본 바와 같이, 도덕법칙의 실현이 힘든 건 사실이되 아

---

2 'a priori'는 'a posteriori'와 대비되는 표현으로서 각기 '선천적', '후천적' 또는 '선험적', '후험적'으로 번역되기도 한다. 그런데 칸트 철학의 초기 번역서에서는 'a priori'를 '선천적'으로, 'transzendental'을 '선험적'으로 번역했고, 근래에는 전자를 '선험적'으로, 후자를 '초월적'으로 번역하기도 했다. 이러한 번역 용어로 인해 혼란이 빚어지자 최근 한국 칸트학회에서는 『칸트전집』 간행에 즈음하여 이를 통일하기로 하였는데, 'a priori'는 일단 원어 발음을 그대로 살려 **'아프리오리'**로, 'transzendental'은 초기의 번역 용어를 살려 **'선험적'**으로 확정하였으며, 이 책도 이를 따른다.

3 이처럼 자명한 도덕법칙의 대표적인 정식은 잘 알려져 있듯이 "네 의지의 준칙이 항상 동시에 보편적인 입법의 원리로서 타당할 수 있도록 행위하라!"라는 것과 "너 자신의 인격이나 다른 모든 사람의 인격 안의 인간성을 결코 단지 수단으로만 대하지 말고, 항상 동시에 목적으로도 대하도록 행위하라!"라는 것이다(아홉 번째 강의 참조).

4 도덕법칙을 따르는 일이 얼마나 힘든가는 칸트가 도덕법칙을 실현하기 위한 조건으로서 '영혼 불멸'까지 요청한 것을 봐도 알 수 있다(열네 번째 강의 참조).

주 불가능한 건 아닌데도 왜 어떤 사람은 굳이 불가능하다고 강변하는 것일까요? 그것이 가능하다는 사실을 몰라서 그러는 건 아닐 것입니다. 칸트의 말처럼, 도덕적 사안에서는 보통 사람들도 매우 쉽고 정확하게 판단을 내릴 수 있으니 말입니다. 진짜 이유는 아마도 인간의 타고난 욕망이 도덕을 거슬러 그 욕망을 관철하도록 끊임없이 충동질하기 때문일 것입니다. 설사 스스로의 노력으로 자기 내면에서 일어나는 욕망은 어떻게 극복할 수 있다 하더라도, 이미 욕망의 유혹에 빠져 버린 사람들이 욕망 충족의 즐거움을 미끼로 유혹하는 것까지 극복하는 건 정말 쉽지 않은 일입니다. 그리고 이처럼 이미 자신을 욕망의 유혹에 내맡긴 사람들은 다른 사람들까지 자신들과 비슷한 공범자로 만듦으로써 자신들의 죄책감을 덜고자 하기 때문이기도 합니다.

이런 식으로 도덕 대신 욕망의 길을 걷기 시작하는 순간 온갖 변명들이 생겨나게 됩니다. 어떤 것이 옳은 행동인지를 뻔히 알고 있으면서도 "인간은 유한한 존재이므로, 그 정도는 어쩔 수 없는 것 아니냐?"라든지 "나도 그렇게 하고는 싶지만, 힘이 조금 모자란다" 따위의 변명을 늘어놓으면서 도덕적인 행동을 회피하려 드는 것입니다. 그래도 이 정도로 변명하는 것은 최소한의 양심은 남아 있는 태도라 할 수 있습니다. 때로는 여기서 더 나아가 "오로지 내 욕망을 충족하는 것만이 중요할 뿐, 도덕이라는 것은 원래 없는 것, 즉 하나의 허구일 뿐이다"라는 뻔뻔스러운 결론에 이르기도 합니다.

우리가 윤리학을 공부해야 하는 이유는 바로 여기에 있습니다. 도덕적 진리는 비교적 단순하지만, 그것을 지키기 위해서는 도덕에 맞서 욕망 충족을 정당화하는 궤변을 폭로해야 합니다. 단순한 진리를 지키기 위해 복잡한 논의가 필요하다는 것은 자못 역설적으로 들립니다. 하지만 이것은 피해 갈 수 없는 과정입니다. 온갖 궤변과 감언이설이 난무하는 현실 속에서 이러한 것들에 맞서 도덕의 기본 원칙을 바로 세우고 그것을 지켜 나가는 일은 너무나 중대한 과제이기 때문입니다.

"인간은 동물이다!"라는 주장은 한편으로는 뻔히 알고 있는 진리에 대해 눈을 감으려는 뻔뻔한 태도로 보이기도 하지만, 다른 한편으로는 인간에게 운명적으로 지워진 자유의지라는 무거운 짐을 힘겨워하는 일종의 절규로 보이기도 합니다. 여기에 대한 처방은 하나밖에 없습니다. 즉 제대로 된 윤리학 공부를 통해 욕망 대신 도덕을 선택하는 일이 가능하다는 확신을 가지는 것, 그리고 그렇게 하기로 결심하는 것뿐입니다. 그래서 칸트도 "**평범한 인간 이성**은 실천적인 이유에서, 자신의 영역[상식적 사고 수준]에서 벗어나 **실천철학**의 분야로 발걸음을 내딛게 된다"(GMS, A23)라고 하였던 것입니다.

2. 인간은 이기적 존재다!?

아마도 여러분은 이 명제가 앞서 살펴본 '인간 본성의 세 가지 차원' 중 두 번째에 해당한다는 것과 따라서 그것에 대한 비판적 논증이 어떻게 진행될 것인지에 대해서도 짐작할 수 있을 것입니다.

"인간은 이기적 존재"라는 명제는 자본주의 사회에서라면 당연시되는 것이라고 앞서 언급한 바 있지만, 이는 우리의 상식과 일치하는 견해는 아닙니다. 왜냐하면, 인간은 이기적인 측면뿐 아니라 이타적인 측면도 함께 지니고 있다고 말하는 편이 더 그럴듯해 보이기 때문입니다. 물론 보통 사람의 경우 이타적 본성보다 이기적 본성이 더 강하다는 것은 누구나 동의하겠지만, 인간이 오로지 이기적 본성만을 지니고 있다고 말하는 것은 무리라는 것입니다. 다시 말해서, 인간이 대체로 이기적이라는 것은 분명한 경험적 사실이지만, 이를 근거로 "인간은 이기적 존재!"라고 단정하는 것은 논리의 비약이며 오류라는 것입니다. 그뿐만 아니라 이러한 명제는 "인간은 동물이다"라는 명제처럼 심리적 해방의 기제로 작용하기도 합니다. '이타적이어야 한다'는 도덕의 굴레로부터 벗어나 자신의 이기적 욕망을 마음껏 추구할 수 있는 명분을 주기 때문입니다. 아래에서 인간의 이기심과 도덕의 관계에 대해 좀 더 살펴봅시다.

동서고금을 막론하고 '도덕적'이라는 것은 보통 '이기적'이라거나 '자기중심적'이라는 것과 반대되는 의미로 사용되어 왔습니다. 따라서 도덕의 개념을 이렇게 이해하는 것은 하나의 상식이며 평범한 진리라고 할 수 있습니다. 그런데도 오늘날 도덕의 개념을 자기 이익과 연결시키려 하는 '합리적 이기주의'가 주목받는 것은 어찌 된 일일까요? 도대체 어쩌다가 원래 정반대로 쓰이는 개념('도덕' 대 '이기주의')을 이처럼 부자연스럽게 일치시키려는 시도를 하게 된 것일까요? 이것은 서구 근대 문명의 발달 및 확산 과정과 관련된 것으로 보입니다. 상공 시민 계층의 대두, 자본주의 경제 체제의 성립, 자유주의 정치 이론의 발전 등과 같은 서구 근대 사회의 흐름을 떠올려 볼 때, 우리는 합리적

이기주의의 대두 배경을 어렵지 않게 짐작할 수 있습니다.

원래 시장이란 각자가 자기 이익을 추구한다는 전제하에서만 성립합니다. 여기서 요구되는 윤리는 '상인의 윤리'입니다. 그래서 현대 사회에는 과거 농경 사회 시절에 지배적이었던 공동체 윤리 대신 이해관계를 따지는 상인의 윤리가 퍼지게 된 것입니다. 워낙 상업 문명이 지배적이다 보니 이제 우리는 모든 것을 돈의 가치로 환산해서 따져 보는 게 습관이 되었습니다. 그런데 문제는 우리가 상인으로서만 살아가는 게 아니라는 데 있습니다. 가족이나 친지, 친한 친구 사이에서 우리는 흔히 이해관계를 따지지 않습니다. 또 자신이 믿는 중요한 가치나 삶의 의미를 추구함에 있어서도 우리는 상인의 이해타산을 넘어섭니다. 따라서 도덕의 근거를 자기 이익에서 찾으려는 시도는 오직 부분적인 삶의 장場, 즉 시장에서만 타당성을 지닐 뿐이며, 여기서 사용되는 '도덕'의 의미 또한 자기 이익이라는 목적을 달성하는 데 유효한 삶의 전략이라는 '가언적인hypothetisch'(조건적인) 의미의 도덕이 됩니다. 그리고 이때 작용하는 우리의 이성 능력은 타산적·도구적 이성입니다.

하지만 우리의 상식적 이해와 같이, 또 칸트가 지적한 바와 같이, 원래 도덕이란 '정언적인kategorisch'(무조건적인) 것이 아닐까요? 즉 도덕이란 단순히 자기 이익을 얻기 위한 효과적인 전략의 차원에 머무는 것이 아니라, 오히려 이기적이거나 자기중심적 이해타산을 넘어선 어떤 것이 아닐까요? 참으로 도덕이란, 우리 자신만을 위한 목적을 추구하는 것이 아니라 설사 자기희생이 따르더라도 모두를 위한 목적을 추구하는 것이 되어야 하지 않을까요?

만일 이러한 문제 제기가 타당하다면, "우리는 왜 도덕적으로 살아야(행위해야) 하는가?"라는 물음에 대해 (합리적 이기주의처럼) "그렇게 하는 것이 결국 자기에게 이익이 되기 때문이다"라고 답하는 것은 모순되거나 불충분한 대답일 수밖에 없습니다. 왜냐하면, 도덕과 자기 이익이 정면충돌할 경우, 더는 도덕을 따르도록 설득할 수 없기 때문입니다. 이 경우, 사람들은 곧바로 "도덕적으로 사는 것이 내게 아무런 이익을 가져다주지 않을 경우에도 내가 왜 도덕적으로 살아야 하는가?"에 대해 납득할 만한 이유를 대라고 요구할 것입니다. "그렇다면 도덕적으로 살 필요 없다!"라고 대답하고 말 것인가요?

이러한 딜레마를 해소하기 위해서는 "도덕은 자기 이익에 근거한 것이 아니다"라는 전제에서 다시 출발할 수밖에 없습니다. 칸트에 따르면, 도덕이란 자기 이익이나 행복을 포함한 어떤 다른 목적을 달성하기 위한 수단이 아닙니다. 또한 도덕(도덕의 최고 원리, 즉 도덕법칙)이란 현실에서 벌어지고 있는 사실에 근거한 것도 아닙니다. 지금 우리가 보고 있는 눈앞의 모든 사람이 '자신에게 유익하다면 언제든지 거짓말을 해도 좋다'고 생각한다고 해서 거짓말이 선하다거나 당연하다고 말할 수는 없는 것입니다. 도덕은 원래 당위이기 때문에, 현실에 대해서는 늘 하나의 이상으로 다가올 수밖에 없습니다. 따라서 "이상이 현실적이지 못하다"라는 말은 성립할 수 없습니다. 우리는 그 이상이 옳다고 여겨지는 한, 비록 현실적으로 많은 어려움이 예상된다고 하더라도 그것을 추구할 수밖에 없는 것입니다. 다시 말해서, 자기가 놓여 있는 현실의 자리에서 그 이상을 향해 한 발자국씩 전진해야 합니다. 만일 우리가 '현실적이지 않다'는 이유로 이상의 지표를 버린다면, 우리의 현실은 곧바로 도덕적 타락의 나락으로 떨어지고 말 것입니다.

칸트 윤리에서처럼, '도덕'이라는 것이 (어떤 다른 목적을 달성하기 위한 수단이 아니라 그 자체가 목적인) 정언명령에 근거를 두고 있다면, "우리는 왜 도덕적으로 살아야 하는가?"라는 물음은 "우리가 도덕적으로 살아야 할 도덕과 무관한 이유를 대라"라는 요구인 셈입니다. 즉 그것은 정언명령을 가언명령으로 바꾸려는 시도라 할 수 있습니다. 달리 표현하자면, 본래 무조건적 명령으로 되어 있는 것(그 자체가 궁극 목적으로서 달리 이유를 댈 수 없는 것)에 대해서 (마치 그것을 행하는 어떤 다른 이유나 상위의 목적이라도 있는 것처럼) 조건을 묻고 있는 것이기 때문입니다. 그뿐만 아니라 도덕적 가치를 통찰한 사람에게 위와 같은 물음은 사실상 사이비 물음pseudo-question에 불과합니다. 그것은 물질 문명에 물든, 그래서 진정한 삶의 의미를 상실한 시대에 사는 사람들의 병든 모습을 반영하고 있습니다. 우리에게 필요한 일은 '도덕적으로 살아야 할 도덕과 무관한 이유'를 찾는 것이 아니라, 도덕적 가치의 왕국을 향해 그냥 한 발 내딛는 것입니다. 그럴 때 비로소 우리는 새로운 차원의 세계를 열어 갈 수 있을 것입니다.

3. 칸트 윤리의 설득력은 어디에서 오는가?

오늘날 이론윤리와 응용윤리를 막론하고 어떤 윤리책, 어떤 윤리적 담론에서든 윤리 이론의 대표적인

한 유형으로서 칸트 윤리가 거론되지 않는 곳은 없습니다. 예컨대 존 롤스John Rawls의 정의론도 그 기본 아이디어는 칸트 윤리학에서 온 것입니다.[5]

칸트 윤리학이 오늘날에도 설득력을 지닐 수 있는 이유를 살펴보자면 다음과 같습니다.[6]

첫째, 칸트 윤리학은 **자연과학에 대한 깊은 이해**, 다시 말해서 그 특성과 한계에 대한 명확한 인식에 근거하여 전개되고 있기 때문에, 자연과학의 시대라고 할 수 있는 오늘날에도 여전히 무시할 수 없는 측면을 가지고 있습니다. 뉴턴으로 대표되는 근대 자연과학이 놀라운 성공을 거듭하던 17세기에, 칸트는 이미 경험적·과학적 방법이 적용될 수 있는 범위를 분명하게 설정하였고, 이에 근거하여 윤리학을 전개합니다. 따라서 그의 윤리학은 과학세계의 경계선, 즉 현상계의 한계와 더불어 시작됩니다. 만일 칸트가 과학적 지식의 성격을 그토록 철저하게 연구하지 않았다면 그의 윤리학이 가지는 영향력 또한 조금은 줄었을지도 모릅니다. 칸트 자신이 도덕을 다룬 "제2비판서"의 작업을 더 중요한 것으로 생각했음에도 불구하고, 과학적 인식을 다룬 "제1비판서"[7]가 아직도 그의 저술 가운데 가장 중요한 업적으로 인정

---

5 하버마스(J. Habermas)의 담론 윤리학이나 콜버그(L. Kohlberg)의 도덕성 발달론도 이 점에서는 마찬가지이다. 그뿐만 아니라 밀(J. S. Mill)의 공리주의 또한 칸트 윤리학과의 대립 구도로 파악할 때에 그 윤곽이 제대로 그려질 수 있다.

6 이하 내용은 박찬구, 『개념과 주제로 본 우리들의 윤리학』(개정판), 서광사, 2014, 126~129쪽 참조.

7 칸트의 3대 비판서: 제1비판서 → 『순수이성비판』(인식론), 제2비판서 → 『실천이성비판』(윤리학), 제3비판서 → 『판단력비판』(미학과 목적론).

되고 있다는 사실은, 현대가 아직도 자연과학의 시대라는 것, 그리고 그의 이론이 왜 아직도 영향력이 있는지에 대한 한 이유를 말해 주고 있습니다.

둘째, 칸트 윤리학은 **우리 전통 윤리 사상의 기본 맥락과 통할 수 있는 측면**을 가지고 있습니다. 오늘날 우리 사회가 많이 현대화되고 서구화되었다고는 하지만, 아직도 우리들의 가치관 속에는 전통적 유교 문화의 영향이 남아 있습니다. 유교 도덕은 수천 년에 걸쳐 동아시아인의 삶을 지배하는 규범으로 자리 잡아 왔으며, 그중에서도 조선 왕조는 성리학을 국가의 지배 이념으로 삼았기 때문에, 우리나라 사람들의 의식 속에는 이 유교적 도덕규범이 중국이나 일본 사람들보다도 더 깊이 뿌리내려 있습니다. 그런데 유학의 인성론人性論에 의하면, 인간에게는 본래 하늘이 부여한 선한 본성이 있고 인간은 마땅히 그것을 따라야 하되, 다만 욕심이 앞을 가릴 수 있으므로 우리는 늘 수양에 힘써야 한다고 되어 있습니다.[8] 여기서 우리는 유학의 윤리가 칸트 윤리학의 구도와 유사한 데가 있음을 알 수 있습니다. 예를 들어, 유학 사상에서 천도天道와 인도人道에 대한 논의는 칸트 윤리학에서 도덕 법칙과 준칙의 관계에 비견할 수 있고, 존천리 거인욕存天理 去人慾에 대한 강조는 칸트 윤리에서 경향성을 극복하고 도덕법칙을 따를 것을 강조하는 점과 통합니다. 또 이익보다 인의仁義를 강조하는[9] 유학의 정

---

8 『중용(中庸)』 제1장의 "天命之謂性, 率性之謂道, 修道之謂教" 참조.
9 "見利思義"[『논어(論語)』, 「헌문(憲問)」]; "王何必曰利, 亦有仁義而已矣"[『맹자(孟子)』, 「양혜왕(梁惠王)」] 참조.

신 역시 도덕은 결코 자기애에 근거할 수 없다고 본 칸트 윤리와 통하는 데가 있습니다. 이렇게 볼 때, 우리가 칸트의 윤리를 접하는 가운데 그것이 지향하는 바를 비교적 쉽게 이해하고 공감할 수 있는 것은, 우리 전통 윤리가 지닌 형이상학적 토대가 칸트 윤리학의 그것과 유사한 측면을 가지고 있기 때문인지도 모릅니다.

셋째, 칸트 윤리학은 도덕적 허무주의와 냉소주의가 횡행하는 **오늘날의 시대적 상황에서 윤리의 재건을 위해 강력한 메시지를 던져** 줄 수 있습니다. 현재 우리 사회는 과거 우리의 삶을 지탱해 주던 전통적 가치관과 윤리가 급격히 붕괴한 마당에, 서구에서 도입된 자유민주주의 사회의 가치관과 윤리는 아직 정착하지 못한 상태에 있습니다. 또 자본주의 경제가 발달하면서 생겨난 이기주의, 금전만능주의, 물질숭상주의 등의 풍조로 인해 도덕의 권위가 땅에 떨어지고, 급기야 자신의 물질적·금전적 이익을 위해서는 수단과 방법을 가리지 않는 경향까지 만연하고 있습니다. 여기에 문화적 다원주의의 기치 아래 모든 가치는 단지 상대적일 뿐이라는 주장까지 가세하면서 이제는 도덕적 회의주의가 널리 퍼지게 되었습니다. 이것은 분명 극복해야할 상황입니다. 그러므로 우리에게는 강력하면서도 보편적인 호소력을 지닌 윤리학이 필요합니다. 칸트 윤리학은 그 깊이 있는 형이상학적 토대 및 일관된 논리와 더불어 우리 시대의 윤리를 다시 세우는 데 하나의 출발점을 제공해 줄 수 있을 것입니다.

이것으로 첫 번째 강의를 마치며, 간단한 요약과 함께 칸트 윤리가 우리에게 던져 주는 메시지에 관해 성찰해 보고자 합니다. 첫 번째 주제와 두 번째 주제에서 우리는 '인간 본성의 세 가지 차원'에 대한 칸트의 분석을 통해 첫 번째로 **동물성**의 소질과 관련한 명제("인간은 동물이다"), 두 번째로 **인간성**의 소질(타산적·도구적 이성)과 관련한 명제("인간은 이기적 존재다")를 비판적으로 검토해 보았습니다. 그리고 세 번째로 **인격성**의 소질(도덕적·실천적 이성)에 근거하여 인간은 도덕법칙의 실현(도덕의 왕국)을 향해 나아갈 수 있음을 살펴보았습니다.

　칸트에게 있어 도덕의 근거는 시간과 공간으로 구성된 현상세계에 있지 않습니다. 그것은 경험적 사실이 아니라 이상적 당위에서 찾아질 수밖에 없습니다. 그러므로 도덕이 힘을 가지려면 시간과 공간에 제약되는 현상적 자아의 차원을 넘어설 필요가 있습니다. 현실적 이해관계나 행·불행을 따지는 한 "하늘이 무너져도 정의는 실현되어야 한다"와 같은 도덕의 명령은 실행될 수 없을 것이기 때문입니다. 인간이 자기 이익과 행복을 추구하는 현상적 자아의 차원에만 머문다면, 대의를 위해 자기희생을 무릅쓰는 일이나, 자기 사후死後의 미래 세대를 걱정하는 일이나, 자기와 무관한 타인의 처지에 마음 쓰는 일은 불가능할 것입니다. 만일 우리가 그런 일이 가능하다고 생각한다면, 그것은 우리가 (비록 무의식적일지라도) 현상적 자아의 차원에만 머무는 존재가 아님을 의미합니다. 칸트가 '인격성'의 소질을 이야기한 것도 바로 그러한 가능성을 표현한 것입니다.

칸트의 윤리는 도덕의 본질을 밝혀 주었다는 점에서 오늘날에도 여전히 주목할 필요가 있습니다. 그리고 우리 내면의 본체적 자아를 통해 보편 도덕을 정초한 다음, 그것을 현실에서 실현하기 위해 함께 노력하자는 취지 또한 매우 감동적이고 설득력이 있습니다. 하지만 이러한 칸트의 논증이 아무리 치밀하고 감동적이라 하더라도, 지금처럼 물질과 자기 이익과 본능적 욕망의 추구에 정신이 팔린 시대 분위기 속에서, 그리고 타산적·도구적 이성이 주로 작동하는 자본주의 사회의 현실 속에서, 과연 칸트 윤리의 메시지가 사람들에게 얼마나 설득력을 지닐 수 있을까요? 또 "인간은 동물이자 이기적 존재"라고 외치며 냉소하는 학생들 앞에서 칸트가 전하는 평범한 도덕적 진리를 어떻게 새삼스러운 감동과 더불어 재현할 수 있을까요? 그리고 어떻게 하면 그의 메시지를 딱딱한 이성적 추론의 한계를 넘어 생생하게 살아 있는 실존적 울림으로 다가가도록 할 수 있을까요? 우리의 고민은 바로 여기에 있습니다. 본 강의는 이러한 고민의 결과이자 하나의 도전인 셈입니다.

다음 강의는 근대 인식론의 혁명적 발상을 가져온 칸트의 이른바 '코페르니쿠스적 전환'에 대한 강의입니다. 이 개념을 확실하게 이해함으로써 여러분은 칸트 인식론의 기본 구도를 파악할 수 있을 것이며, 그 연장선상에 놓여 있는 칸트 윤리학도 더욱 쉽게 이해할 수 있을 것입니다.

'코페르니쿠스적 전환'이란 무엇인가?

―칸트 인식론의 혁명적 발상―

Immanuel Kant,

Werke in zehn Bänden. Hrsg. v. W. Weischedel

Kritik der reinen Vernunft   Kritik der praktischen Vernunft
Kritik der Urteilskraft   Grundlegung zur Metaphysik der Sitten
Prolegomena zu einer jeden künftigen Metaphysik, die als Wissenschaft
wird auftreten können
Die Metaphysik der Sitten Tugendlehre Rechtslehre
Die Religion innerhalb der Grenzen der bloßen Vernunft
Über Pädagogik   Eine Vorlesung über Ethik
Idee zu einer allgemeinen Geschichte in weltbürgerlicher Absicht
Untersuchung über die Deutlichkeit der Grundsätze der natürlichen
Theologie und der Moral

일반적으로 칸트의 사상은 소크라테스, 플라톤 등의 고대 그리스 사상에서 비롯한 이성중심주의의 흐름을 잇고 있다고 평가되지만, 주목해야 할 차이점도 있습니다. 고대 그리스 사상이나 중세 그리스도교 사상이 '만물의 기본 요소', '데미우르고스', '야훼 하느님' 같은 주관 바깥의 객관적 실재를 상정하는 데 반해, 칸트의 사상은 마치 불교처럼 모든 대상세계를 주관이 구성한 관념의 세계로 간주한다는 점이 그것입니다. 이는 칸트의 세계관과 인간관을 이해하는 데 핵심이 되는 관점이므로 아래에서 좀 더 자세히 살펴보기로 합시다.

1. '코페르니쿠스적 전환'의 의미

잘 알다시피 코페르니쿠스는 천체의 움직임과 관련하여 당시의 지배적 이론이었던 천동설天動說 대신 지동설地動說을 주장함으로써 인류의 우주관에 혁명적 변화를 가져온 인물입니다.

코페르니쿠스적 전환이라는 말은 칸트가 자신의 새로운 인식론의 발상을 코페르니쿠스에 의해 초래된 사고방식의 혁명적 변화에 비유하여 일컬은 표현입니다. 칸트의 말을 직접 들어 봅시다.

이제까지 사람들은 모든 우리의 인식은 대상들을 따라야 한다고 가정하였다. 그러나 이러한 방식으로 우리의 인식을 개념들에 의거해 아프리오리^a priori하게 확장하려는 모든 시도는 실패하고 말았다. 그러므로 이번에는 대상들이 우리의 인식을 따라야 한다고 가정함으로써 우리가 형이상학의 과제를 더 잘 해결할 수 있지 않을까 한번 시도해 볼 만하다. 이런 일은 그것만으로도 이미 대상들이 우리에게 주어지기 전에 대상들에 관해 무엇인가를 확정해야 함을 요구하는 아프리오리한 인식의 가능성에 더 잘 부합한다. 이는 **코페르니쿠스**의 최초의 발상이 직면했던 상황과 똑같다. 전체 별무리가 관찰자를 중심으로 회전한다는 가정하에서는 천체 운동에 대한 설명이 잘 진척되지 못한 이후, **코페르니쿠스**는 관찰자를 회전시키고 반대로 별들을 정지시킨다면 그 설명이 더 잘되지 않을까 시도해 보았다. 이제 형이상학에서 우리는 대상들의 **직관**^Anschauung[1]과 관련하여 이를 비슷한 방식으로 시

---

1 칸트 인식론에서 인식이 이루어지기 위해서는 우선 감각기관을 통해 외부 사물에 대한 정보들이 수용되어야 한다. 이렇게 수용된 감각 재료들, 즉 대상에 대한 감성적 표상이 곧 **직관**이다. 그러나 이렇게 수용된 감성적 표상들은 단지 '잡다'한 것에 불과하기 때문에, 이것들이 먼저 주관적 감성 형식인 공간·시간 질서에 따라 정돈되고, 이어서 역시 주관적 형식인 지성의 범주에 따라 종합됨으로써 하나의 대상이 비로소 우리에게 인식된다.

도해 볼 수 있다. 직관이 대상들의 성질에 따라야 하는 것이라면 우리가 어떻게 대상들에 관하여 무엇인가를 아프리오리하게 알 수 있는가를 통찰하지 못하지만, 대상이 (감관의 객관으로서) 우리 직관 능력의 성질에 따른다면 이 가능성을 아주 잘 생각할 수 있다.

• KrV, BXVI~BXVII

나중에 우리는 사물들에 관해 우리 자신이 그것들 안에 집어넣은 것만을 아프리오리하게 인식한다는 사고방식의 변화된 방법으로서 우리가 받아들인 것의 훌륭한 시금석을 제공할 것이다.

• KrV, BXVIII

코페르니쿠스는 천체의 운행을 자신이 서 있는 장소를 기준으로 기술하던 기존의 방식을 태양을 중심에 두고 기술하는 방식으로 바꾸어 보았습니다. 이러한 전환을 통해 여러 가지 계산이 단순해졌는데, 이로써 그는 자신의 선택이 옳다는 것을 확신하게 되었습니다. 칸트는 이와 같은 코페르니쿠스의 시도에 착안하여 이제 형이상학에서도 이러한 전환을 시도해 볼 만하다고 판단한 것입니다. 이제까지는 지성이 대상의 확고부동한 '본질'을 알아내기 위해 애썼다면, 이제부터는 지성을 불변의 척도로 삼고 지성을 중심으로 대상들이 운동하는 것으로 바라볼 것을 제안했으며, 이를 통해 기존의 전제들에서 불가피하게 도출되는 순수 이성의 오류추리와 이율배반을 해결할 수 있으리라 기대했습니다.

2. '사물 그 자체'는 인식될 수 없다
―흄과 비트겐슈타인의 회의주의

소박한 경험적 실재론에 의하면, 우리 외부의 대상은 우리가 그것을 인지하건 인지하지 못하건 항상 거기에 있습니다. 물론 우리가 눈을 감으면 그 대상은 보이지 않게 되지만, 우리는 그것이 사라졌다고 생각지 않습니다. 대상은 항상 거기에 그대로 있되, 다만 우리가 그것을 보거나 보지 않을 뿐입니다. 단지 주관적 조건으로 인하여 생겨난 현상(특수)을 객관적인 것(보편)으로 인식한다면 그것은 무지와 어리석음의 소치일 뿐입니다. 어릴 때 우리는 자기 엄마가 세상에서 제일 예쁜 줄 알지만, 커서는 반드시 그런 건 아님을 알게 되듯이, 또 처음엔 자기 집 음식이 제일 맛있는 줄 알지만, 나중에 그건 단지 어릴 적의 익숙한 입맛에 길들었던 것임을 알게 되듯이, 우리는 특수를 보편으로 인식했던 어리석음을 깨닫고 이제까지 보편으로 여겼던 것이 실은 특수에 불과했음을 깨닫습니다.

칸트의 관점에서 볼 때, 이처럼 개인적 감각이나 주관적 여건의 차이 때문에 사람마다 다르게 보이는 것은 **경험적 의미의 현상**입니다. 이는 사실상 '가상假象, Schein'을 의미합니다. 그러한 가상의 이면에는 개인의 주관적 조건을 떠나 객관적으로 인식되는 '사물 그 자체'(이하 '물자체'로 약칭),[2] 즉 **경험적 의미의 물자체**가 있습니다. 전자는 객관

---

2 '사물 그 자체', 즉 '물자체'란 고전 철학에서는 '실체'(영어로는 substance, 그리스어로는 ousia, 라틴어로는 substantia)라고 불렸는데, 모든 존재하는 것의 기초에 있고 그 존재의

적 사실이 왜곡되어 인식된 가상에 불과합니다. 반면에 후자는 참된 인식을 통해 파악된 '실재'이자 '진리'에 해당합니다.[3]

그렇다면 경험상 우리 외부에 실재하는 것으로 파악된 대상은 우리(인간 전체)의 주관적 조건과 무관하게 참으로 실재하는 것이라 말할 수 있을까요? 칸트의 대답은 "아니다!"입니다. 인간의 경험을 가능하게 하는 시간과 공간이라는 조건 자체가 인간에게 특화된 것이기 때문입니다. 말하자면 그것은 인간에게만 그렇게 경험되는 '현상'인 것입니다.[4] 예를 들어 봅시다. 개에게 외부의 대상세계는 아마도 후각嗅覺과 청각聽覺의 비중이 아주 큰 세계일 것입니다. 개의 중요 생존 조건에 속하는 적과 먹이의 파악이 대부분 이런 감각에 의존하기 때문입니다. 반면에 주로 시각視覺과 인과관계 추론에 의존하는 인간은 공간과 시간이라는 조건을 통해 대상세계를 파악합니다. 모든 생명체는 각기 자기의 생존 조건에 맞게 최적화된 기능을 갖추고 있으며, 오직

성질 변화나 여러 가지 현상에도 불구하고 항상 변치 않고 동일하게 머무는, 존재의 근원을 이루는 것을 의미한다. 근대에 이르러 특히 칸트에게서 '물자체'란 인식 주관에서 독립하여 그것 나름의 고유한 존재 방식을 지닌 것을 의미하며, 더 구체적으로는 인식 가능한 객관이나 현상에 대비하여 상정되는 개념이다.

3 물이 담긴 그릇에 젓가락을 넣으면 (실제 모습과 달리) 젓가락이 휘어 보인다. 이것이 '경험적 의미의 현상'(즉 가상)이다. 반면, 물에 담그기 전의 젓가락 모습은 '경험적 의미의 물자체'(즉 실재)이다.

4 자기에게 익숙한 것을 의심해 보는 것, 예컨대 시간과 공간이 자연에 내재하는 실재가 아니라 인간의 특수한 경험 양식에 불과하다는 착안은 절대공간과 절대시간 개념을 전제로 전개된 뉴턴 물리학이 풍미하던 당시로서는 정말 획기적인 발상으로 보인다. 이 점에서 칸트는 시간·공간 개념이 단지 인간의 조건에 불과함을 처음으로 주장한 라이프니츠(G. W. Leibniz)에게 일정 부분 빚지고 있다.

그러한 조건을 통해서만 이 세상과 만나는 것입니다. 따라서 우리 인간의 인식은 아무런 전제 없는 순수한 경험이 아니며, 우리에 의해 경험된 실재 역시 '물자체'가 아니라 우리의 인식 틀에 의해 규정되고 해석된 '현상'에 지나지 않는 것입니다.

이렇게 경험된 실재를 현상이라고 말할 때, 그 현상의 의미는 경험적 의미에서가 아니라 선험적 의미에서입니다. '경험적 의미의 물자체'는 그것을 경험하는 인간의 인식 조건을 떠나 그 자체로 존재하는 것이 아니라는 점에서 **선험적 의미의 현상**입니다. 다시 말해서 우리가 경험하는 이 세계는 모두 '선험적 의미의 현상'인 것입니다. 이것이 칸트의 입장입니다.

그렇다면 **선험적 의미의 물자체**는 무엇일까요?[5] 그것은 우리의 경험과 무관하게 그 자체로 존재한다고 가정되는 것을 가리킵니다. 이런 의미의 물자체를 인간은 인식할 수 있을까요? 근대 인식론은 이 문제를 두고 심각하게 고민했습니다. 우리는 우리의 인식 조건과 무관한 있는 그대로의 대상과는 만날 수 없는 것일까요? 우리 외부의 대상세계에서 일어나는 모든 사건에 대해서도 필연적이고 보편타당한 인식은 불가능할까요? 결국 인식론상의 불가지론不可知論이나 회의주의에 빠질 수밖에 없는 것일까요? 경험주의의 대표자 흄D. Hume은 "그렇다!"라고 대답합니다.

흄에 따르면, A라는 사건에 이어서 B라는 사건이 발생한다는 사

5　'경험적 의미의 현상'과 '경험적 의미의 물자체', 그리고 '선험적 의미의 현상'과 '선험적 의미의 물자체' 개념의 구분에 관해서는 한자경, 『칸트 철학에의 초대』, 서광사, 2006, 60~66쪽 참조.

	경험적	선험적
현상	경험적 의미의 현상(가상)	**선험적 의미의 현상**(인식 가)
물자체	경험적 의미의 물자체(실재)	선험적 의미의 물자체 (인식 불가)

실을 우리가 수많은 관찰을 통해 확인했다 하더라도, 그것은 사건 A 와 사건 B가 필연적 인과관계로 연결되어 있다는 근거가 될 수 없습니다. 말하자면 그것은 같은 경험을 반복함으로써 생겨난 우리의 심리적 기대, 또는 믿음일 뿐, 결코 객관적인 세계의 법칙일 수는 없다는 것입니다.

> 하나는 원인이고 하나는 결과인 두 대상이 우리에게 나타났다고 가정해 보자. 우리가 그 대상 가운데 하나 또는 둘 모두를 단지 관찰하는 것만으로 그 대상들이 결합되어 있음을 지각할 수는 없으며 그 대상들 사이에 연관성이 있음을 확실하게 단언할 수도 없다는 것은 분명하다. 그러므로 우리가 어떤 하나의 사례를 통해서 힘, 에너지, 효력의 필연적 연관에 관한 원인과 결과의 관념에 도달하는 것은 아니다. 서로 전혀 다른 대상들의 개별적 연결 외에는 아무것도 볼 수 없다면 우리는 결코 그와 같은 관념을 형성할 수 없을 것이다.

●『인간본성론』, 162[6]

---

6 흄의 『인간본성론』 인용은 D. Hume, *A Treatise of Human Nature*(second ed.), ed. by L. A.

원인과 결과 사이의 필연적 연관이 우리가 원인에서 결과를 추론하는 근거이다. 추론의 근거는 우리에게 친숙한 결합에서 생겨나는 전이[옮겨 감]이다. 그러므로 이 필연적 연관과 전이는 동일한 것이다.

• 『인간본성론』, 165

어떤 두 대상이나 작용들이 비록 관련되어 있다고 할지라도, 그 대상이나 작용들을 단순히 살펴보는 것만으로는 그것들 사이의 힘이나 연관에 관한 어떤 관념도 결코 나올 수 없다. 이러한 관념은 그것들의 결합이 반복됨으로써 생겨난다. 하지만 반복은 그 대상들 안의 어떤 것을 발견하거나 창출할 수 없으며, 오직 반복이 낳는 습관적 전이에 의해 마음에 영향을 미칠 뿐이다. 그러므로 이러한 습관적 전이는 힘이나 필연성과 동일한 것이다. 결과적으로 그것은 지각들의 성질이지 대상들의 성질이 아니다. 또 영혼에 의해 내적으로 느껴지는 것이지 물체에서 외적으로 지각되는 것이 아니다.

• 『인간본성론』, 166

흄에 따르면 우리의 세계 인식은 우리의 경험과 귀납논리의 한계 때문에 이성이 요구하는 필연성이나 보편성을 결코 얻을 수 없습니다. 이로써 흄은 자연적 필연성, 인과법칙의 필연성, 말하자면 자연법칙을 부정한 셈입니다. 이러한 회의주의적 입장은 비트겐슈타인에 의

Selby-Bigge, Oxford: Oxford University Press, 1978에 따랐으며, 데이비드 흄 지음, 이준호 옮김, 『인간 본성에 관한 논고』 제1·2·3권, 서광사, 1994~1998의 번역을 참고하였음.

해 더욱 명료하게 표현됩니다.

우리는 미래의 사건들을 현재의 사건들로부터 추론**할 수 없다**.
인과관계에 대한 믿음은 **미신**이다.

• 『논고』, 5.1361[7]

어떤 것이 일어났기 때문에 다른 어떤 것이 일어나지 않으면 안 될 강
제성은 존재하지 않는다. 오직 **논리적** 필연성만이 존재한다.

• 『논고』, 6.37

논리 밖에서는 모든 것이 우연이다.

• 『논고』, 6.3

같은 맥락에서 비트겐슈타인은 귀납법도 인정하지 않습니다.

소위 귀납의 법칙은 어떤 경우에도 논리적 법칙일 수 없다. 왜냐하면,
명백히 그것은 뜻^sense을 지닌 명제이기 때문이다. ― 그리고 그렇기 때
문에 그것은 또한 아프리오리한 법칙일 수도 없다.

• 『논고』, 6.31

---

7   비트겐슈타인의 『논리·철학 논고』(이하 『논고』로 약칭) 인용은 L. Wittgenstein,
Tractatus logico-philosophicus, London: Routledge & Kegan Paul, 1974에 따랐으며, 루트
비히 비트겐슈타인 지음, 이영철 옮김, 『논리-철학 논고』, 책세상, 2006의 번역을 참고
하였음.

귀납의 과정은 우리가 우리의 경험들과 조화될 수 있는 **가장 단순한** 법칙을 진리로 받아들인다는 데 있다.

• 『논고』, 6.363

그러나 이 과정은 논리적인 정당화가 아니라 단지 심리적인 정당화일 뿐이다.

이제 가장 단순한 경우가 실제로도 발생할 것이라고 믿을 아무런 근거가 없다는 것은 분명하다.

• 『논고』, 6.3631

여기서 '뜻을 지닌 명제'란 종합 명제를 가리킵니다.[8] 칸트가 아프리오리한 종합 명제, 즉 '필연적이면서도 뜻을 지닌' 명제의 존재를 증명함으로써 자연과학의 학적 가능성(자연에 대한 보편타당한 진리 인식이 가능하다는 점)을 확보하려 하였다면, 비트겐슈타인은 이러한 가능성을 부정한 셈입니다. 비트겐슈타인에 따르면 필연적인 명제(분석 명제)는 뜻을 지니지 않고, 뜻을 지닌 명제(종합 명제)는 필연적일 수 없기 때

---

8   잘 알다시피 분석 명제는 주어에 내포되어 있는 의미를 술어가 단지 설명하는 것이기 때문에 언제나 참(true)인 명제(항진 명제)이지만 우리에게 새로운 지식을 가져다주는 '뜻을 지닌' 명제는 아니다. 반면에 종합 명제는 주어가 새로운(대개는 경험을 통해 알게 된) 내용을 지닌 술어와 결합됨으로써 우리에게 새로운 지식을 가져다주는 '뜻을 지닌' 명제이다. 분석 명제와 종합 명제의 차이에 관해서는 칸트의 『학문으로 등장할 수 있는 미래의 모든 형이상학을 위한 서설(*Prolegomena zu einer jeden künftigen Metaphysik, die als Wissenschaft wird auftreten können*)』, §2 및 『순수이성비판』, 서론 B1 이하 참조. 이하 칸트의 『학문으로 등장할 수 있는 미래의 모든 형이상학을 위한 서설』의 인용은 『형이상학 서설(Prol.)』로 약칭하며, 절(§) 숫자와 초판본 쪽수를 병기함.

문에, 필연적이면서도 뜻을 지닌 명제의 존재를 입증하려는 칸트와 같은 시도는 '말해질 수 없는 것을 말하려는' 시도에 불과한 것입니다.[9]

결국 비트겐슈타인이 보기에 세계 속의 사실이나 사건들은 모두 우연적입니다. 비-우연적인 것, 즉 필연적인 것이 있다면 그것은 세계(객관)에 속한 것이 아니라 세계를 바라보는 주관에 속한 것일 수밖에 없습니다. 논리적 필연성이라는 것도 세계 속의 사실들과 관련된 것이 아닙니다. 논리적 명제들은 주관이 세계를 바라보는 틀을 묘사하는 것일 뿐이어서, 사실상 "동어반복들"(『논고』, 6.1)이고 "아무것도 말하지 않으며"(『논고』, 6.11) "아무것도 **다루지 않는**"(『논고』, 6.124) 분석적 명제들입니다. 따라서 세계 속의 사실들을 **다루는** 필연적인 명제란 있을 수 없습니다.

이제까지 살펴본 흄과 비트겐슈타인의 논지의 요점은 '우리는 세계의 참모습(진리)을 인식할 수 없다'는 것입니다. 그런데 이때의 '세계'는 어떤 세계일까요? 칸트가 보기에 그것은 '현상세계'가 아닌 '물자체로서의 세계'입니다. '물자체'는 당연히 인식할 수 없습니다. 그러나 '현상세계'는 인식할 수 있습니다. 그것은 우리(주관)가 우리의 방식으로 구성한 세계이기 때문입니다. 이 점에서 비트겐슈타인은 '필연적 진리란 결국 주관에 속한 것일 수밖에 없다'는 것을 명확히 해 준 셈입니다.

---

[9] 비트겐슈타인이 흄의 논지를 이어받아 칸트가 주장한 아프리오리한 종합적 진리 (synthetic *a priori* truths)의 가능성을 부정했다는 해석에 대해서는 M. Morris, *Wittgenstein and the Tractatus Logico-Philosophicus*, London & New York: Routledge, 2008, pp. 319~320 참조.

여기서 '물자체' 개념에 대한 오해를 불식하고 넘어갈 필요가 있습니다. 만일 우리가 물자체라는 개념을 우리가 인식하는 현상세계의 각 대상 배후에 놓여 있는 어떤 실재로 생각한다면, 그리하여 '선험적 의미의 현상' 너머에 그것을 가능케 하는 원인으로서 '선험적 의미의 물자체'가 존재한다고 생각한다면, 이것은 오류입니다. 선험적 의미를 다시 경험적 의미로 이해한 것이 되기 때문입니다. 이는 현상세계에만 적용될 수 있는 실체성과 인과성의 개념(범주)을 현상 너머의 무제약자에게까지 적용하는 오류를 범한 것입니다. 선험적 의미의 물자체는 선험적 의미의 현상 너머에 객체로서 존재하는 어떤 것이 아닙니다. 칸트에게 선험적 의미의 물자체는 오히려 '주객 미분未分의 무제약자', 즉 객관으로서의 물자체가 아니라 '주관과 객관을 모두 포괄하는 존재로서의 무제약자'이며, 현상세계를 구성하는 자기 자신과 다르지 않은 것입니다.[10] 이 '현상세계를 구성하는 자기 자신'에 대해서는 나중에 '순수 이성의 오류추리'를 다루는 부분(네 번째 강의)에서 다시 논하기로 합시다.

---

10 '주객 미분의 무제약자', '주관과 객관을 모두 포괄하는 존재로서의 무제약자', '현상세계를 구성하는 자기 자신'이라는 개념을 좀 더 쉽게 이해하기 위해 우리가 꿈을 꾸고 있는 상황을 한번 생각해 보자. 우리의 꿈속에도 분명히 '나'(인식 주관)가 있고 '너'가 있으며 객관의 세계가 있다. 하지만 꿈속에서 내가 만나는 대상들은 실재가 아니다. 그것들은 모두 꿈꾸고 있는 나의 의식이 만들어 낸 가상들에 불과하다. 따라서 우리의 진정한 관심사는 꿈속에 출현한 주관과 객관들 그 자체가 아니라 그러한 꿈속의 주관과 객관을 만들어 낸 나의 의식 세계, 즉 꿈의 세계를 구성하는 자기 자신이라 할 수 있다.

3. 자연 자체는 어떻게 가능한가?
─칸트의 선험철학

위와 같은 경험주의자들의 회의주의적 입장은 데카르트의 '생각하는 자아'에서 시작된 근대 인식론의 필연적인 귀결이라 볼 수 있습니다. 근대적 자아의 발견으로 시작된 주관성 subjectivity의 철학은 생각하는 주체(자아)와 생각되는 대상(세계)의 분리를 가져왔고, 이는 '주관이 어떻게 있는 그대로의 대상을 알 수 있는가?'라는 과제를 놓고 씨름하는 인식론으로 발전하게 됩니다. 이러한 철학은 그 시작부터 불가피하게 회의론과 불가지론을 내포하고 있었던 셈입니다. 왜냐하면, 주객主客의 분리를 전제로 하는 인식론에서는 항상 "나(주관)는 대상(객관)이 아닌데 어떻게 있는 그대로의 대상을 알 수 있단 말인가?"라고 묻게 되기 때문입니다.

물론 칸트는 이러한 회의주의적 결론을 받아들일 수 없었습니다. 그것은 형이상학은 물론이고 자연과학의 학적 가능성마저 부인하는 셈이기 때문입니다. 칸트가 보기에 흄이 자연의 인과법칙을 부정한 것은 현상세계와 물자체의 세계를 구분하지 못했기 때문입니다. 다시 말해서 현상세계에 불과한 것을 물자체의 세계로 간주했기 때문입니다. 칸트에게 인과법칙이란 우리가 (현상)세계를 이해하는 데 있어 이미 전제되어 있는 것으로서, 우리가 세계를 바라보는 방식 중 하나입니다. 따라서 칸트에게 자연법칙이란 사실상 인간의 법칙, 즉 '인간의 방식으로 이해된 자연'의 법칙을 의미합니다.

인식론상의 회의주의에 대한 칸트의 대응은 어떤 면에서 아주 단순합니다. 그것은 우리의 인식에서 주관이 지닌 조건과 무관하게 그 자체로 실재한다고 상정되는 객관(물자체)의 세계를 무시하는 것입니다. 다시 말해서 인간에게는 인간의 방식으로 이해할 수 있는 세계(현상세계)만이 존재한다고 선언하는 것입니다. 칸트 인식론의 구도를 요약하면 다음과 같습니다.

인식이 이루어지기 위해서는 감각기관을 통해 외부 사물에 대한 정보들이 일단 수용되어야 합니다. 그러나 이렇게 수용된 감각 재료들은 단지 '잡다'한 것에 불과하기 때문에, 이것이 정리 정돈되고 주어(인식 주관)와 결합되어야 인식이 성립할 수 있습니다. 이 과정에서 일정한 틀, 즉 형식이 관여하는데, 여기에는 크게 두 가지 종류가 있습니다. 하나는 감성의 형식인 공간·시간이고, 다른 하나는 지성의 형식인 순수 지성의 개념들, 즉 범주입니다. 주관적 감성 형식인 공간·시간 질서에 따라 감각 재료들이 정돈되고, 이것들이 역시 주관적 형식인 지성의 범주에 따라 종합됨으로써 하나의 대상은 비로소 우리에게 인식됩니다. 그러므로 이러한 아프리오리한 형식들은 우리에게 인식을 가능하게 하는 근거이자 대상세계가 존재할 수 있게 하는 원리이기도 합니다. 이러한 의식의 기능을 칸트는 선험적transzendental이라 부르며, 이로써 그의 철학은 **선험철학**이라는 이름을 얻게 됩니다.

칸트의 이러한 생각은 사고방식의 대변혁을 함축하고 있습니다. 과거에는 사물의 존재가 우리의 의식과 무관한 것으로 여겨졌으나, 이제는 존재자 일반이 우리의 의식에 의해 구성된다(이른바 '구성설')는 것을 의미하기 때문입니다.[11] 이리하여 인간 이성은 어떤 의미에서 현상세계의 창조자라 할 수 있게 되었으니, 이것이 이른바 인식론상의

코페르니쿠스적 전환입니다. 이제 우리는 '사물 그 자체'로서의 세계가 아니라 우리에게 보이는 대로의 세계를 인식할 뿐입니다. 따라서 '자연'이라는 말은 우리의 방식으로 이해된 세계(현상세계)를 말하며, 자연법칙이라는 것 또한 물자체의 세계가 아닌 현상세계의 법칙을 의미합니다. 이는 사실상 인간이 자연세계의 입법자임을 시사합니다.

> 자연에 법칙을 부여하는 것은 우리 자신 속에, 즉 우리 지성 속에 놓여 있어야만 한다. 그리고 우리는 자연의 보편적 법칙들을 경험을 수단으로 해서 자연에서 찾아내야만 하는 것이 아니라, 오히려 반대로 자연을 그것의 보편적인 합법칙성에 따라 오로지 우리의 감성과 지성에 놓여 있는 경험 가능성의 조건들에서 찾아내야만 한다.
>
> • Prol., §36, A112

> **지성은 자신의 (아프리오리한) 법칙들을 자연에서 얻어 오는 것이 아니라, 오히려 이 법칙들을 자연에 지정한다.**
>
> • Prol., §36, A113

> [그러므로] 우리가 다루어야 할 것은 우리의 감성이나 지성의 조건들에서 독립적인 **사물들 그 자체**[로서]의 자연이 아니라 가능한 경험의 대상으로서의 자연이다.　　　　• Prol., §38, A117

11　이런 의미에서 칸트의 인식론은 불교 화엄경의 핵심 사상인 **일체유심조**(一切唯心造, 모든 것은 오직 마음이 지어낸다)와 통하는 데가 있다.

이것으로 두 번째 강의를 마칩니다. 이 강의에서 우리는 칸트 인식론의 혁명적 발상인 **코페르니쿠스적 전환**의 의미를 살펴보았습니다. 이 개념이 중요한 이유는 이러한 사고방식의 전환과 더불어 '선험철학Transzendentalphilosophie'이 가능해지고, 칸트의 윤리학도 정초될 수 있기 때문입니다. 이로써 인간의 이론이성(즉 인식 주체)은 자연의 세계를 구성하고 실천이성(즉 윤리적 주체)은 도덕의 세계를 구성하며, 그러한 세계는 인간 자신이 입법한 법칙에 따르므로 거기서는 당연히 보편적이고 필연적인 법칙이 지배하게 됩니다. 칸트는 전자를 자연법칙, 후자를 도덕법칙(또는 자유의 법칙)이라고 부릅니다.

　다음 강의는 코페르니쿠스적 전환을 통해 정초한 칸트의 인식론이 어떻게 당시의 불가지론과 회의주의를 극복하고 자연과학의 학적 가능성을 구해 낼 수 있었는지에 대해 알아봅니다. 그리고 이를 통해 자연과학의 경계선 너머에서 비로소 시작되는 윤리학의 가능성에 대해서도 알아봅니다. 다시 말해 형이상학일 수밖에 없는 윤리학의 성격을 확인한 다음, 기존 전통 형이상학의 오류를 극복한 새로운 형이상학의 가능성을 모색함으로써 도덕 형이상학의 학문적 정초 가능성을 모색합니다.

✦──◆──◆──◆──✦

세 번째 강의,

✦──◆──◆──✦

수학과 자연과학을 넘어 형이상학으로

─지성의 범주를 넘어 이성의 이념으로─

Immanuel Kant,
Werke in zehn Bänden, Hrsg. v. W. Weischedel

Kritik der reinen Vernunft   Kritik der praktischen Vernunft
Kritik der Urteilskraft   Grundlegung zur Metaphysik der Sitten
Prolegomena zu einer jeden künftigen Metaphysik, die als Wissenschaft
wird auftreten können
Die Metaphysik der Sitten Tugendlehre Rechtslehre
Die Religion innerhalb der Grenzen der bloßen Vernunft
Über Pädagogik   Eine Vorlesung über Ethik
Idee zu einer allgemeinen Geschichte in weltbürgerlicher Absicht
Untersuchung über die Deutlichkeit der Grundsätze der natürlichen
Theologie und der Moral

1. 형이상학적 인식의 특징

칸트의 『형이상학 서설』은 학문적 인식의 조건을 제시하면서 시작합니다. 그리고 이를 위해 형이상학적 인식의 특징을 논합니다.

먼저 형이상학적 인식의 원천에 관해 말하면, 그것은 경험적일 수 없다는 점이 이미 그 인식의 개념에 들어 있다. 따라서 형이상학적 인식의 원리들은(이것에는 그 인식의 원칙들뿐만 아니라 근본 개념도 포함된다) 결코 경험에서 얻어져서는 안 되는데, 그 인식이 자연학적 인식이 아닌 형이상학적 인식, 즉 경험의 저편에 놓여 있는 인식이어야 하기 때문이다. 그래서 엄밀한 의미에서 자연학의 원천을 이루는 외적 경험이나 경험적 심리학의 기초를 형성하는 내적 경험은 형이상학적 인식의 근저에 놓일 수 없다. 따라서 형이상학적 인식은 아프리오리한 인식, 즉 순수 지성과 순수 이성에서 유래한 인식이다.

• Prol., §1, A23~24

위 인용문에서 칸트는 형이상학적 인식은 경험적 인식이 아닌 아 프리오리한 인식이라는 점을 강조합니다. 그것이 학문적 인식의 조건 이라 여기기 때문입니다. 그가 아프리오리한 인식을 강조하는 것은 경험적 인식의 결함인 우연성과 주관성을 넘어 필연성과 보편성을 확 보하기 위한 것입니다. 우리에게 필연성과 보편성을 지닌 인식을 보 장해 주는 것으로 제일 먼저 떠오르는 것은 '분석 명제', 또는 '분석 판 단'입니다. **분석 판단**이란 그 판단의 술어가 단순히 주어개념을 분석 함으로써 얻어지는 판단으로서, "모든 물체는 연장성[질량]을 지닌다" 와 같이 일종의 동어반복이기 때문에 항상 참임을 보장할 수 있습니 다. 그러나 단지 주어개념을 설명하는 데 그치는 이러한 **설명 판단**은 세계에 대한 새로운 지식을 제공하지는 못합니다. 이에 반해 **종합 판 단**은 단순한 개념 분석을 넘어 새로운 정보가 덧붙여진, 즉 '종합이 된' 판단으로서 일종의 **확장 판단**입니다. "모든 물체는 무게를 지닌다"와 같은 판단이 그 예입니다. 물체의 개념에는 무게의 개념이 포함되어 있지 않습니다. 따라서 이 명제는 주어인 물체의 '질량' 개념에 중력 가 속도가 더해진 '무게' 개념을 결합한 종합 판단입니다(KrV, B10~12).

> 형이상학은 본래적 의미에서 아프리오리한 종합 명제와 관계한다. 그 리고 이러한 명제만이 형이상학의 목적이다. … 개념과 직관에 따라 아프리오리한 인식을 산출하는 것만이, 결국 아프리오리한 종합 명제 를, 그것도 철학적 인식에서 산출하는 것만이 형이상학의 본질적 내 용을 형성한다.
>
> • Prol., §2, A37~38

아프리오리한 종합 판단은 세계에 대한 새로운 정보를 제공해 주면서도 경험을 통해 귀납적으로 얻어진 것이 아니기에 보편타당성을 지닌 판단입니다. 칸트는 이러한 판단을 산출하는 것이 바로 형이상학의 목적이자 내용이라고 말합니다. 그리고 본격적인 형이상학을 전개하기에 앞서 그 가능성의 토대를 확보하기 위해 순수한 이론적 인식으로 이루어진 두 학문, 즉 순수 수학과 순수 자연과학을 검토합니다.

우리에게 행운인 것은 비록 우리가 학문으로서의 형이상학이 **실재함**을 받아들일 수는 없을지라도 아프리오리하고 순수한 어떤 종합적 인식, 즉 **순수 수학**과 **순수 자연과학**이 실재하며 또한 주어져 있다고 확실하게 말할 수 있다는 점이다. 이 두 학문은 순전히 이성에 의해 자명하게 확실한 것으로 인정받는 일부 명제와, 경험과 보편적으로 일치함에도 경험에서 독립적이라고 어디서나 인정받는 일부 명제를 포함하기 때문이다. 그러므로 우리는 적어도 몇몇 명백한 아프리오리한 종합적 인식을 지니고 있기에 아프리오리한 종합적 인식이 가능한지는 (그것이 실제로 있기에) 물을 필요가 없다. … 단지 **어떻게 아프리오리한 종합적 인식이 가능한지**만 물으면 된다.

• Prol., §4, A39~40

2. 순수 수학은 어떻게 가능한가?

칸트는 먼저 "순수 수학은 어떻게 가능한가?"

라는 물음에 답하기에 앞서 수학은 모두 아프리오리한 종합 판단들로 구성되어 있다고 말합니다. 본래 수학적 명제들은 경험에서는 얻을 수 없는 필연성을 지니고 있어 항상 아프리오리한 판단들이라는 것이 우리의 상식입니다. 또 수학은 동어반복의 체계로서 항상 참인 '분석 명제'로 되어 있다고 생각하는 것이 일반적입니다. 그런데 칸트는 "수학적 판단들은 모두 종합적"(KrV, B14)이라고 주장합니다. 그러면서 그 대표적인 예로 "직선은 두 점 사이의 가장 짧은 선"(KrV, B16)이라는 명제를 듭니다. 주어인 직선이 내포하는 성질은 '곧다'(質)는 것인데, 거기에는 술어인 '짧다'(量)는 성질이 전혀 포함되어 있지 않으며, 따라서 아무리 주어의 개념을 분석해도 술어의 개념이 나오지는 않는다는 것입니다. 그러므로 이 명제는 분석 명제가 아닌 종합 명제이며, 그것도 경험을 통해 도출된 판단이 아닌 아프리오리한 명제, 즉 **아프리오리한 종합 명제**라는 것입니다.

그렇다면 칸트는 수학이 아프리오리한 종합 명제들로 구성되어 있음을 '어떻게' 입증할까요? 그 열쇠는 바로 **코페르니쿠스적 전환**에서 찾을 수 있습니다. 우리가 물자체에 다가간다고 생각하는 한 아프리오리한 종합 판단은 불가능하지만, 우리가 선험적으로 지니고 있는 공간·시간의 감성 형식 내에서 사고하는 한 그것이 가능하다는 것입니다.

순수 수학은 그것이 순전한 감각 능력의 대상 외에는 그 어떤 것과도 관계하지 않으므로 아프리오리한 종합적 인식으로서 가능하게 된다. 아프리오리하게 직관하는 이 능력은 … 오직 현상의 형식인 공간과 시간에만 관련한다.

● Prol., §4, A39~40

순수 수학의 가능성은 … "우리가 우리의 감각 능력에(공간에서는 외감에, 시간에서는 내감에) 주어질 수 있는 모든 것을 그것 자체[물자체]인 대로가 아니라 우리에게 나타나는 대로만 직관한다"라는 사실을 받아들이지 않고는 … 결코 이해될 수 없을 것이다.

● Prol., §12, A56

칸트는 위에서 예로 든 "직선은 두 점 사이의 가장 짧은 선"이라는 명제가 아프리오리한 종합 명제인 이유도 기하학적 공간이 사물 자체의 성질이 아니라 우리 자신의 선험적 직관 형식이라는 데서 찾습니다. 즉 기하학적 공간은 우리 자신이 세상을 바라보는 방식 중 하나로서 우리가 구성한 현상세계의 질서를 따를 수밖에 없다는 것입니다.

[그런데 우리의 사고 속의] 이 공간은 결코 물자체의 성질이 아니라 단지 우리의 감성적 표상 능력의 형식에 지나지 않는다는 것, 공간 내의 모든 대상은 단지 현상이고 물자체가 아니며, 우리의 감성적 직관의 표상이라는 것, 또 기하학자가 생각하는 바와 같은 공간은 정확히 감성적 직관의 형식이요, 이런 형식은 모든 외적 현상을 가능하게 하는 근거를 (그 형식에 따라) 포함하고 있기 때문에, 이 외적 현상은 기하학자가 허구적 개념에서가 아니라 모든 외적 현상의 주관적 근거에서, 즉 감성 자체에서 이끌어 낸 명제와 필연적으로 아주 정확히 일치해야

한다는 것을 인식해야 한다.

• Prol., §13, A61

3. 순수 자연과학은 어떻게 가능한가?

다음으로 자연과학 역시 아프리오리한 종합 명제들로 구성되어 있음을 칸트는 '어떻게' 논증할까요? 자연과학은 수학과는 달리 경험적인 요소가 개입되어 있습니다. 그런데 경험을 통해 얻은 판단은 귀납적 추리의 결과로서 필연성과 보편성을 보장할 수 없습니다. 흄이 인과법칙의 타당성을 맹렬히 비판했던 이유도 여기에 있습니다. 그렇다면 인과법칙의 타당성 문제를 칸트는 어떻게 해결할까요?

이제 칸트는, 수학은 그 판단의 근원이 경험에 있지 않은 판단인 '아프리오리한ᵃ priori 판단'을 다루기 때문에 필연성과 보편성을 지닐 수 있지만, 자연과학은 경험을 통해 귀납적으로 얻어진 아포스테리오리한ᵃ posteriori 판단, 즉 '경험적 판단'을 다루기 때문에 필연성과 보편 타당성을 지닐 수 없다는 문제를 해결해야 하는 것입니다. 칸트의 해법은 다음과 같습니다.

경험적 판단이 단지 주관적으로만 타당한 경우, 칸트는 이를 **지각 판단**이라고 부릅니다. 지각 판단은 "방이 따뜻하다", "설탕이 달다"와 같이 순전히 나의 주관적 경험을 반영한 판단으로서, 객관적 타당성을 지니지 않습니다. 하지만 **경험 판단**은 이와 다릅니다. 그것은 주관이나 주관의 특수한 상태에 제한되지 않는 객관적 타당성을 지닌 판단입니다. 칸트는 우리가 어떤 지각 판단을 경험 판단이라 부르고자한다면 "나뿐만 아니라 모든 사람이 동일한 상황에서 언제나 동일한 지각을 필연적으로 결합해야만 한다"(Prol., §19, A81)고 말합니다. 모름지기 "판단은 오로지 이러한 보편타당성과 필연성을 지닐 때에만 객관적으로 타당하며 경험이 될 수 있다"(Prol., §20, A82)는 것입니다. 칸트는 지각 판단이 순수 지성개념(범주)을 통해 보편타당성을 지닌 경험 판단으로 변하는 경우를 다음과 같이 예를 들어 설명합니다.

해가 돌을 비추면 돌은 따뜻해진다. 이러한 판단은 단순한 지각 판단이며, 그 어떤 필연성도 내포하지 않는다. 이는 내가 이것을 아무리 자주 지각하더라도 또 다른 사람들이 아무리 자주 지각하더라도 역시 마찬가지이다. [이 경우] 지각들은 단지 습관적으로 그렇게 결합되어 있을 뿐이다. 그러나 만일 내가 해가 돌을 **따뜻하게 만든다**고 말한다면, 지각 외에도 햇볕이라는 개념과 따뜻함이라는 개념을 **필연적으로** 연결하는 원인이라는 지성개념이 덧붙여진다. 이로써 종합 판단은 필연적으로 보편타당하게 되고, 결과적으로 객관적이 되어 하나의 지각에서 경험으로 변하게 된다.

• Prol., §20, A83

예를 들어 해가 돌을 비추면 항상 따뜻해지는 경우, 경험 명제는 이런 점에서 언제나 우연적이다. 이러한 따뜻해짐이 해가 비추는 것에서 필연적으로 생겨난다는 것은 비록 (원인이라는 개념에 의해서) 경험 판단에 내포되어 있기는 하지만, 그것은 내가 경험을 통해 배우는 것이 아니라 오히려 반대로 지각에 (원인이라는) 지성개념을 덧붙임으로써 비로소 경험이 만들어지는 것이다.

• Prol., §22, A89

이처럼 자연과학에서 '아프리오리한 종합 판단이 어떻게 가능한가?'라는 물음에 대해 칸트는 수학에서와 마찬가지로 사고방식의 전환('코페르니쿠스적 전환')을 통해 답하고 있습니다. 다만 수학에서는 시간과 공간이라는 **선험적 감성 형식**을 통해 답한다면, 자연과학에서는 **선험적 지성 형식**(범주)을 통해 답한다는 것이 다를 뿐입니다. 칸트의 해법은 한마디로 '인식이 대상들에 준거해 있는 것이 아니라 대상들이 인식에 준거해 있음'을 밝힘으로써 아프리오리한 종합 판단의 가능성을 입증한 것이라고 말할 수 있습니다. 이러한 사고방식의 전환을 통해 인식 주체는 선험적 자연법칙성을 자기 스스로 자연에다 지정하며, 그런 한에서 자연의 대상들은 우리 자신이 구성한 작품이 된 셈입니다. 그래서 칸트는 다음과 같이 자신 있게 선언합니다.

가능한 경험의 원칙은 동시에 아프리오리하게 인식될 수 있는 자연의 보편적 법칙이다. 이로써 우리 앞에 놓인 두 번째 질문 '**순수 자연과학은 어떻게 가능한가?**'라는 과제는 해결되었다.

• Prol., §23, A90

"모든 아프리오리한 종합적 원칙은 가능한 경험의 원리에 지나지 않

세 번째 강의, **수학과 자연과학을 넘어 형이상학으로**

는다." 그리고 [이 원칙들은] 사물 자체에는 결코 관련될 수 없고, 단지 경험의 대상으로서 현상에만 관련될 수 있다. 그러므로 순수 자연과학뿐만 아니라 순수 수학도 결코 순전한 현상 이상의 어떤 것과도 상관할 수 없다.

• Prol., §30, A102

여기서 칸트는, 물자체 개념을 오해할 가능성에 대해 주의를 덧붙입니다. 칸트에 따르면 우리가 인식하는 자연의 대상들은 '현상'일 뿐, '사물 그 자체'(물자체)가 아닙니다. 그런데 **물자체**란 현상 뒤에 감추어져 있는 배후세계(참된 세계)를 의미하지 않습니다. 그것은 오히려 경험 인식의 가능성을 확보하기 위해 불가피하게 요청되는 개념이라 할 수 있습니다. 더 정확히 말해서 물자체라는 표현은 우리가 인식하는 것이 주관적 인식 규정들에만 의존해 있지 않다는 사정을 말해줍니다. 인식을 위해 필수적으로 요청되면서도 주관에서 독립적인 이러한 요소는 우리가 어떤 방식으로도 더 이상 규정할 수 없고 그래서 인식할 수도 없으며 오직 그 자체로 전제할 수밖에 없는 그런 것입니다. 달리 말하면, 이것은 비록 **인식**erkennen될 수는 없어도 적어도 **생각**denken될 수는 있어야 하는 소극적 개념입니다.

그러므로 우리는 물자체로서의 대상에 대해서가 아니라 오직 감성적 직관의 객관인 한에서만, 다시 말하면 현상으로서의 대상에 대해서만 인식을 가질 수 있다. 이것은 『비판』의 분석적 부분에서 증명된다. 실은 이로부터 모든 가능한 사변적 인식을 순전히 **경험**의 대상에만 국한하는 결과가 나온다. 그러나 충분히 주목해야 함에도 여전히 보류된 것이 있는데, 그것은 바로 우리가 이 동일한 대상들을 물자체로서 비록 **인식**할 수는 없어도 적어도 **생각**할 수는 있어야 한다는 것이다.

• KrV, BXXVI

이러한 칸트의 주의는 나중에 형이상학의 과제를 다룰 때 우리가 늘 염두에 두어야 할 점입니다.

4. 형이상학 일반은 어떻게 가능한가?

형이상학의 불가피성

위에서 살펴본 바와 같이 이른바 '선험적 논리학'을 통해 어떻게 수학과 자연과학이 보편성과 필연성을 갖춘 학문이 될 수 있는지를 논한 다음, 칸트는 형이상학의 본질적 목적에 해당하는 연구로 나아갑니다. 수학과 자연과학에 대한 연구는 오로지 형이상학을 본격적으로 다루기 위해 필요했다는 것입니다.

순수 수학과 순수 자연과학은 그들 자신의 안전성과 확실성을 위해서 지금까지 우리가 이 양자에 관해 달성했던 것과 같은 연역이 필요하지 않았을 것이다. 전자는 그 자신의 명증성에 근거를 두고 있고, 후자는 비록 지성의 순수한 원천에서 생겨났지만 그럼에도 경험과 경험의 철저한 확증에 근거를 두고 있다. … 따라서 이 두 학문은 언급된 연구가 자신을 위해서가 아니라 하나의 다른 학문을 위해, 즉 형이상학을 위해 필요하다.

형이상학은 … 그 어떤 가능한 경험에서도 결코 주어지지 않는 순수 이성개념들을 다룬다. 그러니까 형이상학은 그것의 객관적 실재성(그것들이 한갓 환영이 아니라는 점)을 어떠한 경험으로도 확증하거나 발견할 수 없는 개념들을 다루고, 그것의 참, 또는 거짓도 경험으로 확증하거나 발견할 수 없는 개념들을 다룬다.

• Prol., §40, A124~125

그런데 왜 우리는 형이상학을 본격적으로 다루어야 하는 걸까요? 칸트가 보기에 인간에게 형이상학은 불가피한 것입니다. 형이상학이 다루는 문제, 즉 영혼이나 우주나 신에 관한 문제는 인간의 궁극적인 관심사이기 때문입니다.

우리가 우리 영혼의 본성에 관해 주체의 분명한 의식에까지 도달하게 되고, 동시에 주체의 현상들은 **유물론적으로** 설명될 수 없다는 확신에 이르게 될 때, 영혼은 도대체 원래 무엇인지 묻지 않은 채로 누가 진짜로 견딜 수 있겠는가? 그리고 어떠한 경험개념도 거기에는 충분하지 못할 때, 비록 우리가 영혼의 객관적 실재성을 결코 명백히 할 수는 없겠지만, 경우에 따라서 (단순한 비물질적 존재라는) 하나의 이성개념을 오로지 그것을 위해 가정하지 않은 채로 누가 진짜로 견딜 수 있겠는가? 세계의 지속과 양, 자유, 또는 자연필연성에 관한 모든 우주론적 질문에서 누가 순전한 경험 인식에만 만족할 수 있겠는가? … 마지막으로 경험의 원리에 따라서만 생각하고 받아들이게 될 것들의 철저한 우연성과 의존성에도 이러한 것들에 머물러 있는 것이 불가능함을 누가 알지 못하겠는가? 그리고 초험적[1] 이념에 빠지지 말아야 한다는 모든 금지에도 불구하고 그가 경험으로 정당화할 수 있는 모든 개념을 넘어 한 존재의 개념[신] 안에서 여전히 휴식과 만족을 구하지 않을 수 없다고 누가 느끼지 않겠는가? 그 존재의 이념은 비록 그 자체로 가능성의 견지에서 보면 파악될 수 없지만 그렇다고 반박될 수도 없다. 이 이념은 순전한 지성 존재와 관련되지만, 이 이념이 없으면 이성은 항상 불만족한 채로 남을 수밖에 없기 때문이다.

• Prol., §57, A165~166

인간의 정신이 형이상학적 연구를 언젠가는 완전히 포기하게 될 것이라는 점은, 깨끗하지 않은 공기를 더 이상 들이마시지 않기 위해 우리가 언젠가는 호흡을 완전히 중지하게 될 거라는 것과 마찬가지로 기대할 수 없는 일이다. 따라서 세상에는 언제나 형이상학이 존재할 것이고, 특히 깊이 생각하는 인간에게는 더욱 그러할 것이다. 비록 공적인 표준이 결여된 채 각자가 자기 방식으로 전개하는 그런 형이상학일지라도 말이다.

• Prol., A192~193

---

1 '초험적(transzendent)'이란 '가능한 경험의 한계를 넘어선'이라는 의미로서, 현상세계에서 우리가 경험적으로 인식할 수 있는 범위를 벗어난 어떤 것을 가리키는 말이다. "그것의 사용이 온전히 가능한 경험의 경계 안에 머무르는 원칙들을 **내재적** 원칙이라 부르고, 반면에 이 한계를 넘어서는 원칙들을 **초험적** 원칙이라 부르고자 한다."(KrV, B352)

선험적 변증론의 과제

하지만 동시에 형이상학은 필연적으로 진리의 가상Schein을 만들어 낸다는 문제점을 지니고 있습니다. 그러므로 '선험적 변증론'[2]의 과제는 형이상학의 불가피성을 확인한 후 그것의 가상을 꿰뚫어 보는 것입니다. 이를 통해 칸트는 전통적 형이상학의 문제점을 불식하고 제대로 된 새로운 형이상학을 구축하고자 합니다.

> 세상에는 언제나 모종의 형이상학이 있었고, 아마 앞으로도 그럴 것이며, 형이상학과 더불어 순수 이성의 변증론도 ―이는 이성에겐 본성적인 것이므로― 그 안에서 발견될 것이다. 그러므로 철학의 제일의, 그리고 가장 중요한 과업은 착오의 원천을 막음으로써 형이상학에 대한 모든 해로운 영향을 단호히 제거하는 일이다.
>
> • KrV, BXXXI

선험적 변증론을 통해 칸트는 현상 너머의 세계를 실재하는 것으로 인식하려는 순수 이성의 시도는 불가피하게 오류를 낳는다는 것을 보여 줍니다. 그리고 사변적 형이상학의 영역에서 인식을 얻으려는 전통 철학의 모든 노력은 근본적으로 실패했다고 판정합니다. 칸트가

---

2 일반적으로 '분석론(Analytik)'은 진리의 논변을 의미하고, '변증론(Dialektik)'은 잘못된 논변을 의미한다. 칸트에게 **선험적 분석론**이란 우리의 아프리오리한 인식 전체를 순수 지성 인식의 요소들로 분해하는 작업(KrV, B89)으로서 일종의 '진리의 논리학'을 가리킨다면, **선험적 변증론**이란 인간에게 자연스럽고 불가피하게 생겨나는 순수 이성의 변증성, 즉 변증적 가상(Schein)을 비판하는 작업을 가리킨다(KrV, B86).

보기에 이성은 영혼 불멸이나 의지의 자유, 그리고 신의 현존을 증명할 수 없습니다. 그러나 마찬가지로 이것들을 모두 부정하는 명제도 증명할 수 없습니다.

칸트에 따르면 형이상학은 제약된 것들 속에서 무제약자를 찾는 이성의 관심에 근거하고 있습니다. 이성이 이처럼 무제약자, 곧 '이념'을 추구하는 이유는 무제약자를 통해 모든 경험을 체계적으로 통일할 수 있기 때문입니다. 이때 이념은 단지 '규제적'인[3] 역할을 할 뿐으로, 최고의 통일성을 지향하는 지성의 수행 방식을 위한 규칙들을 제시하는 데 그칩니다. 이러한 규칙들에는 아무런 실제 사례도 대응하지 않기 때문에, 우리는 그것들을 객관적 인식으로 오해해서는 안 됩니다. 그렇지 못할 경우에는 가상이 생겨나게 됩니다.

모든 가능한 경험의 절대적 전체 자체는 결코 경험이 아니지만, 그럼에도 이성 자신에게는 하나의 필연적 과제이다. 순수 지성개념들은 **내재적**으로만 사용된다. 다시 말해 주어질 수 있는 한의 경험에만 관련된다. 그렇지만 이성개념들은 완전성을 지향한다. 다시 말해 가능한 경험 전체의 집합적 통일성을 지향한다. 이로써 모든 주어진 경험을 넘어서고 **초험적** transzendent이 된다.

---

3 '규제적(regulativ)'이란 '구성적(konstitutiv)'에 대비되는 표현이다. **규제적 원리**는 이미 주어져 있는 재료(예컨대 감성적 직관)를 규칙(예컨대 감성 형식이나 지성 형식)에 따라 정리 정돈하는 기능을 할 뿐, 주어진 것 이상을 만들어 내는(즉 구성적) 기능을 하지는 못한다. "무릇 모든 경험은 (주어진 직관에 적합한) 그 한계 내에 갇혀 있는 것으로서, 감성 세계의 개념을 모든 가능한 경험 너머로 확장하는 이성의 **구성적 원리**가 아니다."(KrV, B537)

그러므로 경험을 위해 지성에 범주가 필요했던 것처럼 이성은 이념을 위한 근거를 자신 속에 포함하고 있다. … 범주가 지성의 본성에 자리 잡고 있듯이 이념은 이성의 본성에 자리 잡고 있다. 그리고 이 이념이 쉽게 미혹하는 가상을 지니고 있다면, 설사 '가상이 유혹하지 않도록' 아주 잘 예방할 수 있다 하더라도 이 가상은 불가피하다.

모든 가상은 판단의 주관적 근거를 객관적인 것으로 간주하는 데서 성립하기 때문에 순수 이성이 초험적으로(과도하게) 사용하는 자신을 인식하는 것이 착오를 막는 유일한 예방책이 된다.

• Prol., §40, A126~127

순수 이성의 이념들

이성은 세 가지 이념을 추구합니다. 첫째는 사고하는 주관(주체)의 절대적 통일로서의 무제약자(**이성적 영혼론**의 대상)이고, 둘째는 공간과 시간 가운데 있는 사물들과 조건들의 총체로서의 무제약자(**이성적 우주론의 대상**)이며, 셋째는 사고 일반의 모든 대상의 조건의 총체로서의 무제약자(**이성적 신학**의 대상)입니다.

무릇 모든 순수한 개념 일반은 표상들의 종합적 통일을 다루지만, 순수 이성의 개념들(선험적 이념들)은 모든 조건 일반의 무조건적인 종합적 통일을 다룬다. 따라서 모든 선험적 이념은 **세 부류**로 나뉘는데, 그 가운데 **첫 번째 것**은 **사고하는 주관**의 절대적(무조건적) **통일**을, **두 번째 것**은 **현상**의 **조건들**의 **계열**의 절대적 **통일**을, **세 번째 것**은 **사고 일반**의 **모든 대상**의 **조건**의 절대적 **통일**을 포함한다.

생각하는 주관은 **영혼론**의 대상이고, 현상들의 총합(세계)은 **우주론**의 대상이며, 생각될 수 있는 모든 것을 가능케 하는 최상 조건을 함유하는 존재자(모든 존재자 중의 존재자)는 **신학**의 대상이다. 그러므로 순수 이성은 선험적 영혼론(이성적 심리학), 선험적 세계학(이성적 우주론), 또한 마지막으로 선험적 신 인식(선험적 신학)을 위한 이념을 제공한다.

● KrV, B391

이제 지성이 범주들을 매개로 표상하는 관계의 종류 수효 꼭 그만큼, 순수 이성개념들도 주어진다. 그러므로 **첫째로 주관**[주체, 주어]에서 **정언적** 종합의 **무제약자**가, **둘째로** 한 **계열**을 이룬 연쇄 항들의 **가언적** 종합의 **무제약자**가, **셋째로** 한 **체계**에서 부분들의 **선언적** 종합의 **무제약자**가 찾아져야만 할 것이다.

● KrV, B379

논리학에서 '**정언적**' 명제란 "~는 ~이다"라는 형식의 단정적 표현으로 되어 있습니다. 인식론에서 주관(주체, 주어)은 오직 무제약자로서의 '나' 하나일 수밖에 없습니다. '**가언적**' 명제란 "만일 ~이라면 ~이다"라는 형식으로 되어 있습니다. 여기서는 주관(주어)이 정해지지 않았으므로 주관(주어)을 제외한 무제약자로서의 객관(술어) 전체를 가리킵니다. '**선언적**' 명제란 "~는 ~이거나 ~이다"라는 형식으로 되어 있습니다. 여기서는 주관(주어)과 객관(술어) 전체를 망라하는 존재를 가리키는데, 이는 곧 신일 수밖에 없습니다. 신이야말로 "생각될 수 있는 모든 것을 가능케 하는 최상 조건을 함유하는 존재자 중의 존재

세 번째 강의, **수학과 자연과학을 넘어 형이상학으로**

자"(KrV, B391)이기 때문입니다.

하지만 이성은 인식할 수 없는 것을 마치 인식할 수 있는 것처럼 오해하기 쉽습니다. 절대적 주관을 사유할 때 이성은 거짓 추론(**순수 이성의 '오류추리'**)을 범합니다. 사물들과 제약들의 총체성을 다룰 때 이성은 모순(**순수 이성의 '이율배반'**)에 빠집니다. 그리고 신과 관련하여 이성은 완전히 모순되는 증명(**순수 이성의 '이상'**)을 행합니다. 이로써 무제약자에 대한 인식은 불가피한 것이기는 하지만, 결국 참된 인식이 아닌 것으로 드러나고 맙니다. 그것은 가상에 불과한 것입니다.

> 이성추리의 형식적 차이 때문에 이성추리를 정언적, 가언적, 선언적인 것으로 분류하는 것은 필연적이다. 따라서 이에 근거를 둔 이성개념들은 첫째로는 완전한 주관의 이념(실체적인 것)을, 둘째로는 조건들에 관한 완전한 계열의 이념을, 셋째로는 가능적인 것에 관한 완전한 총체의 이념에서 모든 개념의 규정을 포함한다. 첫째 이념은 심리학[영혼론]적인 것, 둘째 이념은 우주론적인 것, 셋째 이념은 신학적인 것이었다. 이 세 가지는 모두 … 변증론을 유발하기에, 순수 이성에 관한 전체 변증론의 분류는 여기에 근거를 둔다. 즉 순수 이성의 오류추리, 순수 이성의 이율배반, 마지막으로 순수 이성의 이상으로 말이다.
>
> • Prol., §43, A130

변증적 이성추리들은 그 추리의 결론에서 이르는 이념의 수효와 똑같이 세 종류가 있다. 이성추리의 **제1부류**에서 나는 전혀 잡다를 함유하지 않은 주관[주체]이라는 선험적 개념에서, 내가 그것에 관해 이런 식으로 전혀 아무런 개념도 갖고 있지 못한 이 주관 자체의 절대적 통일성[단일성]을 추리한다. 이 변증적 추리를 나는 선험적 **오류추리**라고 부를 것이다. 궤변적 추리의 **제2부류**는 주어진 현상을 위한 조건들의 계열의 절대적 전체라는 선험적 개념을 겨냥하고 있는 것으로, 나는 한쪽 편에서의 계열의 무조건적인 종합적 통일성에 대해 항상 자기모순적인 개념을 갖는다는 사실로부터 반대쪽 편 계열의 통일성이 정당하다는 것을 추리하는데, 그렇지만 나는 이 통일성에 대해서도 아무런 개념을 갖지 못한다. 이 변증적 추리를 할 때의 이성의 상태를 나는 순수 이성의 **이율배반**이라고 부를 것이다. 마지막으로 나는 **제3종류**의 궤변적 추리에 따라, 대상들 일반을 —그것들이 나에게 주어질 수 있는 한에서— 생각하는 조건들의 전체로부터 사물들 일반을 가능하게 하는 모든 조건의 절대적인 종합적 통일성을 추리한다. … 그것의 무조건적 필연성에 관해서 나로서는 아무런 개념도 가질 수 없는, 모든 존재자 중의 존재자를 추리한다. 이 변증적 이성추리를 나는 순수 이성의 **이상**이라고 부를 것이다.

• KrV, B398

5. 전통적 형이상학에서 새로운 형이상학으로

이와 같이 순수 이성이 낳는 불가피한 가상에 대해 우리는 어떻게 대응해야 할까요? 여기서 철학자의 역할이 요청됩니다. 그것은 우리가 가상을 참된 것으로 여긴다든가, 가상에 의해서 기만당하는 일을 방지하는 것입니다. 선험적 기만은 무제약자를 향한 사유의 자연적 진행을 순수 이성의 확장으로 여기고, 사유의 결과를 객관적으로 타당한 것으로 여기며, 절대적으로 포괄적인 의미를 갖는 실질적 인식을 발견했다고 믿는 데서 옵니다. 원래 무제약자에는 객관적 인식의 두 가지 조건, 즉 감성적 직관과 지성 개념이 결여되어 있어 인식이 불가능합니다. 그럼에도 무제약자를 인식하고자 하는 이성의 자연적 관심 때문에 이성은 가능한 경험의 영역을 넘어설 수 있다는 착각에 빠지게 됩니다. 그러므로 무제약자를 인식한다는 기존 형이상학의 주장은 이제 선험적 비판에 의해서 명백한 월권임이 폭로되어야 할 것입니다.[4]

그리고 순수 이성 비판의 최종적 가치는 진리의 발견이라는 적극적인 데에 있는 것이 아니라 착오의 방지라는 소극적인 데에 있다는 점을 명심해야 합니다.

> 순수 이성의 모든 철학의 최대의, 그리고 아마도 유일한 효능은 단지 소극적인 것이다. 순수 이성의 철학은 곧 기관으로서 확장을 위해 기여하는 것이 아니라, 훈육으로서 한계 규정을 위해 기여하고, 진리를 발견하는 것 대신에 단지 착오들을 방지하는 조용한 공적을 갖기 때문이다.
>
> • KrV, B823

---

4 오트프리트 회페 지음, 이상헌 옮김, 『임마누엘 칸트』, 문예출판사, 1997, 160쪽.

『순수이성비판』의 변증론 부분은 이론적이고 부정적인 의미를 지닐 뿐만 아니라 실천적이고 긍정적인 의미도 지닙니다. 영혼 불멸, 자유, 신의 현존이 증명될 수도 없지만 동시에 반박될 수도 없다는 것이 밝혀짐으로써, 그 반박 가능성을 믿는 입장들, 즉 "**유물론**, **숙명론**, **무신론**, 자유사상적 **무신앙**, **광신**, 그리고 **미신**"(KrV, BXXXIV)을 근본적으로 제거시켜 줄 뿐만 아니라, 이론이성에 그어지는 한계들도 없애 줍니다. 이를 통해 사변적이어서 '나쁜' 형이상학을 파괴하고, 실천적이어서 '좋은' 형이상학을 위한 토대를 마련해 줍니다. 실천적 형이상학에 의하면 신, 자유, 영혼 불멸의 이념은 이론이성의 인식이 아니라 실천이성의 요청들입니다. 칸트는 "**신앙**을 위한 자리를 마련하기 위해서 **지식**을 제한해야 했다"(KrV, BXXX)라고 말하는데, 이는 순수 실천이성이 신앙을 인정한다는 것을 의미합니다. 여기서 순수 실천이성이란 다름 아니라 칸트가 자유의 개념을 통해 사유한 도덕성입니다. 이로써 기존의 '존재의 형이상학'은 새로운 '자유의 형이상학'에 길을 내어 주게 됩니다.[5]

이리하여 선험적 이념들[영혼론적 이념, 우주론적 이념, 신학적 이념]은 비록 우리를 적극적으로 가르쳐 주기 위해서 사용되지는 않지만, 적어도 **유물론**, **자연주의**, **숙명론**의 뻔뻔스러우면서도 이성의 영역을 축소하는 주장들을 제거하고 이로써 사변의 영역 바깥에 도덕적 이념들을 위한 여지를 마련해 주기 위해 사용된다. 그리고 이러한 고찰이

5   같은 책, 161~162쪽.

인간 이성의 자연 소질을 어느 정도 설명해 줄 것이라고 생각한다.

• Prol., §60, A186

결국 칸트는, 순수 이성 비판의 최종 목적은 사변적 이성 사용에서가 아니라 **실천적 이성 사용**에서 찾을 수 있을 것이라고 말합니다. 또한 영혼 불멸, 의지의 자유, 신의 현존이라는 형이상학의 핵심 과제 역시 오로지 실천적인 데서 그 의미를 찾을 수 있다고 말합니다.

짐작건대, 이성에게 아직도 남아 있는 유일한 길, 곧 **실천적** 사용의 길에서 이성을 위한 더 좋은 행운이 기대될 수 있을 것이다.

나는 규준Kanon이라는 말로 모종의 인식 능력 일반을 올바르게 사용하는 아프리오리한 원칙들의 총괄을 의미한다. … 따라서 어디서나 순수 이성의 올바른 사용이 있다면, 그리고 그런 경우에 역시 순수 이성의 **규준**이 있어야만 한다면, 이 규준은 사변적 이성 사용이 아니라 **실천적 이성 사용**에 대한 것일 것이고, 그러므로 이제 우리는 그것을 연구하고자 한다.

• KrV, B824~825

이성의 사변이 선험적 사용에서 마침내 귀착하는 궁극 의도는 세 가지 대상, 곧 의지의 자유, 영혼의 불사성, 그리고 신의 현존에 관한 것이다. … 이 세 명제는 사변이성에게는 항상 초험적으로 남는다. 그것들은 전혀 아무런 내재적 사용, 다시 말해 경험의 대상들을 위해 허용될 수 있는 사용, 그러니까 우리에게 어떤 방식으로든 유용한 사용이 없고, 오히려 그 자체로 보면 우리 이성의 전혀 쓸데없는, 그러면서도 몹시 힘든 노고들이다.

그래서 이 세 핵심 명제가 우리의 **앎**에는 전혀 필요치 않으면서도 우리 이성에 의해 절실하게 추천되는 것이라면, 그것들의 중요성은 실로 본래 오로지 **실천적인 것**에 관계해야 하는 것이다.

• KrV, B826~828

이렇게 칸트는 '실천이성 비판', 즉 **윤리학** 탐구를 암시하며 그의 '순수 이성 비판'을 마무리합니다.

이것으로 세 번째 강의를 마칩니다. 여기서 기억해 둘 만한 사항은, 칸트가 **순수 수학**과 **순수 자연과학**이 어떻게 학적 인식이 될 수 있고 또 진리의 체계로 인정받을 수 있는지를 '코페르니쿠스적 전환'이라는 인식론상의 혁명적 발상을 통해 확인해 준다는 점입니다. 말하자면, 이 세계(즉 현상세계)는 우리 자신이 구성한 것이며, 이 세계의 법칙(즉 자연법칙) 또한 우리 자신이 세계를 바라보는 방식을 반영한 것이기 때문에, 이 세계에 대한 보편타당한 인식이 가능하다고 보는 것입니다. 수학은 시간과 공간이라는 선험적 감성 형식을 통해 구성된 학문세계이며, 과학은 인과관계라는 선험적 지성 형식(범주)을 통해 구성된 학문세계입니다. 인간이 구성한 세계의 법칙 체계이므로 이를 통해 얻어진 지식은 '아프리오리한 종합적 지식'으로서 보편성과 필연성을 지닌다고 볼 수 있는 것입니다.

이어서 칸트는 경험 가능한 세계(즉 현상세계)의 한계 너머에 있는 대상을 다루는 **형이상학**(순수 이성의 초험적 사용)의 가능성과 한계도 체계적으로 검토합니다. 이러한 형이상학의 과제로는 인식 주관을 다루는 '이성적 영혼론', 인식 객관 전체를 다루는 '이성적 우주론', 신의 문제를 다루는 '이성적 신학'이 있습니다. 그런데 이러한 현상 너머의 것(즉 무제약자)을 인식하려는 기존의 사변적 형이상학의 시도는 모두 실패했습니다. 그러한 시도는 불가피한 가상을 낳기 때문입니다. 그러므로 이제 이러한 착오들을 방지할 새로운 형이상학이 요청됩니다. 그것은 기존의 '존재의 형이상학'을 대체할 '자유의 형이상학'입니다.

이제 위에 언급한 형이상학의 세 가지 과제를 차례로 다룰 순서입니다. 먼저 다음 강의에서는 그 첫 번째 과제에 해당하는 것으로서 인식 주관, 또는 영혼 불멸의 문제와 관련한 '순수 이성의 오류추리'에 대해서 다루고자 합니다.

네 번째 강의,

인간은 자기 자신을
인식할 수 있는가?

―순수 이성의 오류추리―

Immanuel Kant,
Werke in zehn Bänden, Hrsg. v. W. Weischedel

Kritik der reinen Vernunft   Kritik der praktischen Vernunft
Kritik der Urteilskraft   Grundlegung zur Metaphysik der Sitten
Prolegomena zu einer jeden künftigen Metaphysik, die als Wissenschaft
wird auftreten können
Die Metaphysik der Sitten Tugendlehre Rechtslehre
Die Religion innerhalb der Grenzen der bloßen Vernunft
Über Pädagogik   Eine Vorlesung über Ethik
Idee zu einer allgemeinen Geschichte in weltbürgerlicher Absicht
Untersuchung über die Deutlichkeit der Grundsätze der natürlichen
Theologie und der Moral

칸트에 따르면 인간 이성의 모든 관심은 다음의 세 가지 물음으로 요약될 수 있습니다.

1. 나는 무엇을 알 수 있는가?
2. 나는 무엇을 행해야만 하는가?
3. 나는 무엇을 희망해도 좋은가?

• KrV, B833

이 물음들은 사실상 인간 이성에게 허용되는 지식, 행위, 희망의 가능성과 한계를 묻는 것임을 알 수 있습니다. 칸트는 인간의 이성 능력을 이 세 가지 측면에서 차례로 검토하는데, 첫째는 있는 그대로의 현실을 표상하거나 관조하는 능력이요, 둘째는 인간의 의욕 또는 실천에 관여함으로써 현실을 변화시키는 능력이며, 셋째는 개별적인 사례들을 반성해서 일반적 원리를 찾아내는 능력입니다. 칸트는 이 세 가지 능력을 일컬어 각기 '이론이성', '실천이성', '판단력'이라고 부르며, 거기에 해당하는 이성의 활동을 각각 인식 작용, 도덕 행위, 합목적적 판단으로 이해합니다. 또 이러한 측면들을 다루는 영역을 우리는 이론철학(인식론), 실천철학(윤리학), 희망의 철학(미학, 종교철학, 역사철학)이라고 부를 수 있습니다.

　여기서 우리는 칸트의 세 가지 물음이 지니고 있는 하나의 특징에 주목할 필요가 있습니다. 그것은 이 물음들이 모두 '나'라는 주어로 시작한다는 점입니다. 이는 서양 근대 철학의 한 중요한 특징을 반영하고 있는데, 그것은 바로 '주관성의 철학philosophy of subjectivity'입니다. 데카르트R. Descartes의 "나는 생각한다"라는 명제로 상징되는 이러한 사고방식은 생각하는 나(주관)와 생각되는 대상(객관)의 분리를 전제합니다. 그리고 뒤이어 등장하는 질문은 "나는 어떻게 (내가 아닌, 나와 다른) 대상을 알 수 있는가?"라는 것입니다.

1. 영혼론적 이념들
― 순수 이성의 '오류추리'

　오류추리Paralogismus란 논리학에서 형식상 그릇된 이성추리를 말합니다. 인간 이성의 자연적 본성 중에는 이성적 추리 과정에서 그러한 형식적인 잘못을 범하고, "해결할 수 없는 것은 아니지만 불가피한 환상을 동반"(KrV, B399)하는 선험적

1　여기서 '나'는 '인간 일반'을 의미한다. 칸트의 철학적 탐구에서 표적이 되는 것은 인간의 보편적 구조이고, 일정한 보편적 구조를 가진 인간이 주체로서 기능할 때 '나'로서 대변되기 때문이다(백종현, 『존재와 진리』, 철학과 현실사, 2000, 379쪽 참조).

근거들이 있습니다. 이성이 범하는 첫째 가상은 순수한 사고를 통해서도, 즉 아무런 경험 없이도 자기 자신(영혼)에 대한 실제 인식을 얻을 수 있다는 억견입니다. 이러한 억견에 근거하여 세워진 형이상학이 이성적 영혼론(사변적 심리학)입니다. 이성적 영혼론의 주요 목표는 영혼 불멸을 증명하는 것으로서, 이론적이기보다는 실천적 성격을 띱니다.

이미 플라톤은 『파이돈*Phaidon*』에서 육체의 다수성과 복합성에 대비하여 영혼의 단일성과 단순성을 언급한 바 있고, 이어서 영혼 불멸을 주장했습니다. 플라톤처럼 육체와 영혼의 이원론을 주장하는 근대 철학은 무엇보다 데카르트에게서 찾아볼 수 있습니다. 데카르트와 마찬가지로 칸트에게도 "나는 생각한다"는 실제로 모든 인식의 필수적 조건이며, 더 나아가 선험철학의 기준점입니다. 하지만 칸트가 보기에 선험적인 "나는 생각한다"(자기 자신, 또는 영혼)는 내적 경험의 대상, 즉 실체가 아닙니다. 그것은 현존재도 아니고 비존재도 아닙니다. 왜냐하면, 실체, 현존재, 비존재 등은 모두 범주이기 때문입니다. 이 선험적인 "나는 생각한다"는 모든 범주의 원천이지만, 그 자체는 범주적으로 규정될 수 없습니다. 대상을 객관적으로 인식하기 위해서는 (감성적) 직관이 필요합니다. 하지만 선험적인 "나는 생각한다"는 어떤 직관도 없기 때문에 객관적 인식이 불가능하며, 따라서 영혼 불멸에 대한 증명도 불가능합니다. 물론 그 반대도 증명할 수 없습니다. 이는 영혼 불멸에 대한 논의 자체가 무의미함을 말해 줍니다.[2]

칸트는 데카르트를 비롯하여 기존의 이성적 심리학을 주장하는

---

2   오트프리트 회페 지음, 앞의 책, 162~163쪽 참조.

사람들의 견해를 다음의 네 가지 명제로 요약합니다. 영혼은 ① **실체**이고, ② 질적으로 **단순**하며, ③ 그것이 현존하는 여러 시간상에서 수적으로 동일하고, 즉 (다수가 아니라) **하나**이며, ④ 공간상의 **가능한** 대상들과 관계를 맺고 있다는 것입니다(KrV, B402). 그리고 이러한 네 가지 주장으로부터 여타의 주장들이 도출됩니다. ① 영혼의 비신체성, 즉 비물질성(실체성의 오류추리), ② 영혼의 불가분성, 즉 비파괴성(단순성의 오류추리), ③ 영혼의 정신적 성격(인격성의 오류추리), 그리고 무엇보다도 ④ 영혼의 불멸성(외적 관계의 이념성의 오류추리)이 그것입니다.

> 이 실체는 **비물질성**이라는 개념을 제공하고, 단순 실체로서 그것은 **불후성**이라는 개념을 제공하며, 지성적 실체로서 그것의 동일성은 **인격성**을 제공하고, 이 세 가지 요소가 합쳐서 **정신성**을, 그리고 공간상의 대상들과의 관계가 물체들과의 **교호성**을 제공한다. 그러니까 그것[순수 영혼론]은 사고하는 실체를 물질 안에서의 생명의 원리로서, 다시 말해 영혼으로서 그리고 **생명성**의 근거로서 표상하며, 정신성에 의해 제한된 이 생명성은 **불사성**을 표상한다.
>
> • KrV, B403

실체성의 오류추리(제1 오류추리)

칸트의 논의에서 핵심은 '사고하는 나'에 대한 전통 형이상학의 해석에 대한 비판입니다. 전통적 형이상학에 따르면, 우리는 경험의 영역을 초월하는 사고를 통해 '나'에 관해 말할 수 있고, 데카르트처럼 '사고하는 실체'에 관해 논할 수도 있습니다. 그뿐만 아니라, 전통 형이상학은 사고하는 존재자로서 '나'는 "독자적으로 **계속 존속하고**, 당연히 **발생도 소멸도 하지 않는다**"(KrV, A349)고 주장합니다.

그러나 칸트가 보기에, 이 '사고하는 나'를 '나'가 구성한 현상세계의 객관들과 동일한 선상에 놓을 수는 없습니다. '사고하는 나'가 무엇이며, 어떤 속성들을 지니는지 등은 말로 표현될 수 없습니다. 즉 나는 나를 나의 경험 한계 내에서 인식할 수 있는 대상들을 규정할 때 수행하는 운동의 원리로서 경험할 뿐입니다. 사고가 자기의 경험적 대상들을 인식할 때 사용하는 범주를, 거꾸로 사고 자신에 다시 적용할 수는 없습니다. 이 '사고하는 나'라는 말은 '단지' 객관화할 수 없는 무언가를 지시할 따름이며, 따라서 규정될 수 없는 '대상'으로 남는, 모든 규정하는 사고 활동의 밑바탕에 전제되어 있는 운동의 표시일 뿐입니다. 만일 이성적 영혼론이 인식 활동을 수행하고 있는 운동('나') 자신에 관해 객관적 언표를 할 수 있다고 믿는다면, 이성적 영혼론은 착각에 빠진 것입니다.[3]

> 우리는 자기의식(사고하는 주체)에서, 그것도 직접적 직관에서 이러한 실체성을 가지고 있는 것으로 여긴다. 내감의 모든 술어는 주체로서의 **자아**와 관련되고, 이 자아는 그 어떤 다른 주체의 술어로 생각될 수 없기 때문이다. … 자아란 결코 개념이 아니라* 우리가 어떠한 술어로도 더 이상 인식할 수 없는 한의 내감의 대상을 표시하는 명칭일 뿐이니 말이다. 그러므로 자아는 그 자신이 다른 사물의 술어가 될 수 없을

3   프리드리히 카울바흐 지음, 백종현 옮김, 『임마누엘 칸트』, 아카넷, 2019, 202~203쪽.

뿐만 아니라, 또한 절대적 주체라는 일정한 개념일 수도 없고, 단지 모든 다른 경우에서처럼 내적 현상들과 그것들의 알려지지 않은 주체와의 관계일 뿐이다.

* 칸트의 주: 자아라는 것은 최소한의 개념도 지니지 않은 현존재의 감정일 뿐이다.

• Prol., §46, A136

단순성의 오류추리(제2 오류추리)

영혼의 단순성, 즉 불후성不朽性에 관한 전통 형이상학의 논거에 대해서도 마찬가지로 비판할 수 있습니다. 영혼의 단순성 입론은 마치 '나'라는 말이 우리 앎의 객관적 대상의 하나인 듯한 가상에 사로잡혀 나온 것입니다. 인식 활동의 원리로서 '나'라는 표현은 단지 내적 경험에 대한 표현으로 이해되어야지 객관적 인식으로 이해되어서는 안 됩니다. 이 표현은 '나'가 현상세계의 대상일 수 없다는 소극적 의미로 이해되어야 합니다.[4]

'나는 실체이다'라는 명제는, 내가 구체적으로는 아무런 (경험적) 사용도 할 수 없는 순수 범주를 의미하는 것에 지나지 않듯이, … 경험의 대상으로서 나 자신에 관해 최소한의 것도 가르쳐 주는 바가 없다. 왜냐하면, 실체의 개념 자체는 … 오로지 우리 인식의 조건에만 타당하고, 지정될 어떤 대상에 대해서 타당한 것이 아니기 때문이다.

• KrV, A356

---

4   같은 책, 203쪽.

나는 내적 경험에 따라 시간에서 내 영혼의 현존을 의식하는 것과 마찬가지로 외적 경험에 따라 물체의 현실성을 공간에서 외적 현상으로 의식한다. 물론 나는 이 영혼을 내적 상태를 형성하는 현상들을 통해 단지 내감의 대상으로만 인식할 뿐, 이 현상들의 근저에 놓인 존재 자체는 나에게 알려져 있지 않다.

• Prol., §49, A140

인격성의 오류추리(제3 오류추리)

인격의 동일성에 관한 전통 형이상학의 입장은 다음의 삼단논법과 같습니다.

서로 다른 시간상에서 자기 자신의 수적 동일성을 의식하는 것은 그런 한에서 **인격**이다.
그런데 영혼은 그러한 것이다.
그러므로 영혼은 인격이다.

• KrV, A361

이것은 내가 나의 자아를, 마치 자서전 작가처럼, 순수 통각[5]을 근

---

5 **통각**(Apperzeption)의 의미에 대한 칸트의 설명은 다음과 같다. "자기 자신에 대한 의식(통각)은 나에 대한 단순한 표상으로서, 이것을 통해서만 모든 잡다가 주관에 **자기활동적**으로 주어진다."(KrV, B68) "모든 경험적 의식은 선험적 (모든 특수한 경험에 선행하는) 의식, 곧 나 자신에 대한 의식, 즉 근원적 통각과 필연적 관계를 맺고 있다. 그러므로 나의 인식에서 모든 의식이 (나 자신에 대한) 한 의식에 귀속한다는 것은 단적으로 필연적

거로 하여 의식하듯이, 인격의 동일성이 의식된다는 것입니다. 그러나 내가 내적 자기의식('나는 나다'라는 의식)을 근거로 하여 나를 동일한 자아로 해석한다면, 이는 객관적인 인식이라 할 수 없습니다. 그것은 시간상으로 존재하는 나, 즉 '현상적 자아'에 대한 것이 아니라, 역사적 시간 전체를 꿰뚫는 초시간적인 나, 즉 '예지적 자아'에 대해 말하는 것이기 때문입니다.

> 실체성의 개념이나 단순성의 개념과 마찬가지로, 인격성의 개념도 (그것이 순전히 선험적인 한에서, 다시 말해서 그 밖에 우리에게 알려져 있지는 않지만, 그것의 규정들에는 통각에 의한 일관된 연결이 있는 그런 주체의 통일성인 한에서) 남아 있을 수 있다. 그리고 그런 한에서 이 개념 역시 실천적 사용을 위해서는 필요하고도 충분하다. 그러나 우리는 결코 이 개념을 가지고, 동일한 자기라는 단순한 개념으로부터 주관의 중단 없는 지속[지속적 실존]을 그럴듯하게 만드는 순수 이성에 의해 우리의 자기인식이 확장된 것인 양 과장할 수는 없다.
>
> • KrV, A365~366

2. 칸트의 '선험적 관념론'과 '경험적 실재론'

(외적 관계의) 관념성의 오류추리(제4 오류추리)

데카르트는 대상세계를 바라보는 우리 감각의 불확실성을 들어 대상세계의 존재 자체를 의심했습니다. 왜냐하면, 확실하게 존재하는 것은 오직 '생각하는 나' 하나뿐이기 때문입니다. 하지만 어린아이의 발달 과정을 보아도 알 수 있듯이, 자기 자신의 존재에 대한 자각이 외부 세계에 대한 지각보다 선행하는 것은 아닙니다. 아기는 먼저 자기 눈에 보이는 외부 세계를 지각합니다. 엄마의 얼굴을 알아보고 눈앞에 보이는 장난감에 손을 뻗습니다. 처음에 아기는 심지어 눈앞에 어른거리는 자기 손조차 자기 것인지를 지각하지 못합니다. 하물며 자의식을 깨닫게 되는 것은 훨씬 나중의 일입니다. 그래서 칸트는 이러한 데카르트적 관념론을 부정합니다.

데카르트는 우리가 외적 사물에 대한 경험과는 독립적으로, 그리고 그 경험에 앞서 자기의식을 지니고 있다고 상정한 후, 자기 존재를 확신한 자아가 '외적 사물이 존재한다는 것을 어떻게 인식할 수 있는가?'라는 질문을 던지지만, 칸트는 이러한 입장에 반대하여 '오직 외적 경험을 통해서만 내적 경험이 가능하다'라고 주장하는 것입니다. "우리는 외적 사물에 대하여 한낱 **상상**만이 아닌 **경험**을 가지며", 따라서 "데카르트가 의심하지 않았던 우리의 **내적** 경험도 오직 **외적** 경험을 전제로 할 때만 가능하다"(KrV, B275)는 것입니다. 칸트에 따르면 우리는 자기 자신을 간접적으로만, 즉 외적 사물에 대한 직접적인 의식을 통해서만 의식할 수 있습니다. 자기의식은 선행하는 정보가 아닙니다. 우리는 오히려 외적 사물을 지각함으로써 자기 자신을 의식하는 것입니다. 칸트는 데카르트와 같은 관점을 "회의적 관념론"(KrV, B274; Prol., A208)이라고 부르면서 이를 다음과 같이 설명합니다.

> 그것의 현존이 주어진 지각들의 원인으로만 추리될 수 있는 그런 것은 의심스러운 실존만을 갖는다.
> 그런데 모든 현상은 그것들의 현존이 직접적으로 지각될 수는 없고, 주어진 지각들의 원인으로서만 추리될 수 있는 그런 종류의 것이다.
> 그러므로 외감의 모든 대상의 현존은 의심스럽다. 이 불확실성을 나는 외적 현상들의 관념성이라 부르고, 이 관념성의 이론을 **관념론**이라 일컫는다.
>
> • KrV, A366~367

한편, 데카르트와는 반대로 감각 경험을 신뢰하는 경험주의자들은 '확실하게 존재하는 것은 보는 내가 아니라 보이는 대상세계일 뿐'이라는 입장을 취합니다. 이런 관점에서는 바라보는 나의 존재와 상관없이 세계가 그 자체로 존재합니다. 근대 과학 정신은 이러한 소박한 실재론에 근거하여 물리적 세계를 주관적 인식으로부터 독립적인 객관적 실재로 간주합니다. 하지만 상식적으로 타당해 보이는 경험주의자들의 생각도 흄에 이르러서는 회의론과 불가지론에 이르고 맙니다. 흄의 문제의식은 '나(주관)는 대상(객관)이 아닌데 어떻게 있는 그대로의 대상을 알 수 있단 말인가?'라는 말로 요약될 수 있습니다.

무지개의 예를 들어 봅시다. 무지개는 햇빛이 물방울을 통과하면서 각기 굴절률이 다른 여러 가지 가시광선으로 분리됨으로써 우리 눈에 여러 가지 색으로 보이는 현상입니다. 따라서 무지개는 객관적 실재라기보다는 우리 감각기관의 (특정한 파장의 빛을 특정한 색으로 인식하는) 특성에 상응하여 나타나는 현상이라고 보는 편이 타당할 것입니다. 그래서 칸트는 이러한 실재론을 반박합니다. 우리의 인식은 아무런 전제 없는 순수 경험이 아니며, 따라서 우리에 의해 경험된 실재 역시 '물자체'가 아니라 우리의 인식 틀에 따라 규정되고 해석된 '현상'에 지나지 않는다는 것입니다. 즉 이처럼 현상에 불과한 것을 마치 물자체인 것처럼 여기는 데에 경험주의자들의 잘못이 있다는 것입니다.

칸트는 이러한 자신의 관점을 **선험적 관념론**으로 규정합니다. 우리가 경험하는 대상세계를 그 자체로 실재하는 객관적 물자체로 보지 않고 우리의 인식 조건에 의해 구성된 존재로 본다는 점에서 선험적 관념론인 것입니다.

> 나는 모든 현상의 **선험적 관념론**을, 그것에 따르면 우리가 그 현상들을 모두 사물들 자체가 아니라 순전한 표상들로 보며, 따라서 시간과 공간은 단지 우리 직관의 감성적 형식일 따름이고, 사물 자체로서 객관들의 그 자체로 주어진 규정들이거나 조건들이 아니라고 하는 이론으로 이해한다. 이러한 관념론에 반대되는 것이 **선험적 실재론**인데, 이 이론은 시간과 공간을 (우리 감성과는 독립적인) 자체로 주어진 어떤 것[즉 물자체]으로 본다. … 이러한 선험적 실재론자는 본디 나중에는

경험적 관념론자 노릇을 하는 자이다.

• KrV, A369

칸트가 취하는 관점인 선험적 관념론은 경험적 차원에서는 우리가
경험하는 대상세계의 실재성을 부정하지 않는 **경험적 실재론**입니다.

> 선험적 관념론자는 경험적 실재론자이며, 따라서 소위 **이원론자**이다.
> 다시 말해, 그는 순전한 자기의식 밖으로 나가지 않은 채, 그리고 내
> 안의 표상들의 확실성, 즉 '나는 생각한다, 그러므로 나는 존재한다'
> 라는 것 이상의 어떤 것을 전제하지 않은 채, 물질의 존재를 인정한다.
> 왜냐하면, 그는 물질, 나아가 물질의 내적 가능성조차 우리의 감성을
> 떠나서는 아무것도 아닌 한낱 현상으로 간주하기에, 그에게 물질은
> 외적이라고 불리는 표상(직관)의 한 종류에 지나지 않기 때문이다.

• KrV, A370

칸트의 선험적 관념론

	경험적	선험적
관념론	경험적 관념론 (×)	**선험적 관념론** (○)
실재론	경험적 실재론 (○)	선험적 실재론 (×)

이와 같이 칸트의 선험적 관념론은 우리가 경험하는 객관세계를
인간이 자기의 주관적 형식에 따라 구성하는 현상으로만 인정합니다.
이른바 '심리적' 대상과 '물리적' 대상의 구분은 현상 내에서의 구분입

니다. 즉 '시간' 형식에 따라 직관되는 내적 현상과 '시간·공간' 형식에 따라 직관되는 외적 현상의 구분인 것입니다. 이러한 선험적 관념론은 현상 너머에 인간의 인식 주관과 무관한 그 자체로 실재하는 물자체를 상정함으로써 그 물자체의 인식 불가능성 때문에 다시 회의주의로 빠지고 마는 '선험적 실재론'과 구분됩니다.[6]

칸트에게 "나는 생각한다"라는 명제는 경험이 가능하기 위한 필요조건입니다. 그러나 경험의 필요조건으로서의 자아는 경험에서 주어지지 않습니다. 그것은 경험적 자아가 아니라 선험적 자아입니다. 따라서 자아를 통일적 실체로서 생각하는 것은 심리학적으로는 가능하겠지만, '실체'나 '통일성'과 같은 범주들의 적용을 통한 인식을 산출할 수는 없습니다. 왜냐하면, 인식이란 물자체가 아닌 현상에서만 가능하기 때문입니다. 이로써 우리는 다음과 같이 결론 내릴 수 있습니다. 즉 논리적 주어로서 선험적 자아는 경험의 필수적 조건이며, 만약 객관이 통각의 통일성과 관련되지 않는다면 경험은 결코 이해될 수 없을 것이라고 말입니다. 하지만 그렇다고 해서 우리가 실체로서의 선험적 자아의 현존까지 주장할 수는 없습니다. 왜냐하면, 이는 자칫 '실체'나 '현존'이나 '통일'과 같은 범주들을 (감성적 직관이 불가능한 대상들에) 잘못 적용하는 일이 될 것이기 때문입니다. 우리의 학적인 인식은 현상세계에서만 가능합니다. 그리고 선험적 자아는 현상세계에 속하지 않습니다. 그것은 한계개념입니다.

---

6 한자경, 앞의 책, 66쪽 참조.

3. 현상적 자아의 부정을 넘어 본체적 자아의 세계로

'나는 사고한다'는 명제가 '**나는 사고하면서 실존한다**'와 같은 것을 의미한다면, 그것은 한낱 논리적 기능이 아니라 오히려 주체를 (그러니까 동시에 객관인 것을) 실존의 면에서 규정하고 있는 것으로서, 이는 내감 없이는 생길 수 없는 것이기 때문에, 이것의 직관은 항상 객관을 물자체로서가 아니라 한낱 현상으로서 제시하고 있다. 그러므로 이 명제 안에는 이미 사고의 순전한 자발성뿐만 아니라 직관의 수용성이 들어 있다. 다시 말해 나 자신에 대한 사고가 동일한 주체에 대한 경험적 직관에 적용되어 있다. 그런데 이 경험적 직관에서 사고하는 자기는, 자기를 단지 '나'에 의해 객관 그 자체로 표시하기 위해서뿐만 아니라, 현존 방식 또한 규정하기 위해서, 곧 자신을 예지체로 인식하기 위해서, 실체나 원인 등의 범주를 위한 그의 논리적 기능들의 사용 조건들을 찾아야만 할 것이다. 그러나 이런 일은 불가능하다. 왜냐하면, 내적 경험 직관은 감성적인 것이고, 현상의 자료 외에는 아무것도 제공하지 않는데, 현상이란 **순수 의식**의 객관에 그것과 분리된 실존을 인지하기 위한 아무것도 공급할 수 없으며, 단지 경험에만 유익할 수 있으니 말이다.

• KrV, B429~430

이처럼 칸트는 내감의 현상으로서의 자아(**현상적 자아** 또는 **경험적 자아**)와 의식의 주체로서의 자아(**본체적 자아** 또는 **선험적 자아**)를 구분합니다. 그리고 전자는 경험적 심리학의 대상으로서 인식이 가능하지만, 후자는 감성계에 속하는 현상의 자료들을 아무것도 제공받지 못하기 때문에 인식이 불가능하다고 주장합니다. 이와 같이 칸트가 '생각하는 나'의 실체성을 주장하는 (플라톤이나 데카르트를 비롯한) 전통 철학의 모든 추론을 '선험적 오류추리'로 규정하면서 비판하는 이유는 전통 철학의 잘못된 전제와 잘못된 문제의식을 폭로하려는 것입니다.

그리고 전통 철학뿐만 아니라 흄과 같은 당대의 경험주의자들도 잘못된 추론을 하기는 마찬가지입니다. 칸트가 보기에 흄은 현상적 자아와 본체적 자아를 구분하지 못하고 인식 대상을 현상이 아닌 물자체로 간주함으로써, 즉 현상적 자아가 아닌 본체적 자아로 간주함으로써 혼란에 빠질 수밖에 없었습니다. 다음과 같은 흄의 고백은 이러한 정황을 말해 줍니다.

나는 지성세계the intellectual world에 대한 우리의 이론이 아무리 불완전하다고 할지라도, 인간의 이성이 물질세계the material world에 대해 제공하는 모든 설명에서 발견되는 것과 같은 모순이나 불합리에서 벗어나게 될 것이라는 희망을 가졌었다. 그러나 **인격의 동일성**personal identity에 관한 절을 좀 더 면밀하게 검토해 본 결과, 나 자신조차 그 절에서 제시했던 나의 견해를 어떻게 바로잡아야 할지 모르겠고, 또 그것을 어떻게 일관되게 만들어야 할지도 몰라 아주 난처한 입장에 빠졌음을 고백하지 않을 수 없다.

●『인간본성론』, 633

위와 같이 흄은 자아에 대한 자신의 주장에 허점이 있음을 인정합니다. 인식 주관이 객관을 온전하게 인식할 수 없다는 회의주의적 입장은 경험주의를 끝까지 밀고 나갈 때 직면하게 되는 불가피한 결과일 것입니다. 칸트가 보기에, 현상적 자아는 경험적 심리학을 통해 나름대로 인식할 수 있습니다. 하지만 우리는 현상적 자아를 인식하는 것만으로는, 다시 말해서 우리 자신을 과학적(심리학적) 방법을 통해 파악하는 것만으로는 만족하지 못합니다.

다음과 같은 비트겐슈타인의 지적은 인식 주체로서의 자아 자체(본체적 자아)는 결코 인식될 수 없다는 것, 따라서 그것은 '다른 방식으로' 다루어질 수밖에 없다는 것을 암시하고 있습니다.

> 생각하거나 표상하는 주체는 존재하지 않는다.
>
> 만일 내가 "내가 발견한 대로의 세계"라는 책을 쓴다면, 그 속에는 나의 몸에 관한 보고와 아울러, 어느 부분이 나의 의지에 종속되고 어느 부분이 종속되지 않는지 등도 말해져야 할 터인데, 요컨대 이것은 주체를 소외시키는 한 방법이다. 또는 오히려, 어떤 중요한 뜻에서 주체란 존재하지 않는다는 것을 보여 주는 한 방법이다. 왜냐하면, 오로지 그것만이 이 책에서 언급될 수 **없을** 것이기 때문이다.
>
> ● 『논고』, 5.631

여기서 "내가 발견한 대로의 세계"란 현상세계를 가리킵니다. 그 세계에는 수많은 인식 대상들이 있고 그중에는 '나'도 포함될 수 있습니다. 이때의 '나'란 인식 대상이 된 '나'이며 현상적 자아입니다. 이 현상적 자아는 과학적·심리학적 탐구 대상이 될 수 있습니다. 그러나 인식 주체인 '나', 인식 활동 중인 '나'는 이 대상세계, 현상세계에 속하지 않으므로 인식될 수 없습니다. 내가 현상세계를 서술한 책 속에는 현상적 자아를 포함한 세상 만물이 묘사되어 있겠지만, 예외적으로 인식 주체인 '나'만은 거기에 없는 것입니다. 이런 의미에서 "주체는 존재하지 않는다"라고 말할 수 있습니다. "오로지 그것만이 이 책에서 언급될 수 **없을** 것이기 때문"입니다.

> 주체는 세계에 속하지 않는다. 그것은 오히려 세계의 한계이다.
>
> ● 『논고』, 5.632

> 세계 **속** 어디에서 형이상학적 주체가 발견될 수 있는가?
> 당신은 여기서 사정은 눈과 시야視野의 관계와 완전히 똑같다고 말한다. 그러나 당신은 실제로 눈을 보지는 **않는다.**
> 그리고 **시야 속에 있는** 어떤 것도 그것이 눈에 의해 보이고 있다는 추론을 허용하지 않는다.
>
> ● 『논고』, 5.633

주체는 현상세계에 속하지 않습니다. 우리 눈이 바라보는 시야 안에는 그 세계를 바라보고 있는 눈 자체는 없습니다. 그러므로 인식 주체는 세계의 한계 너머에, 굳이 표현하자면 '물자체'에 속한다고 할 수 있을 것입니다.

그러므로 철학에서 자아에 관해 비-심리학적 방식으로 이야기할 수 있는 어떤 뜻이 실제로 존재한다.

자아는 "세계는 나의 세계이다"라는 점을 통해 철학에 들어온다.

철학적 자아는 인간이 아니고, 인간의 신체가 아니고, 심리학이 다루는 인간의 영혼도 아니다. 그것은 형이상학적 주체, 세계의 한계 —세계의 일부가 아니라— 이다.

• 『논고』, 5.641

자아가 "세계는 나의 세계이다"라고 선언할 때, 그 세계란 자아인 인식 주체가 (자신의 방식으로) 구성한 현상세계를 가리킵니다. 그런데 현상세계를 구성하는 자아 자신은 현상세계에 속하지 않으므로, '현상적 자아'가 아닌 '현상 너머의 자아', 즉 '철학적 자아' 또는 '본체적 자아'라 부를 수 있을 것입니다. 그 철학적 자아는 '현상적 자아로서의 인간'이 아닙니다. 물론 그의 '신체'도 아니고, 심리학적으로 다룰 수 있는 그의 '영혼'도 아닙니다. 그것은 현상세계의 일부가 아니라 현상세계를 구성하는 '형이상학적 주체'이므로, (만일 그것을 다룬다면) 심리학과 같은 과학적 방식이 아닌 다른 방식으로 다룰 수밖에 없습니다. 다음 구절은 그 '다른 방식'을 암시하고 있습니다.

표상하는 주체는 공허한 망상이다. 그러나 의욕하는 주체는 존재한다.

만일 의지가 없다면, 우리가 '나'라고 부르는, 그리고 윤리의 담지자인 저 세계의 중심 또한 존재할 수 없을 것이다.

• 『일기』, 1916. 8. 2.[7]

비트겐슈타인은 '표상하는 주체'가 (현상)세계에 속하지 않으며, 따라서 '존재하지 않는다'고 말하면서, 동시에 '의욕하는 주체'는 '존재한다'고 말합니다. 그러면서 이 의욕하는 주체는 '윤리의 담지자'이자 '세계의 중심'이라고 표현합니다. 인식의 주체는 인식의 대상이 될 수 없으며, 따라서 '존재하지 않는다'고 할 수 있지만, 의욕의 주체, 즉 자유의지 또는 도덕적 주체는 '존재한다'는, 아니, '존재해야 한다'는 것입니다. 이제 현상적 자아의 부정을 넘어 본체적 자아의 세계로 나아가 봅시다.

이것으로 네 번째 강의를 마칩니다. 이 강의에서는 '영혼론적 이념들'을 다루었는데, 그것은 곧 자기 자신(영혼)을 인식할 수 있다는 **순수 이성의 오류추리**를 가리킵니다. 기존의 '이성적 영혼론'의 주요 목표는 영혼 불멸을 증명하는 것이었는데, 칸트는 이것이 모두 오류추리의 결과라고 주장합니다. '생각하는 나', 인식 주체, 즉 선험적 자아는 경험의 대상이 아니어서 객관적 인식 대상이 될 수 없다는 것입니다. 더 정확히 말하면, '현상세계를 인식하는 방식으로는' 진정한 자기를 인식할 수 없다는 것입니다. 그런데도 전통 형이상학에서처럼 (영혼 불멸을 입증하고 싶은 욕심 때문에) 이를 무리하게 시도할 경우에는 가

---

7   비트겐슈타인의 『일기』 인용은 L. Wittgenstein, *Notebooks 1914-1916*, trans. by G. E. M. Anscombe, Oxford: Blackwell, 1961에 따르며, 해당 날짜만을 표기함.

상Schein이 생겨나게 됩니다.

이런 의미에서 칸트의 관점은 불교의 삼법인三法印 중 하나인 '제법무아諸法無我', 또는 무아론無我論이 설파하는 '아공我空'에 비견할 수 있습니다. 이때의 자아는 물론 현상적 자아나 경험적 자아를 가리키며, 본체적 자아나 선험적 자아와는 구별되는 개념입니다. 칸트는 이 후자를 다른 곳에서 예지적 자아 또는 "예지체Intelligenz"(GMS, A108)라고도 표현한 바 있는데, 이는 불교에서 '참나(眞如)' 또는 '일심一心'이라고 표현되는 개념과 일맥상통하는 것으로 보입니다. 불교에서 제법무아의 진리를 깨달음으로써 '참나'의 각성에 이를 것을 촉구하듯이, 칸트 또한 현상세계의 인식 방식(과학적 탐구 방식)의 한계를 깨달음으로써 선험적 자아(도덕적 자아)의 각성을 향해 나아갈 것을 촉구하는 것입니다.

비트겐슈타인에 따르면 인식의 주체는 인식의 대상이 될 수 없으며, 따라서 '존재하지 않는다'고 할 수 있지만, 의욕의 주체, 즉 **자유의지** 또는 **도덕적 주체**는 '존재'합니다. 아니, '존재해야' 합니다. 칸트 역시 같은 문제의식에서 현상적 자아의 부정을 넘어 본체적 자아의 세계로 나아갑니다. 따라서 다음 강의는 바로 이 자유의지의 존재 가능성과 자유의지가 구성하는 **도덕세계**의 이념에 관한 내용입니다.

도덕의 세계와 자유는
어떻게 가능한가?

— '자연 결정론'과 '자유의지'의 양립 —

Immanuel Kant,
Werke in zehn Bänden, Hrsg. v. W. Weischedel

Kritik der reinen Vernunft   Kritik der praktischen Vernunft
Kritik der Urteilskraft   Grundlegung zur Metaphysik der Sitten
Prolegomena zu einer jeden künftigen Metaphysik, die als Wissenschaft
wird auftreten können
Die Metaphysik der Sitten Tugendlehre Rechtslehre
Die Religion innerhalb der Grenzen der bloßen Vernunft
Über Pädagogik   Eine Vorlesung über Ethik
Idee zu einer allgemeinen Geschichte in weltbürgerlicher Absicht
Untersuchung über die Deutlichkeit der Grundsätze der natürlichen
Theologie und der Moral

1. 우주론적 이념들
― 순수 이성의 '이율배반'

우주론적 이념은 순수 이성을 경험 불가능한 대상에 사용할 때 생겨납니다. 우주론적 이념은 범주의 항목(분량, 성질, 관계, 양상)과 마찬가지로 네 가지입니다. 그리고 이러한 우주론적 이념에 맞추어 순수 이성의 네 가지 변증적 주장(변증론)이 존재합니다. 예컨대 "세계(우주)는 유한한가, 아니면 무한한가?"라는 물음에 대해 정립과 반정립이 상반되는 주장을 합니다. 이 경우, 정립에 의하면 반정립이 참일 수 없고 반정립에 의하면 정립이 참일 수 없습니다. 따라서 대립하는 두 주장 중 어느 쪽도 참일 수 없습니다. 칸트는 이를 **이율배반**Antinomie(똑같은 근거에 의해서 두 개의 상반된 명제가 동시에 성립하는 사태)이라고 부릅니다. '순수 이성의 이율배반'은 임의로 만들어 낸 것이 아니라 이성의 본성에 따라 불가피한 것입니다. 이러한 이율배반은 아래의 표와 같은 네 가지 정립과 반정립을 포함합니다(Prol., §51, A144).

1
정립
세계는 시간적·공간적으로 시작(한계)이 있다.
반정립
세계는 시간적·공간적으로 무한하다.

2
정립
세계 속의 모든 것은 단순한 것으로 되어 있다.
반정립
단순한 것이란 없고, 모든 것은 합성된 것이다.

3
정립
세계에는 자유에 의한 원인이 존재한다.
반정립
자유란 없고, 모든 것은 자연이다.

4
정립
세계 원인의 계열에는 어떤 필연적 존재가 있다.
반정립
세계 원인의 계열에는 어떤 필연적 존재도 없고, 모든 것은 우연적이다.

첫째 이율배반은 우주의 시간적 지속과 공간적 크기에 관한 것이고, 둘째 이율배반은 세계의 궁극적이며 절대적으로 단순한 구성요소(예컨대 '원자'나 '단자')에 관한 것입니다. 셋째 이율배반은 자유와 결정론의 대립에 관한 것으로 도덕의 정초를 위해 대단히 중요하며, 넷째 이율배반은 완전한 존재가 있느냐 없느냐에 관한 것으로 사변적 신학을 비판하기 위한 것입니다.

『순수이성비판』의 변증론에서 칸트는 이율배반을 두 가지 종류로 구분합니다. 하나는 동질적인 시간과 공간을 전제로 하고 있어서 계열의 항목 간에 질적인 비약이 불가능하다는 점에서 **수학적 이율배반**이라고 하고, 다른 하나는 시간과 공간을 전제로 하지 않아서 계열의 항목 간에 질적인 비약이 가능하다는 점에서 **역학적 이율배반**이라고 합니다. 수학적 이율배반에는 첫째와 둘째 이율배반이 해당하고, 역학적 이율배반에는 셋째와 넷째 이율배반이 해당합니다. 수학적 이율배반의 경우에는 정립과 반정립의 주장이 모두 거짓이 됩니다. 양쪽 주장이 서로 모순되기 때문입니다. 반면 역학적 이율배반의 경우에는 양쪽 주장이 모두 참일 수 있습니다.

2. 수학적 이율배반

수학적 이율배반의 대표적 예로서 **첫째 이율배반**의 경우를 검토해 봅시다. 정립에 따르면 세계는 유한하고, 반정립에 따르면 세계는 무한합니다. 그러므로 둘 다 참일 수는 없습니다. 정립이 주장하는 것처럼 현상세계가 시간상 과거로 무한히 거슬러 올라갈 수 없고 공간상 무한히 확장될 수 없다는 것은 한마디로 세계가 시간상·공간상으로 한계가 있다는 말입니다. 다시 말해 시간상으로 최초의 시작 시점이 있고, 공간상으로 외곽 경계선이 있다는 뜻입니다. 이에 대해 반정립이 의문을 표시하는 지점은 그러한 시간상·공간상의 경계선 너머 무시간과 무공간의 추상성입니다. 최초의 시작 시점 이전에는 시간이 흐르지 않았을까요? 시간이 존재하지 않는다는 것(무시간)은 무슨 뜻일까요? 공간의 외곽 경계선이 있다면 그 바깥(무공간)은 무엇일까요? 반정립이 주장하는 것은, 우리는 세계의 경계선 너머 무시간과 무공간을 경험할 수 없고, 또 그 안의 경계선도 경험할 수 없으며, 따라서 그런 경계선에 의해 세계를 유한한 것으로 규정하는 것 역시 불가능하다는 것입니다.

> 세계는 영원부터 존재하는가 아니면 시초를 갖는가? 물질은 무한히 분할될 수 있는가 아니면 단순한 부분으로 이루어졌는가? 도대체 이런 문제를 어떻게 경험으로 해결하겠는가! 이런 개념은 어떠한 경험으로도, 아무리 최대로 가능한 경험이라 해도 주어질 수 없다. 따라서 긍정 명제의 부당성이든 부정 명제의 부당성이든 이런 [경험의] 시금석으로는 발견할 수 없다.
>
> • Prol., §52b, A145~146

우리가 이미 '코페르니쿠스적 전환'을 통해 살펴본 바와 같이, 칸트에게 시간과 공간은 인간의 의식과 무관하게 그 자체로 존재하는 절대시간과 절대공간이 아닙니다. 선험적 감성론에서 확인한 것처럼 시간과 공간은 오직 인간이 세계를 직관하는 형식일 뿐입니다. 결국, 인간이 시간적·공간적 형식에 따라 경험하는 세계는 객관적인 **물자체**가 아니라 인간의 직관 형식에 의해 전개된 **현상**이라는 것을 의미합니다.

다섯 번째 강의, **도덕의 세계와 자유는 어떻게 가능한가?**

내가 시간과 공간에 있는 대상들을 이야기할 때, 나는 사물들 자체에 관해서는 아무것도 모르기에, 그것에 관해 이야기하는 것이 아니라 단지 현상에서 사물들에 관해, 다시 말해 인간에게만 허용된 객관들에 대한 특별한 인식 방식인 경험을 이야기하는 것이다. 그런데 내가 시간과 공간에서 [존재한다고] 생각하는 것에 관해, 그것이 그것 자체로 있고, 이러한 내 사고 없이도 공간과 시간에 존재한다고 말해서는 안 된다. 그 경우 나는 자기모순을 범한다. 공간과 시간은 그 속에 있는 현상들과 함께 그것 자체로 실존하고 내 표상 바깥에 실존하는 어떤 것이 아니라 단지 표상 방식일 뿐이며, 한갓 표상 방식일 뿐인 것이 우리의 표상 바깥에도 실존한다고 말하는 것은 명백한 모순이기 때문이다. 그러므로 감각 능력의 대상들은 단지 경험에서만 실존한다.

• Prol., §52c, A148

이처럼 시간적·공간적으로 펼쳐진 세계가 인간의 의식 너머의 물자체가 아니라 인간의 직관 형식에 따라 구성된 현상이라는 것은, 그 세계가 유한한가, 무한한가 하는 문제 역시 현상으로서의 세계와 그 세계를 구성하는 인간의 의식과의 관계의 문제로 바뀐다는 것을 의미합니다. 따라서 이 관계가 해명되지 않는 한, 유한이냐 무한이냐의 물음은 해명될 수 없는 물음이 됩니다. 이런 이유로 인간의 의식을 떠나 절대시간과 절대공간의 수학적 좌표 위에서 세계의 경계를 논하는 수학적 이율배반은 그 문제설정 자체가 잘못된 것으로서 정립과 반정립이 모두 거짓으로 판명됩니다.[1]

이제 내가 공간과 시간에 따른 세계의 양을 물을 때, 세계의 양이 무한하다고 말하는 것은 세계의 양이 유한하다고 말하는 것과 마찬가지로 나의 모든 개념에 대해 불가능하다. 두 가지 주장 중 어느 것도 경험 안에 포함될 수 없다. **무한한** 공간이나 무한히 지나가 버린 시간도, 또한 공허한 공간이나 공허한 앞선 시간에 의한 세계의 **한계**도 경험할 수 없기 때문이다. 이러한 것들은 단지 이념일 뿐이다. … 여기서 다음과 같은 결론이 나온다. 즉 그 자체로 존재하는 감성세계라는 개념은 자기 자신과 모순되기 때문에, 세계의 양에 관한 문제의 해결 또한 사람들이 그것을 긍정적으로 시도해 보든 아니면 부정적으로 시도해 보든 간에 항상 거짓이 되고 만다는 것이다.

이와 똑같은 일이 현상들의 분할에 관련한 **둘째 이율배반**[인용자 강조]에도 해당된다.

• Prol., §52c, A148~149

이로써 분명해지는 것은, 세계의 유한성이나 무한성은 경험 불가능한 순수한 추상적 사유의 산물로서 절대시간과 절대공간이라는 수학적 좌표 위에서 논해질 수 있는 것이 아니라, 시간·공간 형식에 따라 세계를 경험하는 인간 의식과의 연관성 속에서 형이상학적으로 논해질 수밖에 없다는 것입니다. 그러므로 유한과 무한 사이에서 성립하는 이율배반의 문제는 이제 '수학적 이율배반'으로부터 세계 전체를 인간 정신과의 관련 속에서 논하는 '역학적 이율배반'으로, 즉 '물리적

1 한자경, 앞의 책, 90~91쪽.

현상세계의 인과필연성'과 '인간 정신의 자유'가 상충하는 이율배반으로 넘어가게 됩니다.[2]

3. 역학적 이율배반

'수학적 이율배반'에서 전제의 오류는 자기모순을 범하고 있는 것(예컨대, 시간적·공간적으로 '유한하다/무한하다')이 하나의 개념(즉 '세계') 가운데 조화될 수 있는 것으로 표상된다는 데 있었습니다. 반면에 '역학적 이율배반'에서 전제의 오류는 서로 조화될 수 있는 것(예컨대, '자유/자연')이 모순되는 것으로 표상된다는 데 있습니다. 따라서 전자에서는 서로 대립하는 두 주장이 모두 거짓이었던 반면, 후자에서는 순전한 오해 때문에 서로 대립했던 두 주장이 모두 참이 될 수 있습니다. 역학적 이율배반에는 자유의 가능성을 논하는 '셋째 이율배반'과 신의 존재 여부를 논하는 '넷째 이율배반'이 해당합니다.

아래에서는 도덕세계의 성립 근거와 관련한 **셋째 이율배반**에 관해 검토해 보기로 합시다. 셋째 이율배반은 다음과 같습니다. **정립**은 자연법칙에 따르는 인과성이 이 세계에서 현상들을 일어나게 하는 유일한 인과성이 아니며, 자유에 의한 인과성도 있다는 것입니다. **반정립**은 자유라는 것은 없으며, 세계 안에서 일어나는 모든 것은 오로지

---

2 같은 책, 91쪽.

자연법칙에 따라서만 일어난다는 것입니다.

먼저 '자유가 가능하다'고 주장하는 **정립**은 '오직 자연필연성만이 존재한다'는 반정립을 반박함으로써 자신의 주장을 정당화하는데, 그 요지는 다음과 같습니다.

> 만일 모든 것이 오로지 선행 조건에 의해 제약되는 자연필연성 아래에 있다면, 모든 일의 원인은 계속해서 그 원인의 원인으로 소급해 올라가게 되고 결국 무한소급에 빠지게 될 것이다. 만일 어떠한 선행하는 제약이 주어지지 않는다면(예컨대 최초의 제약이 주어지지 않는다면), 어떠한 제약된 것도 주어지지 않을 것이며, 이는 이미 많은 것이 주어져 있는 현상적 사실과 모순된다. 그러므로 전체 계열을 단적으로 시작할 수 있는 어떤 계기가 있어야 한다. 이렇게 스스로 단적으로 시작할 수 있는 능력이 바로 자유다. 따라서 자유는 존재한다.
>
> • KrV, B472~474

이에 대해 '오직 자연필연성만이 존재한다'고 주장하는 **반정립**은 '자유가 가능하다'고 주장하는 정립을 반박함으로써 자신의 주장을 정당화하는데, 그 요지는 다음과 같습니다.

> 만일 어떤 것이 그 선행하는 원인에 의한 자연필연성의 법칙에서 벗어난 채, 즉 인과법칙에 어긋나게 발생한다면, 그것은 어떠한 경험에서도 발견되지 않는 일로서, 현상세계 안에서 발생하는 일로 여겨질 수 없다. 그러므로 자연필연성을 벗어난 일의 발생을 주장하는 것은

불가능하다. 그런 것은 한갓 공허한 사고의 산물일 뿐이다.

• KrV, B473~475

이처럼 정립과 반정립이 서로 대립하게 되는 것은 이 양자가 모두 자유를 자연필연성이 지배하는 현상세계 안에서 자연필연성과 같은 방식으로 작용하는 것으로 간주하기 때문입니다. 그러므로 만일 자유가 작용하는 영역과 자연필연성이 작용하는 영역을 서로 다른 영역으로 구분한다면, 정립과 반정립은 각각의 영역에서 타당한 주장으로 받아들여질 수 있을 것입니다.

> 만약 감성세계의 대상들이 물자체로 받아들여지고 위에서 열거한 자연법칙들이 물자체의 법칙으로 받아들여진다면 모순은 불가피할 것이다. 마찬가지로 자유의 주체가 나머지 대상과 같이 순전히 현상으로 표상된다면 모순은 피할 수 없을 것이다. 의미가 동일한 한 종류의 대상에 관해 똑같은 것이 동시에 긍정되고 부정될 것이기 때문이다. 그러나 자연필연성은 오로지 현상들과만 관계하고 자유는 오로지 물자체와만 관계한다면, 비록 우리가 동시에 두 종류의 인과성을 전제하거나 인정한다고 하더라도, 어떠한 모순도 생겨나지 않을 것이다.

• Prol., §53, A150~151

이와 같이 칸트는 자유가 작용하는 영역은 현상세계(감성세계) 자체를 구성하는 **본체적 자아(선험적 자아)**의 차원, 즉 **형이상**의 영역이나 **물자체**의 영역으로 설정하고, 자연필연성이 작용하는 영역은 **현상적**

자아(경험적 자아)의 차원, 즉 형이하의 영역이나 현상의 영역으로 설정합니다. 이로써 자연과 자유는 서로 모순 없이 공존할 수 있게 됩니다.

> 만약 우리가 현상들에 대한 지성 존재의 이러한 영향[물자체로서의 자유의 인과성]을 모순 없이 생각할 수 있다면, 비록 감성세계에서 원인과 결과의 모든 결합에는 자연필연성이 결부되어 있지만, 반면에 (비록 현상의 근저에 놓여 있기는 하지만) 스스로는 어떠한 현상도 아닌 원인에는 자유가 인정된다. 따라서 자연과 자유는 동일한 사물에 대해, 즉 서로 다른 관계에서이긴 하지만, 한 번은 현상으로 또 한 번은 물자체로 모순 없이 조정될 수 있다.
>
> • Prol., §53, A153

> 이제 나는 모순 없이 말할 수 있다. 이성적 존재의 모든 행위는, 이 행위들이 (어떤 경험에서 마주치는) 현상들인 한에서 자연필연성에 종속하지만, 이 동일한 행위들이 이성적 주체를 고려할 때 그리고 순전히 이성에 따라 행위하는 주체의 능력을 고려할 때는 자유롭다고 말이다.
>
> • Prol., §53, A154

4. 의지의 자유와 도덕세계의 이념

지금까지 셋째 이율배반에서 논의된 자유는 자연필연성에 의해 진행되는 인과 계열을 단적으로 새롭게 시작하는 능력입니다. 그런데 칸트는 자유에 의한 행위의 시작이 단지 시간상의 시작을 의미하는 것이 아니라 인과因果상의 시작을 의미하는 것임을 강조합니다.

우리는 여기서 시간에 따라서가 아니라 인과성에 따라서 절대적인 최초의 시작을 말하는 것이다. (예를 들어) 내가 지금 완전히 자유롭게, 즉 어떤 필연적으로 규정된 자연 원인의 영향력 없이 나의 의자에서 일어선다면, 이 상황 속에서 그것으로 인한 무한한 자연적 결과들과 더불어 하나의 새로운 계열이 단적으로 시작한 것이다. 비록 시간에 따라서 볼 때 이 상황이 단지 선행하는 계열의 연속일지라도 말이다.

• KrV, B478

이처럼 자유는 시간의 흐름 한가운데에서 과거의 원인에 의해 수동적으로 규정되지 않고 능동적으로 새로운 계열을 시작할 수 있는 능력을 가리킵니다. 그것은 현상세계의 한계를 넘어선 현상 초월적 작용력으로서 현상세계의 인과 연쇄 속에 뛰어들어 새로운 변수로 작용하는 '결단의 자유'를 의미합니다.

인간은 한편으로 인과필연성이 지배하는 현상세계 속에서 살아가는 존재이지만, 다른 한편으로는 이러한 현상세계 자체를 구성하는 현상 너머의 존재이기도 합니다. 즉 그는 현상적 질서에 따라 규정된 '경험적 자아'이면서 동시에 현상세계를 구성하는 '선험적 자아'인 것입니다. **경험적 자아**가 시간적·공간적 형식에 따라 규정되는 '현상으로서의 자아'라면, **선험적 자아**는 그러한 현상을 가능하게 하는 주체,

즉 '물자체로서의 자아'입니다. 자유의 능력은 현상세계에 사는 현상세계의 일원으로서의 인간이 이념(무제약자)을 바라보며 현상세계의 계열을 새롭게 시작할 수 있는 선험적 결단의 능력입니다. 이것이 곧 선험적 자유이자 의지의 자유입니다.

여기서 칸트의 윤리학 저술에서 서술된 **의지의 자유** 개념을 살펴봅시다.

『실천이성비판』에서 칸트는 '지성과 관련한 욕구 능력'을 **의지**라고 일컫습니다. 그리고 순수한 지성, 즉 이성이 순전히 법칙을 표상함으로써 실천적일 때 그러한 욕구 능력을 **순수한 의지**라고 부릅니다. 칸트는 이러한 순수한 의지, 곧 **순수한 실천이성**의 객관적 실재성이 도덕법칙 안에서 아프리오리하게 마치 하나의 사실인 것처럼 주어져 있다고 말합니다. 그러면서 '자유의 인과성' 개념에 대해 논합니다.

> 그런데 의지의 개념에는 이미 인과성 개념이 내포되어 있고, 따라서 순수한 의지 개념에는 자유와 함께하는 인과성 개념, 다시 말해 자연법칙에 따라 규정될 수 없는 인과성 개념이 내포되어 있다. 그러므로 순수한 의지 개념에는 아무런 경험적 직관도 그 실재성을 증명할 수 없는 인과성 개념, 그럼에도 순수한 실천법칙에서 아프리오리하게 자기의 객관적 실재성을 완전히 정당화하는 인과성 개념이 내포되어 있다. 물론 (쉽게 통찰할 수 있듯이) 이 정당화는 이성을 이론적으로 사용하기 위한 것이 아니라 오로지 실천적으로 사용하기 위한 것이지만 말이다.
>
> • KpV, A96~97

잘 알다시피 도덕은 자유라는 속성을 전제로 합니다. 의지의 자유가 전제되지 않는다면, 도덕적 당위라든가 의무라는 말은 성립할 수 없기 때문입니다. 그렇다면 우리에게 의지의 자유가 있다는 것을 증명할 수 있을까요? 자유는 다만 우리의 환상에 지나지 않는 것은 아닐까요? 이러한 물음에 대해 칸트는 『정초』에서 '자유를 경험적으로 입증하는 것은 절대로 불가능하며, 우리는 다만 우리 자신을 행위에서 자신의 인과성을 의식하는 이성적인 존재로 생각하는 한, 즉 의지를 갖춘 존재로 생각하는 한, 자유를 전제할 수밖에 없다'고 말합니다.

> 이제 비로소 주장하는데, 우리는 의지를 지닌 모든 이성적인 존재자에게 반드시 자유의 이념을 부여하지 않을 수 없다. 이성적인 존재자는 오로지 이 이념 아래에서만 행위한다.
>
> • GMS, A101

여기서 '자유의지' 또는 '실천이성'이라 일컬어지는 선험적 자아가 도덕세계를 구성한다는 측면에 주목해 봅시다. 인간의 이성은 주어진 세계를 있는 그대로 이해하고 인식하는 기능을 담당하기도 하지만, 주어진 세계를 바꾸어 나가거나 새로운 세계를 기획하는 기능을 하기도 합니다. 전자를 이론이성(사변이성)이라 한다면, 후자를 실천이성 또는 자유의지라고 부를 수 있습니다. 또 전자가 자연법칙을 세움(찾아냄)으로써 일견 복잡해 보이는 자연 현상들을 명료하게 이해할 수 있게 해 준다면, 후자는 도덕법칙을 세움으로써 자연세계와 도덕세계에 동시에 속한 인간으로 하여금 그가 나아가야 할 방향을 분명하게 제시해 줍니다.

'법칙'이라는 동일한 표현을 쓰는 데서 짐작할 수 있듯이 자연법칙과 도덕법칙 사이에는 일정한 유비 관계가 있습니다. 그러나 이 양자는 그 성질 면에서 서로 다릅니다. 전자가 자연세계(현상계), 즉 '있는' 세계의 법칙이라면, 후자는 도덕세계(본체계), 즉 '있어야 할' 세계의 법칙입니다. 또 전자가 이미 쓰여 있는 것을 찾아낸 것이고, 그 세계에 속하는 인간 또한 필연적으로 그 법칙의 지배를 받는 것(타율)이라면, 후자는 스스로 세운 것이고 인간은 그 법칙에 스스로 복종(자율)합니다.

『순수이성비판』의 말미에 칸트는, 사변이성을 통한 현상세계의 탐구와 그 한계를 넘어 실천이성에 의한 **도덕세계**의 탐구로 나아가는 자신의 입장을 다음과 같이 피력합니다.

> 세계가 모든 윤리적 법칙에 맞는 한에서, (세계는 무릇 이성적 존재자의 **자유**에 의해서 그럴 **수 있고**, 윤리의 필연적 법칙들에 따라서 그러**해야만 하는** 바) 나는 세계를 **도덕세계**라고 부른다. 이 세계는 그런 한에서 한낱 예지적 세계로 생각된다. 왜냐하면, 거기서는 도덕의 모든 조건(목적들) 및 모든 장애물(인간 자연 본성의 나약함과 불순함)조차 도외시되고 있기 때문이다. 그러므로 그런 한에서 도덕세계는 순전한, 그러면서도 실천적 이념이며, 감성세계를 가능한 한 이 이념에 맞도록 하기 위해서는, 이 이념이 실제로 감성세계에 대해 영향을 미칠 수 있고 또 미쳐야만 한다. 그리하여 도덕세계라는 이념은 객관적 실재성을 갖는다.
>
> • KrV, B836

이것으로 다섯 번째 강의를 마칩니다. 이 강의에서는 '이성적 우주론', 즉 '우주론적 이념들'을 다루었는데, 네 가지의 정립 및 반정립 명제들로 구성된 **순수 이성의 이율배반**이 거기에 해당합니다. 첫째와 둘째는 물리적인 시간과 공간 개념의 한계 때문에 생기는 상호 모순되는 명제들로서 이를 '수학적 이율배반'이라고 합니다. 셋째와 넷째는 겉으로는 모순처럼 보여도 서로 관점을 달리할 경우 모순 없이 양립할 수 있는 명제들로서 이를 '역학적 이율배반'이라고 합니다.

여러분이 특히 주목해야 할 부분은 그중에서도 **자연필연성과 자유의 양립** 가능성을 논하는 '셋째 이율배반'입니다. 칸트는 우리가 만일 자연필연성이 작용하는 영역을 현상세계의 차원으로 설정하고 자유가 작용하는 영역을 물자체의 차원으로 설정한다면, 자연과 자유가 서로 모순 없이 공존할 수 있다고 주장함으로써 이 이율배반을 해소합니다. 이러한 관점은 이 세계를 자연법칙이 지배하는 자연세계와 도덕법칙이 지배하는 도덕세계로 나누어 바라보는 것이며, 이를 통해 현상세계를 탐구하는 자연과학의 영역과 도덕세계를 탐구하는 윤리학의 영역이 모두 나름대로 정당성을 인정받을 수 있는 계기가 마련된 셈입니다.

이제 '자유의지', 또는 '실천이성'이라 일컬어지는 선험적 자아는 도덕세계를 구성할 수 있습니다. 사변이성이 자연세계의 법칙(즉 자연법칙)을 발견하고, 그 세계에 속하는 인간 또한 필연적으로 그 법칙의 지배를 받는다면, 실천이성은 도덕세계의 법칙(즉 도덕법칙)을 세우고 인간은 그 법칙에 스스로 복종합니다.

이어서 다음 강의는 도덕세계의 이념의 토대를 구축하는 진정한 의미의 윤리학, 즉 '도덕 형이상학'에 대한 강의입니다.

'도덕 형이상학'이란 무엇인가?

—윤리학의 본질—

Immanuel Kant,

Werke in zehn Bänden, Hrsg. v. W. Weischedel

Kritik der reinen Vernunft   Kritik der praktischen Vernunft

Kritik der Urteilskraft   Grundlegung zur Metaphysik der Sitten

Prolegomena zu einer jeden künftigen Metaphysik die als Wissenschaft

wird auftreten können

Die Metaphysik der Sitten Tugendlehre Rechtslehre

Die Religion innerhalb der Grenzen der bloßen Vernunft

Über Pädagogik   Eine Vorlesung über Ethik

Idee zu einer allgemeinen Geschichte in weltbürgerlicher Absicht

Untersuchung über die Deutlichkeit der Grundsätze der natürlichen

Theologie und der Moral

1. 도덕 형이상학의
필요성과 의의

학문(철학)의 분류와 도덕 형이상학의 위상

칸트는 고대 그리스 철학의 전통에 따라 학문을 세 가지 종류로 분류하면서 『정초』의 논의를 시작합니다. 그 세 가지 학문은 자연학, 윤리학, 논리학입니다. 칸트가 이와 같이 학문을 분류하는 이유는 이성의 인식 방법에 따른 것입니다. 이성이 추구하는 모든 인식은 두 가지로 구분할 수 있습니다. 하나는 '내용적'인 것으로서 인식 대상에 주목하는 것이고, 다른 하나는 '형식적'인 것으로서 인식 대상이 아니라 우리가 지닌 인식 능력 자체, 즉 지성과 이성의 형식 및 사고의 보편적 규칙에 주목하는 것입니다. 이 후자에 해당하는 형식적인 철학을 **논리학**이라 합니다.

여기서 한 가지 알아 두어야 할 것은 내용과 형식이라는 용어의 뜻입니다. 쉽게 말해 내용이라는 것은 우리에게 주어지는 외부의 정보를 가리키고, 형식은 그러한 정보를 가공하는 우리의 능력을 의미합니다. 살아가면서 우리는 감각기관을 통해 들어오는 막대한 양의 정보를 접하지만, 그 많은 정보를 다 수용할 수도 없고 또 그럴 필요도 없습니다. 그러므로 우리는 우리에게 필요한 정보를 선별해야 하고 또 우리의 필요에 맞게 그것을 가공해야 합니다.

칸트에 따르면 내용적인 철학은 특정한 대상과 그 대상이 따르는 법칙에 관련되는데, 이는 다시 두 가지로 나누어집니다. 대상이 따르는 법칙에 '자연'의 법칙과 '자유'의 법칙, 두 가지가 있기 때문입니다. 자연 현상을 다루는 법칙, 즉 자연의 법칙에 관한 학문을 **자연학(물리학)**이라 하고, 인간 의지를 다루는 법칙, 즉 자유의 법칙에 관한 학문을 **윤리학**이라 합니다(GMS, AIV).

논리학은 사고의 형식만을 다루기 때문에 경험적인 부분을 전혀 가지지 않습니다. 반면에 자연학이나 윤리학은 경험적인 부분을 가질 수 있습니다. 자연학은 경험의 대상인 자연에 법칙을 정해 주는 역할을 하고, 윤리학은 타고난 본성의 영향을 받는 인간 의지에 법칙을 정해 주는 역할을 합니다. 앞의 법칙(즉 자연법칙)은 그것에 따라 모든 것이 '발생하는' 법칙이고, 뒤의 법칙(즉 자유의 법칙 또는 도덕법칙)은 그것에 따라 모든 것이 '발생해야만 하는' 법칙입니다.

> 인간 이성의 법칙 수립(철학)은 두 가지 대상, 즉 자연과 자유를 가지며, 따라서 자연법칙과 도덕법칙을 포함하여, 처음에는 두 가지 특수한 철학적 체계 안에 있지만, 결국에는 유일한 철학적 체계 안에 있다. 자연의 철학은 **현존하는** 모든 것을 다루며, 도덕의 철학은 오로지 **현존해야 할** 것을 다룬다.
>
> • KrV, B868

칸트는 경험을 근거로 하는 철학, 즉 경험적 원리들에 의한 이성 인식을 **경험철학**이라고 부르고, 오직 아프리오리한 원리들만을 다루는 철학, 즉 순수 이성에 의한 인식을 **순수철학**이라고 부릅니다. 이 순수철학 중 대상과 무관하게 지성의 사고 형식만을 다루는 것을 **논리학**이라고 한다면, 지성의 특정한 대상을 다루는 것을 **형이상학**이라고 합니다. 이렇게 해서 자연 형이상학과 도덕 형이상학이라는 두 가지 형이상학 개념이 생겨납니다. 자연학 중 경험적인 부분을 제외한 이성적인 부분을 다루는 것이 **자연 형이상학**이라면, 윤리학 중 경험적인 부분(이것을 다루는 것을 특히 **실천적 인간학**이라 함)을 제외한 이성적인 부분을 다루는 것이 바로 본래적인 의미의 **도덕**, 즉 **도덕 형이상학**입니다(GMS, AV).

> 형이상학은 순수 이성의 **사변적** 사용의 형이상학과 **실천적** 사용의 형이상학으로 나뉘며, 따라서 **자연 형이상학**이거나 **도덕 형이상학**이다. 전자는 모든 사물의 **이론적** 인식에 대한 순전한 개념들에 의한 (그러니까 수학을 제외한) 모든 순수한 이성 원리를 다룬다. 후자는 **행동이나 태도**를 아프리오리하게 규정하고 필연적인 것으로 만드는 원리들을 다룬다. 그런데 도덕성은 행위들의 유일한 합법칙성으로서, 이 합법칙성은 원리들로부터 온전히 아프리오리하게 도출될 수 있다. 그래서 도덕 형이상학은 본래 순수 도덕[학]으로, 어떠한 인간학(경험적 조건)에도 기초해 있지 않다.
>
> • KrV, B869

경험철학
순수철학 ——— 논리학
형이상학 ——— 자연 형이상학
도덕 형이상학

칸트가 학문을 분류하면서 특히 중시하는 점은 '경험적인 것'과 '순수한 것'을 분리해서 사고해야 한다는 것입니다. 자연학, 윤리학, 논리학으로 분류했던 그리스적 전통의 학문 분류에서 칸트가 새롭게 덧붙인 것은 사실상 이 세 가지 학문을 '경험적인 것이냐 순수한 것이냐'를 기준으로 한 차례 더 분류한 것밖에 없습니다. 칸트가 이처럼 경험적인 것과 순수한 것을 분리해서 다루려는 이유는, 경험적인 부분과 이성적인 부분은 그 다루는 방식이 전혀 달라서 각기 특별한 능력이 요구되기에 그것을 뒤섞어 한꺼번에 다루려고 하면 일을 제대로 해낼 수 없기 때문입니다. 그럴 경우, 특히 윤리학에서는 자연학(물리학)과 달리 위험에 빠질 수도 있습니다.

> 물리학은 … 많은 원리를 경험을 증인으로 삼아 보편적인 것으로 받아들일 수 있다. 가령 뉴턴은 '물체들이 서로 주고받는 작용·반작용은 동일하다'라는 원리를 경험에 근거한 원리로 여기면서도 이를 물질적 자연 전체로 확장했다. … 하지만 도덕법칙은 사정이 다르다. 도덕법칙은 아프리오리한 근거를 가질 수 있고 필연적으로 **통찰**될 수 있는

경우에만 법칙으로 간주될 수 있다. 우리 자신이나 우리 행위에 관한 개념과 판단이 도덕적 의미를 지니려면 한낱 경험으로 알게 된 내용이 그 안에 포함되어 있으면 안 된다. 후자에서 유래한 것을 도덕적 원칙으로 만들려는 유혹에 빠질 경우, 우리는 최악의 오류를 저지르는 위험에 직면하게 될 것이다.

• MS-R, A8

윤리학에서 경험적인 부분은 우리의 개인적 성향이나 사회적 조건으로 말미암아 생겨난 행위 유형들과 관련됩니다. 여기에는 '나는 동물실험을 반대한다'와 같은 개인의 감정적 선호, '동물의 권리를 증진하려는 사회적 운동은 앞으로도 당분간 계속될 것이다'와 같은 사회학적인 부분, '동물을 학대하는 사람은 인간에게도 그렇게 할 가능성이 크다'와 같은 심리학적인 부분 등이 해당될 수 있습니다. 이러한 것들이 경험적인 것에 속하는 이유는 인간 삶의 사실과 관련된 것이기 때문입니다. 이러한 경험적인 부분, 즉 **실천적 인간학**에 해당하는 부분은 어떤 조건이 변함에 따라 얼마든지 변할 수 있는 부분입니다. 반면 순수한 부분은 이러한 인간 삶의 사실과는 무관한 것들입니다. 예컨대 '죄 없는 사람을 죽여서는 안 된다'와 같은 원칙은 어떠한 개인적 선호나 사회적·심리적 사실과 상관없이 모든 사람에게 언제 어디서나 동일하게 적용되어야 하는 것입니다.

그래서 칸트는 경험적인 부분보다 순수한 부분을 더 중시합니다. 경험적 사실에 좌우되지 않는 순수 이성에 의해 확립된 원칙만이 누구에게나 보편타당하고 일관될 수 있다고 보기 때문입니다. 따라서 윤리학의 성공 여부 또한 윤리학으로부터 모든 경험적인 요소를 얼마나 잘 떨쳐 낼 수 있을지에 달려 있습니다. 즉 **순수한 도덕철학(도덕 형이상학)**의 탐구에 달려 있는 것입니다.

순수한 도덕철학(도덕 형이상학)이 필요한 이유

칸트에 따르면, 이제 우리는 경험적 내용을 지닌 **인간학**에 속하는 모든 요소를 완전히 제거한 **순수한 도덕철학**을 한번 다루어 볼 필요가 있습니다. 인간은 누구나 의무 및 도덕법칙의 이념을 이미 지니고 있기에, 그러한 도덕철학이 있어야 한다는 사실은 충분히 공감할 만한 일입니다. 잘 알다시피 어떤 법칙이 도덕적인 구속력을 가지려면 절대적인 필연성을 지녀야 합니다. 만일 어떤 규칙이 시간과 장소에 따라, 또는 인간의 자연 본성이나 세상의 형편에 따라, 지켜질 때도 있고 지켜지지 않을 때도 있다면 그것을 법칙이라고 부를 수는 없을 것입니다. 따라서 도덕법칙의 구속력은 경험적인 근거에서가 아니라 오로지 순수한 이성개념 안에서 아프리오리하게 찾아져야 합니다. 경험에서 나온 원리에 근거한 다른 모든 지침은, 아무리 보편적인 것이라 할지라도, '실천의 규칙'은 될 수 있을지 몰라도 결코 '도덕법칙'이 될 수는 없습니다.

그러므로 모든 도덕철학은 경험과 무관하게 순수한 이성개념에서 도덕법칙의 근거를 찾아야 합니다. 도덕철학이 인간에게 적용될 때에도 그것은 인간에 대한 지식(인간학)에 의존해서는 안 되며, 오히려 인간에게 아프리오리하게 법칙을 부여해야 합니다.

도덕 형이상학은 인간학 안에 자신의 근거를 가질 수는 없으나 인간
학에 적용될 수는 있다. … 도덕적 인간학이 없어서는 안 되겠지만, 도
덕 형이상학에 선행하거나 그것과 뒤섞이는 일은 결코 없어야 한다.
그렇지 않으면 잘못된 도덕법칙들이나 아니면 기껏해야 관대한[느슨
한] 도덕법칙들이 만들어지는 위험한 일이 생길 것이기 때문이다.

• MS-R, A11~12

이와 같이 도덕법칙이 순수한 이성개념에서 찾아져야 함을 역설
한 다음, 칸트는 **경험적 인간학**의 역할과 의미에 관해서도 이야기합
니다.

물론 아프리오리한 법칙도 때로는 경험을 통해 다듬어진 판단력의 도
움을 필요로 한다. 한편으로는 어떤 경우에 그 법칙을 적용해야 할지
결정하기 위해서이고, 다른 한편으로는 인간의 의지가 그 법칙을 실
행하는 데 힘을 얻도록 하기 위해서이다. 왜냐하면, 인간은 너무나 많
은 경향성의 영향 아래에 있기에, 비록 실천적인 순수 이성의 이념을
가질 수 있다 하더라도, 그것을 자신이 살아가는 과정에서 구체적으
로 실천하기는 그리 쉽지 않기 때문이다.

• GMS, AIX

물론 경험적 인간학만으로 도덕법칙을 찾아내는 일은 불가능합
니다. 경험적 인간학은 다만 어떤 경우에 도덕법칙을 적용해야 할지
를 파악하고, 그것을 현실 속에서 잘 실행할 수 있도록 조언하는 역할

을 할 수 있을 뿐입니다. 그렇다 해도 이러한 경험적 인간학의 역할을 경시할 필요는 없을 것입니다. 현실에 도덕법칙을 적용하는 일이 도덕법칙을 발견하는 일보다 중요한 것은 아니겠지만, 그러한 적용을 통해 현실을 바르게 이끌어 갈 때 비로소 도덕법칙은 사람들에게 의미 있게 다가갈 수 있을 것이기 때문입니다. 순수한 도덕철학을 통해 도덕법칙을 일단 확립한 다음에는, 도덕법칙을 현실에 더욱 잘 적용하고 많은 사람이 그것을 더욱 쉽게 따르도록 만들기 위해서 사회 현실의 작동 방식을 잘 파악하고 인간 심리의 메커니즘에 대해서 잘 아는 일은 분명 큰 도움이 될 것입니다.

이러한 문제의식 아래 칸트는 자신의 '도덕 형이상학 정초'를 **볼프**Ch. Wolff가 시도한 **일반 실천철학**과 비교하면서, 자신의 작업이 볼프의 작업과는 다르다는 점을 강조합니다.

> 그[볼프]의 철학은 아무런 경험적 동기 없이 전적으로 아프리오리한 원리들에 의해 규정되는 순수한 의지를 따로 고찰하지 않고, 오히려 의욕 작용 전부를, 즉 거기에 속하는 모든 행위와 조건들을 함께 뒤섞어 고찰했다. 따라서 그의 도덕철학은 도덕 형이상학과는 구별된다.
>
> • GMS, AXI

칸트가 보기에 볼프의 도덕철학은 '경험적인 것'과 '순수한 것'을 뒤섞었기 때문에, 즉 실천적 인간학과 순수한 도덕철학을 구분하지 못하기 때문에 '도덕철학'이라고 불릴 자격이 없습니다. 아니, 심지어 '철학'이라고 불려서도 안 됩니다. 이와 같은 철학은 도덕의 순수성을 조금도 보존하지 못할 뿐만 아니라, 질적으로 서로 다른 것을 뒤섞음으로써 어느 쪽도 제대로 파악할 수 없게 하는 애매한 것에 불과합니다.

도덕 형이상학과 실천적 인간학은 분명히 구분됩니다. 도덕 형이상학은 **순수한** 의지의 이념과 원리들을 탐구할 뿐, 인간의 의욕 일반의 행위와 조건들을 탐구하지는 않습니다. 이 후자는 대부분 심리학에서 다루는 것들입니다. 심리학과 같은 실천적 인간학은 '우리가 어떻게 살아가고 있는가'(사실, 즉 경험적 동기)에 대해 말해 주기는 하지만, '우리가 어떻게 살아가야 하는가'(당위, 즉 도덕적 동기)에 대해 말해 주지는 않습니다.

물론 실천적 인간학도 도덕법칙과 의무에 관해 언급하기는 합니다. 하지만 그것은 도덕적 동기와 경험적 동기를 엄밀하게 구별하지 않습니다. 전자가 오직 이성을 통해서 순전히 아프리오리하게 표상되는 동기라고 한다면, 후자는 단지 경험들을 비교해서 일반화한 동기일 뿐입니다. 그런데 실천적 인간학은 이처럼 동기의 원천이 다르다는 것을 무시하고 모든 동기를 동일한 종류로 간주하면서 단지 그 양적 크기에만 주목합니다. 그리고 이를 통해 **구속력**(도덕적 강제)의 개념을 도출하는데, 이런 개념은 당연히 도덕적인 것이 아닙니다. 왜냐하면, 도덕은 경험적인 근거가 아니라 오직 아프리오리한 근거에 의해서만 정당화될 수 있기 때문입니다(GMS, AXII~XIII).

그러므로 실천철학에서 중요한 것은 '일어나는 것의 근거'가 아니라 오로지 '**일어나야 할** 것의 법칙, 즉 객관적인 실천법칙'입니다.

이러한 실천철학에서는 다음과 같은 것들과 관련한 근거들을 탐구할 필요는 없다. 즉 왜 어떤 것이 마음에 들거나 들지 않는지, 단순한 감각의 만족이 취미와 어떻게 다른지, 취미가 이성의 보편적 만족과 어떻게 구분되는지, 쾌와 불쾌의 감정이 어디에서 기인하는지, 그리고 이런 감정으로부터 어떻게 욕구와 경향성이 생겨나며, 이들에 이성이 함께 작용해서 어떻게 준칙들이 생겨나는지 등을 탐구할 필요는 없다. 이러한 것들은 모두 경험적 심리학에 속하며, 이런 심리학이 **경험적 법칙**에 근거하는 한에서 **자연철학**으로 간주된다면, 그것은 자연학의 제2부를 이룰 것이기 때문이다. 그러나 여기에서 논의해야 할 것은 객관적으로 실천적인 법칙에 관한 것, 의지가 순전히 이성을 통해 규정된 한에서 자기 자신과 맺는 관계에 관한 것이다. 여기서는 경험적인 것과 관련한 모든 것은 저절로 제외된다. 왜냐하면, **이성이 오로지 혼자서** 행위를 결정한다면(이에 관해서 우리는 그 가능성을 곧바로 탐구해 보려 한다), 이성은 그것을 반드시 아프리오리하게 행해야 하기 때문이다.

• GMS, A62~63

대중적 실천철학이냐, 도덕 형이상학이냐

『정초』 제2장에서 칸트는 '대중적 실천철학과 도덕 형이상학의 비교'를 통해 도덕 형이상학의 중요성을 거듭 강조합니다. 이는 당시에 만연한 대중적 실천철학에 대한 그의 문제의식 때문입니다. 칸트가 보기에 그의 시대에는 형이상학에 근거한 제대로 된 도덕 대신 "닥치는 대로 긁어모은 관찰들과 궤변적인 원리들로 구성된 구역질 나는 잡동사니"(GMS, A31) 같은 대중적인 실천철학이 널리 퍼져 있었습니다. 그는 이러한 잘못된 풍토를 바로잡고 싶었던 것입니다. 칸트는 자신의 시대를 다음과 같이 증언합니다.

> 사람들이 만약, 모든 경험적인 것을 제거한 순수한 이성 인식, 즉 도덕 형이상학을 선택할 것인지, 아니면 대중적인 실천철학을 선택할 것인지에 대해서 투표를 한다면, 어느 쪽이 **우세할지**는 금세 **알아맞힐** 수 있다[누구나 대중적인 실천철학을 선호할 테니까].
>
> • GMS, A30

하지만 도덕을 이러한 대중적 선택에 맡겨 놓을 수는 없습니다. 왜냐하면, "도덕 이론을 먼저 형이상학 위에 굳건히 **세우고**, 이 이론이 확고해진 다음에 대중성을 통해 널리 **수용**토록 하는 것은 좋은 일이지만, 원칙들의 정당성을 탐구하는 첫 단계부터 서둘러 대중성을 좇으려 하는 것은 매우 잘못된 일"(GMS, A31)이기 때문입니다. 칸트가 비판하는 대중적 도덕 이론의 특징은 다음과 같습니다.

> 때로는 인간의 본성(거기에는 또한 이성적 본성 일반의 이념도 포함되는데)에 속하는 특수한 규정을, 때로는 완전성을, 때로는 행복을, 여기서는 도덕적 감정을, 저기서는 신에 대한 경외심을, 이것에서 약간, 또 저것에서 약간씩 빌려 와서 엄청나게 뒤죽박죽 섞는 것이 고작이다.
>
> • GMS, A31~32

여기서 칸트가 비판하고 있는 것은, 이러한 대중적인 실천철학은 도덕성의 근본이 무엇인지에 대한 형이상학적 탐구 없이, 불분명한 여러 가지 경험적 자료를 가지고 인간의 의무를 뒤죽박죽 설명하고 있다는 점입니다. 이러한 실천철학은 도덕의 형이상학적 토대가 결여된 탓에 도덕을 경험적인 것들의 잡동사니로 만들고 맙니다.

칸트가 보기에, 도덕의 형이상학적인 토대를 굳건히 세우지 못한다면, 도덕 이론이 가진 본래적인 사명, 즉 사람들을 도덕적인 행위로 이끄는 실천적 과제를 제대로 수행할 수 없습니다. 왜냐하면, "도덕 형이상학은 의무를 이론적으로 확실하게 규정하는 데 없어서는 안 될 토대일 뿐만 아니라, 동시에 그 의무가 내리는 지시를 현실에서 실천하는 데에도 필수적으로 요청되는 것"(GMS, A33)이기 때문입니다. '도덕 형이상학이 의무의 실천력까지 담보하고 있다'는 주장은 이성이 (경험적 동기의 도움 없이) 자기 힘만으로 실천적일 수 있다는 생각과 닿아 있습니다.

> 이성은 스스로 실천적일 수 있다. 왜냐하면, 의무에 대한 표상은 경험의 영역에서 불러올 수 있는 그 어떤 동기들보다 훨씬 더 강력해서, 스스로 자신의 존엄성을 의식해 모든 경험적인 동기를 경멸하고 점차 그것들의 지배자가 될 수 있기 때문이다.
>
> • GMS, A33

결국, 칸트는 도덕 형이상학이 도덕의 이론적 차원뿐만 아니라, 실천적 차원에서도 필수적으로 요청된다는 점을 역설하면서 이 논의를 마무리합니다.

> 우리가 만일 순수한 철학, 즉 형이상학을 확보하지 못한다면, 의무의
> 도덕성을 명확히 규정하는 일이 불가능할 뿐만 아니라, 특히 도덕적
> 가르침을 일상적이고 실천적으로 사용할 때는 물론이고, 도덕을 참된
> 원리들 위에 세운다든가, 그렇게 함으로써 순수한 도덕적 마음씨를
> 불러일으킨다든가, 나아가 최고선을 사람들의 마음에 새겨 넣는 일은
> 불가능할 것이다.

• GMS, A35

2. 비트겐슈타인을 통해서 본 윤리학의 본질

지금까지 우리는 '윤리학의 본질은 도덕 형이상학'이라는 칸트의 주장을 살펴보았습니다. 아래에서는 이러한 칸트의 주장을 비트겐슈타인의 언급으로 확인해 보고자 합니다. 이를 통해 칸트의 메시지가 좀 더 명료하게 드러나기를 기대합니다.

윤리에 대한 비트겐슈타인의 언급은 『논고』(6.4~6.522)에서 찾아볼 수 있는데, 시작은 다음과 같습니다.

> 모든 명제는 가치가 같다.

• 『논고』, 6.4

여기서 '모든 명제'란 현상세계, 또는 사실세계의 사건들을 서술하는 명제들을 가리킵니다. 우리는 사실과 가치, 또는 존재와 당위를 구분하는 윤리학에서의 이른바 '자연주의적 오류' 개념을 잘 알고 있습니다. 이는 가치 명제가 사실 명제로 환원될 수 없다는 것, 다시 말해서 자연적 사실을 근거로 도덕적 당위를 주장할 수 없다는 것을 의미합니다. 그렇다면 가치를 전혀 담고 있지 않은 사실 명제들이 가치의 차원에서 볼 때 모두 동등하다는 것은 당연한 일일 것입니다.

> 세계 **속에서** 모든 것은 있는 그대로 있으며, 모든 것은 일어나는 그대로 일어난다. 세계 **속에는** 가치가 존재하지 않는다. ─ 그리고 만일 가치가 존재한다면, 그것은 아무 가치도 가지지 않을 것이다.
>
> ● 『논고』, 6.41

가치 판단이 사실 판단과 다른 것은 그 안에 가치의 담지자로서 주체의 작용이 개입되어 있기 때문입니다.

> 세계는 그 자체로는 선하지도 악하지도 않다. …
> 선과 악은 **주체**를 통해서 비로소 등장한다. …
> 표상의 세계가 선하거나 악한 것이 아니라, 의욕하는 주체가 선하거나 악한 것이다.
>
> ● 『일기』, 1916. 8. 2.

그런데 "주체는 세계에 속하지 않습니다."(『논고』, 5.632) 따라서

"선하다와 악하다와 같은 주체의 술어들도 세계 안의 속성들이 아닙니다."(『일기』, 1916. 8. 2.) 말하자면, "세계는 나의 의지로부터 독립적"(『논고』, 6.373)이며, "의지와 세계 사이에는 그것을 보증해 줄 **논리적** 연관이 없습니다."(『논고』, 6.374) 그러므로 만일 가치가 존재한다면, 그것은 세계 밖에 있을 수밖에 없습니다.

> 세계의 뜻은 세계 밖에 놓여 있지 않으면 안 된다. …
>
> 가치를 가진 어떤 가치가 존재한다면, 그것은 모든 사건과 존재 양상 밖에 놓여 있지 않으면 안 된다. 왜냐하면, 모든 사건과 존재 양상은 우연적이기 때문이다.
>
> 그것을 비-우연적으로 만드는 것은 세계 **속에** 놓여 있을 수 없다. 왜냐하면, 그렇지 않다면 그것은 다시 우연적일 터이기 때문이다.
>
> 그것은 세계 밖에 놓여 있어야 한다.
>
> • 『논고』, 6.41

위의 인용문 내용을 명확히 이해하기 위해서는 우선 세계 안의 모든 사건이 우연적이라는 표현과 가치는 비-우연적이라는 표현을 이해할 필요가 있습니다. 세계 안에서 일어나는 모든 사건이 우연적이라는 주장은 자연의 인과법칙을 부정한 흄에 의해 제기된 바 있고, 비트겐슈타인이 이러한 입장을 이어받았다는 점은 앞에서 살펴본 바와 같습니다.[1]

---

1 두 번째 강의, "'사물 그 자체'는 인식될 수 없다 —흄과 비트겐슈타인의 회의주의' 참조.

그런데 (윤리적) 가치란 주관이 세계에 부여하는 것으로서, 절대적 당위를 담고 있습니다. 말하자면 그것은 세계 속의 우연적 사실들을 비-우연적으로 만들려는 시도라고 할 수 있습니다. 하지만 비트겐슈타인이 보기에 이런 시도는 불가능합니다. 세계는 주관의 의지로부터 독립적이어서, 의지와 세계 사이에는 논리적·필연적 연관이 없기 때문입니다. 그러므로 세계 속에는 가치가 존재하지 않으며, 따라서 그것은 말로(명제의 형식으로) 표현될 수도 없습니다.

> 그렇기 때문에 윤리학의 명제들도 존재할 수 없다.
> 명제들은 보다 높은 것을 표현할 수 없다.
>
> ●『논고』, 6.42

> 윤리학이 말로 표현될 수 없다는 것은 분명하다.
> 윤리학은 선험적이다.
>
> ●『논고』, 6.421

명제란 세계의 사실이나 사태를 서술하는 것인데, 윤리학의 대상인 가치와 가치의 담지자인 주체가 세계에 속하지 않는다면, 윤리학의 명제들이 존재할 수 없다는 것, 즉 윤리학이 말로 표현될 수 없다는 것은 당연한 귀결일 것입니다. 또한 '명제들이 보다 높은 것을 표현할 수 없다'는 말은, 가치의 차원에서 볼 때 모든 명제는 동등하기 때문에 세계 밖에 놓여 있는 '보다 높은 것', 즉 가치를 표현할 수가 없다는 말일 것입니다. 그다음 '윤리학이 선험적'이라는 말은 좀 더 설명이 필요합니다.

비트겐슈타인은 윤리학만이 아니라 '논리학도 선험적'(『논고』, 6.13)이라고 표현한 바 있는데, 경험적 사실을 다루지 않고 이성의 사고 형식만을 다룬다는 점에서 논리학이 선험적이라는 것은 당연하다고 할 수 있습니다. 그렇다면 '윤리학이 선험적'이라는 말은 어떻게 해석될 수 있을까요? 그것은 비트겐슈타인이 언급하는 윤리학이 **도덕형이상학**임을 의미합니다.

> 윤리학은 세계를 다루지 않는다. 윤리학은 논리학처럼 세계의 한 조건일 수밖에 없다.
>
> • 『일기』, 1916. 7. 24.

논리학과 윤리학은 세계의 사건들을 직접 다루지 않고 인간이 세계를 바라보는 (특정한) 방식(틀)을 보여 줄 뿐이라는 것입니다.[2] 잘 알다시피 논리학이나 '논리학의 한 방법'인 수학(『논고』, 6.234)은 우리로 하여금 세계의 법칙성을 탐구하도록 해 줍니다. 그리고 인간의 이러한 논리적 사고 능력은 인간에게 이미 전제되어 있는 것으로서, 새삼스럽게 가르쳐질 수 있는 것은 아닙니다. 동물에게 아무리 수학을 가

---

2   앤스컴(Anscombe)에 따르면, 『논고』에서 논리학, 윤리학, 미학은 모두 '선험적'인데, 세계를 존재하는 전체로서 생각하는 것은 '논리학'이고, 세계를 나의 삶으로 생각하는 것은 '윤리학'이며, 세계를 하나의 관조 대상으로 생각하는 것은 '미학'이다(G. E. M. Anscombe, *An Introduction to Wittgenstein's Tractatus*, London: Hutchinson University Press, 1967, pp. 172~173).

르치려고 시도해도 그것이 불가능한 것은 동물에게는 애초에 이러한 능력이 구비되어 있지 않기 때문입니다. 인간의 윤리적 판단 능력도 마찬가지입니다. 그것은 인간에게 이미 전제되어 있는 능력으로서, 단지 계발될 수 있을 뿐, 가르쳐질 수 있는 것은 아닙니다.[3] 이런 의미에서 논리학과 윤리학은 둘 다 '선험적'이라고 말할 수 있습니다.[4]

물론 논리학과 윤리학이 모두 '선험적'이라고 해서 양자가 동일하다는 의미는 아닙니다. 논리학은 동어반복적 명제들로 구성된 체계로서, 뜻을 지니지는 않지만senseless 난센스는 아닙not nonsensical니다. 그러나 비트겐슈타인에게 윤리학은 말로(명제의 형식으로) 표현될 수 없는 것을 표현하려 하는 시도로서, 난센스에 해당합니다. 이런 의미에서 윤리학은 논리학보다 더 급진적이라 할 수 있습니다. 논리학은 논리적 명제들을 통해 논리적인(필연적인) 세계와 비논리적인(우연적인) 세계의 한계를 그을 수 있지만, 윤리학은 명제들로 표현될 수 없기에 처음부터 세계의 한계를 '통째로' 문제 삼기 때문입니다. 이 윤리학이 바로 칸트의 '도덕 형이상학'으로서, '있는 세계'를 '있어야 할' 세계로 바

---

3   비트겐슈타인은 빈(Wien)학파 사람들과의 대화에서 "윤리적인 것은 가르쳐질 수 없다(What is ethical cannot be taught)"라고 확언한 바 있다(F. Waismann, *Wittgenstein and the Vienna Circle*, Oxford: Blackwell, 1979, pp. 116~117).

4   윤리적인 것(the ethical)과 논리적인 것(the logical)은 인간에게 이미 전제되어 있는 능력으로서, 마치 외국어(제2언어) 학습의 경우처럼 어떤 지식의 형태로 가르쳐질 수 있는 (can be taught) 것이 아니라, 모국어(제1언어) 학습의 경우처럼 인간에게 이미 주어져 있는 (언어) 능력이 단지 계발되는(can be practiced only) 것에 불과하다는 주장에 대해서는 D. McManus, *The Enchantment of Words: Wittgenstein's Tractatus Logico-Philosophicus*, Oxford: Oxford University Press, 2006, p. 179 이하 참조.

꾸어 나가는 **진정으로 혁명적인 학문**인 것입니다.

비트겐슈타인에 따르면, 윤리적인 의지는 세계의 사실들과 관련되는 것이 아니어서 말로 표현될 수는 없지만(『논고』, 6.423), 언어를 초월하여 세계의 한계를 바꾸려는 시도로 나타납니다. 다시 말해서, 그것은 '세계의 의미', '가치', '세계를 비-우연적으로 만드는 것'(『논고』, 6.41), '보다 높은 어떤 것'(『논고』, 6.42)을 지닌 삶을 지향합니다.

> 선하거나 악한 의지가 세계를 바꾼다면, 그것은 단지 세계의 한계들을 바꿀 수 있을 뿐이지, 사실들을 바꿀 수는 없다. 즉 언어에 의해서 표현될 수 있는 것을 바꿀 수는 없다.
> 간단히 말해서, 선하거나 악한 의지를 통해 세계는 전혀 다른 세계가 되어야 한다. 말하자면 세계는 전체로서 감소하거나 증가해야 한다.
> 　　　　　　　　　　　　　　　　　　　　　• 『논고』, 6.43

선하거나 악한 의지는 세계를 전혀 다른 세계로(통째로) 바꿀 수 있습니다. '악한 의지'는 세계를 전체적으로 감소시킬 것이며, '선한 의지'는 세계를 전체적으로 증가시킬 것입니다. 도덕 형이상학은 세계의 사실들을 바꾸는 학문이 아니라 세계의 한계를 통째로 바꾸려는 혁명적인 학문입니다. 이것이야말로 **윤리학의 본질**입니다.

이것으로 여섯 번째 강의를 마칩니다. 이 강의에서는 윤리학 중에서 (경험적인 부분을 다루는) '실천적 인간학'을 제외한 (오로지 이성적인 부분만을 다루는) 순수한 도덕철학, 즉 **도덕 형이상학**의 의의를 검토했습니다. 경험적인 부분을 제외하고 이성적인 부분에만 주목한 이유는 행위의 동기에 주목하는 심리학 같은 실천적 인간학은 '우리가 어떻게 살아가고 있는가'(사실, 즉 경험적 동기)에 관해 말해 주기는 해도, '우리가 어떻게 살아가야 하는가'(당위, 즉 도덕적 동기)에 관해 말해 주지는 않기 때문입니다. 그러므로 순수한 의지의 이념과 원리들을 탐구하는 도덕 형이상학이 없다면, 의무의 도덕성을 명확히 규정하는 일이나 도덕을 참된 원리들 위에 세우는 일, 그리고 도덕을 제대로 실천하는 일은 모두 불가능해질 것입니다. 이로써 우리는 '윤리학의 본질은 도덕 형이상학'임을 알 수 있습니다.

비트겐슈타인은 '윤리학이 말로(즉 현상세계의 명제 형식으로) 표현될 수 없다'고 주장한 바 있는데, 이는 윤리학이란 곧 세계의 한계를 넘어서려는 도덕 형이상학으로서, '있는 세계'를 '있어야 할' 세계로 바꾸어 나가는 **진정으로 혁명적인 학문**임을 시사합니다.

그렇다면 이제 도덕 형이상학의 본론에 해당하는 부분을 논할 차례입니다. 따라서 다음 강의는 '선'이란 무엇이고, '선의지'란 무엇인지에 대해 본격적으로 다룹니다.

'선의지'란 무엇인가?

─선의 의미와 선의지─

Immanuel Kant,
Werke in zehn Bänden, Hrsg. v. W. Weischedel

Kritik der reinen Vernunft   Kritik der praktischen Vernunft
Kritik der Urteilskraft   Grundlegung zur Metaphysik der Sitten
Prolegomena zu einer jeden künftigen Metaphysik, die als Wissenschaft
wird auftreten können
Die Metaphysik der Sitten Tugendlehre Rechtslehre
Die Religion innerhalb der Grenzen der bloßen Vernunft
Über Pädagogik   Eine Vorlesung über Ethik
Idee zu einer allgemeinen Geschichte in weltbürgerlicher Absicht
Untersuchung über die Deutlichkeit der Grundsätze der natürlichen
Theologie und der Moral

1. 선의지와 의무

선의지

칸트에 의하면 실천이성은 이론이성과 달리 추상적인 사고를 즐겨 하지 않는 보통 사람도 그것을 비교적 쉽고 정확하게 사용할 수 있습니다. 그래서 『정초』 제1장은 도덕에 대한 '일상적인 인식'을 고찰하는 것으로 시작합니다. 이미 유명해진 첫 문장을 통해서 우리는 칸트가 도덕에서 무엇을 중시하는지를 짐작할 수 있습니다.

> 이 세계 안에서뿐만 아니라 이 세계 밖에서도 제한 없이 선하다고 여겨질 수 있는 것은 오직 선의지뿐이다.
>
> • GMS, A1

이 첫 구절에서 칸트는 선한 의지에 절대적인 가치를 부여하고 있습니다. 이 세계에서 선하다고 할 수 있는 것은 '오직' 선한 의지뿐인데, 그것은 '제한 없이' 선할 뿐만 아니라, 그 가치는 심지어 '이 세계

밖으로까지' 이어진다고 말하고 있기 때문입니다.

'제한 없이' 선하다는 것은 '무조건적으로 좋다"는, 즉 '절대적 가치를 지닌다'는 뜻으로, 우리가 뒤에서 다룰 '정언명령'의 의미와 통합니다.

'이 세계 밖에서'라는 표현은 선이라는 도덕적 가치가 현상세계를 넘어선 곳에 자리하고 있음을 암시합니다. 이는 도덕적 선이란 선험적 주체의 의지에 의해 비로소 출현한다는 비트겐슈타인의 언급과 통하는 대목입니다. 순수 이성의 셋째 이율배반('자유'와 '자연필연성'의 양립 가능성)에서 살펴본 바와 같이, 인간은 시공간적으로 제약된 현상적 자아의 차원에서 보면 자연필연성의 지배를 받으며 늘 자기 이익과 행복을 추구하는 존재이지만, 그런 현상세계를 초월한 선험적(예지적) 자아의 차원에서 보면 시공을 초월한 보편적인 관점에서 사유하고 판단하는 도덕적 존재입니다.

대개 사람들은 이 세계 안에서 일어나는 일에 관심을 가지며, 그러한 일을 해결하는 데 필요하거나 유용한 것들에 가치를 부여하면서 살아갑니다. 예컨대 돈이나 권력 같은 것이 여기에 해당할 것입니다. 그런데 이러한 것들은 '이 세계'라는 조건이 사라지면 가치를 상실합니다(예컨대 죽음을 눈앞에 둔 사람의 경우를 들 수 있습니다). 하지만 칸트

---

1 '제한 없이 선하다'라는 표현을 통해 우리는 칸트가 '제한적인 선'(조건적인 선)과 '제한 없는 선'(무조건적인 선)을 구별하고 있고, 도덕에서는 오로지 후자 쪽에 관심을 기울인다는 것을 알 수 있다. 전자가 어떤 목적을 전제한 후 '그 목적을 달성하는 데 좋다'는 의미(가언명령)의 '일반적 선(good)'을 가리킨다면, 후자는 어떤 목적도 전제하지 않은 채 오로지 '그 자체로 좋다'는 의미(정언명령)의 '도덕적 선(morally good)'을 가리킨다.

는 '이 세계 밖'에서도 가치 있는 것에 대해 말하고 있습니다. 그것은 '이 세계 안'의 여러 가지 조건 아래에서만 가치를 가지는 것이 아니라, 그러한 조건들을 넘어서 '제한 없이' 가치를 지니는 것을 가리킵니다. 즉 아무리 시간이 흐르더라도, 아무리 환경이 바뀌더라도, 언제나 변함없이 '영원한' 가치를 가지는 것을 가리킵니다.

칸트는 이렇게 절대적인 가치를 지닌 것은 '오직' 선의지밖에 없다고 말합니다. 다른 가치들은 조건적이어서 특정한 조건 아래에서만 가치를 가지지만, 선의지는 그 어떤 조건과도 상관없이 그 자체로 가치 있는 유일한 것으로서, 다른 것들과는 질적으로 다른 가치를 지닌 것으로 보아야 한다는 것입니다.

칸트는 선한 의지와 비교되는 나머지 가치들을 세 가지 종류로 나눕니다. 첫 번째는 정신적 **재능**입니다. 여기에는 지성, 재치, 판단력 등이 포함됩니다. 두 번째는 타고난 **기질**입니다. 여기에는 용기, 결단력, 끈기 같은 것이 포함됩니다. 끝으로 **행운의 자질**입니다. 여기에는 권력, 부, 명예, 심지어 건강도, 그리고 **행복**이라 불릴 만한 편안함과 자기만족 같은 것도 포함됩니다. 칸트는 이러한 모든 가치도 "물론 좋고 바람직하다"고 말합니다. 그렇지만 이러한 것들의 가치는 선의지에 의해 제한됩니다. 그것들은 선의지를 전제로 할 때만 가치를 가지는 것으로서, 결코 무조건적으로 선하다고 할 수는 없습니다. 사실, 선의지가 뒷받침되지 않을 경우, 그것들은 아주 악한 것이 될 수도 있습니다. 예컨대 악한의 냉철함은 그를 더욱 위험하고 가증스럽게 만들 것입니다(GMS, A2~3).

칸트의 이러한 설명은 상식적으로 쉽게 이해됩니다. 재능이 많은 사람이 그 재능을 나쁜 방향으로 사용한다면 재능이 적은 사람이 그렇게 하는 경우보다 더 큰 피해를 끼치게 될 것이 분명합니다. 그러한 사람은 자신의 재능을 이용해 나쁜 짓을 더 효과적으로 할 수 있을 것이며, 나쁜 짓을 저지르고도 들키지 않고 교묘하게 빠져나갈 수 있을 것입니다. 돈이나 권력도 마찬가지입니다. 그것을 자신의 사리사욕을 위해서만 쓴다면 나쁜 일이겠지만, 타인을 돕는 데 쓴다면 좋은 일일 것입니다. 돈이나 권력은 '그 자체로' 가치 있는 것이 아닙니다.

선의지만이 무제한적으로 선하다는 선언에 이어서 칸트는 선의지의 또 다른 속성에 대해서 말합니다.

> 선의지는 그것이 실현하거나 성취한 것 때문에, 또는 이미 주어진 어떤 목적을 달성하는 데 쓸모가 있기 때문에 선한 것이 아니라, 오로지 그렇게 하기로 마음먹는 일 자체로 선한 것이다.
>
> • GMS, A3

여기서 우리는 동기를 중시하는 칸트의 입장을 확인할 수 있습니다. 행위의 선·악을 결정하는 것은 행위의 결과가 아니라 오직 그 행위를 낳은 의지일 뿐이라는 것입니다. 칸트의 이러한 '동기주의'[2]는 선의지의 '무조건적인 가치'라는 속성에서 파생되어 나온 것으로 볼 수

---

2 이때의 '동기'는 행위를 촉발한다는 의미의 **심리적 동기**를 가리키는 것이 아니다. 따라서 동기주의란 행위의 결과에 주목하는 것이 아니라 그 행위를 하기로 마음먹은 '의지'(마음씨)에 주목한다는 뜻이다.

있습니다. 만일 선의지가 어떤 다른 가치를 위해서(특정한 결과를 낳기 위해서) 필요한 것이라면, 그것은 무조건적 가치를 지닌다고 말할 수 없을 것입니다. 어떤 결과도 고려하지 않은 채 오직 그렇게 하기로 마음먹는다는 사실 자체만으로 이미 다른 모든 가치를 뛰어넘는 것이어야만 무조건적인 가치를 지닌다고 할 수 있을 것입니다. 게다가 칸트가 볼 때, 행위의 결과란 우리 의지의 힘만으로 보장될 수 있는 것이 아니라 너무나 많은 외적 변수와 우연에 의해 좌우되기 때문에 도덕성의 척도가 될 수 없습니다. 도덕적 선·악의 판단은 오직 행위자가 책임질 수 있는 영역, 다시 말해서 행위자의 의지와 관련해서만 내려질 수 있는 것입니다. 그래서 칸트는 다음과 같이 선언합니다. 비록 운이 따라 주지 않거나 어쩔 수 없는 자연적 조건으로 인해 선의지가 자기의 원래 의도를 성취할 수 없다 하더라도, 그래서 최대한 노력했음에도 결국 아무것도 성취하지 못한 채 오직 선의지만 남게 된다고 하더라도, '선의지는 그 자체로 가치가 있다!'라고 말입니다.

> 선의지는 그 자체만으로도, 자신 안에 온전한 가치를 지닌 무엇으로서 보석처럼 빛날 것이다. [무언가에] 유익하다거나 무익하다는 것은 선의지가 지닌 가치에 어떤 영향도 미칠 수 없다.
>
> • GMS, A3

이성이 주어진 이유와 그 과제

선의지를 최고의 가치로 설정한 다음에 칸트는 이성이 인간에게 주어진 이유와 과제에 대해 독특한 주장을 펼칩니다. 잘 알다시피 이성은 인간을 다른 존재와 구별시켜 주는 특별한 능력입니다. 인간은 다른 동물들과 달리 생각하는 능력이 있어서, 단지 본능적 충동과 같은 생물학적 기제에 의해서만 행동하지 않고 더 고차원적으로 행동할 수 있습니다. 그러므로 이성이 인간에게 주어진 이유와 과제를 묻는 것은 인간이 (다른 존재와 달리) '인간답게' 살기 위해서는 어떻게 살아야 하는지를 묻는 것이라고 할 수 있습니다.

칸트가 이성의 역할을 묻는 과정에서 겨냥하고 있는 것은 '행복주의'에 대한 비판입니다. 많은 사람은 행복을 인간 행위의 궁극적 목적으로 봅니다. 아리스토텔레스나 공리주의가 그러한 예입니다. 하지만 칸트가 보기에 행복은 인간 이성의 목표가 될 수 없습니다. 왜냐하면, 행복은 이성보다 오히려 본능에 의해 더 잘 달성되기 때문입니다.

> 이성과 의지를 지닌 존재자의 본래 목적이 자기의 **보존**과 **번영**, 즉 **행복**에 있다고 하자. 그리고 자연이 그러한 목적을 달성하는 역할을 이성에 맡겼다고 하자. 그렇다면 자연은 이러한 자기 의도의 이행자로서 피조물의 이성을 선정하는 아주 잘못된 조처를 취한 셈이다. 왜냐하면, 이러한 의도에 따라 실행해야 할 모든 행위와 행동 규칙 전체는 이성에 의해서보다는 오히려 본능에 의해서 훨씬 더 정확하게 지시될 수 있고, [행복이라는] 목적도 훨씬 더 확실하게 유지될 수 있기 때문이다. … 한마디로 말해, 자연은 이성이 **실천의 도구**가 되어 그 보잘것없는 통찰로 행복과 그 행복에 이르는 수단을 고안해 내는 오만한 짓을 하지 못하게 방지해야 마땅하다. 자연은 [행복이라는] 목적의 선택뿐만 아니라 수단의 선택도 떠맡아, 현명한 사전 배려로 이 두 가지 것을 오

로지 본능에 맡겨 두어야 했다.

• GMS, A5

이러한 주장을 뒷받침하기 위해 칸트는 학자들의 경험을 이야기합니다. 그 이유는 아마도 학자들이야말로 이성을 가장 많이 사용하는 집단일 것이기 때문이고, 칸트 본인도 학자이기 때문일 것입니다. 그래서 학자들이 이성에 대해 가지는 견해가 이성의 진정한 역할을 보여 주는 데 중요한 근거가 될 것이라고 생각했을 것입니다.

실제로 우리는 개명된 이성이 삶과 행복을 향유하려는 의도에 매이면 매일수록 인간은 점점 더 참된 만족에서 멀어진다는 것, 그래서 이로부터 많은 사람에게서, 그것도 이성을 가장 많이 사용해 본 사람들에게서 … **이성혐오증**, 즉 이성에 대한 증오가 생겨남을 목격한다. 왜냐하면, 그들이 학문들(이것들도 그들에게는 결국 지성의 사치로 보이겠지만)을 통해 얻은 모든 이익을 어림잡아 계산해 본 결과, 실제로 자기들이 행복을 얻었다기보다는 고통에 더 시달렸을 뿐임을 발견하고, 더 나아가 그들이 단순히 자연 본능에 자신을 내맡기고 자신의 행동거지에 이성의 많은 영향을 허락하지 않는 세속적인 부류의 인간을 경멸하기는커녕 오히려 부러워한다는 것을 발견하기 때문이다.

• GMS, A6

이처럼 이성의 역할이 우리에게 행복을 가져다주는 것이 아니라면, 아니 오히려 행복을 추구하는 데 방해만 되는 것이라면, 이성의 진정한 역할은 무엇일까요? 칸트가 보기에 이성이 존재하는 이유는 행복이나 만족을 얻는 일보다 훨씬 더 고상한 다른 목적을 위해서입니다. 이성은 본래 행복이 아니라 전적으로 이 목적에 맞추어져 있는 것이며, 그렇기에 (행복 같은) 인간의 사사로운 목적은 언제나 이 최상의 목적 다음에 와야 한다는 것입니다(GMS, A6).

확실히 우리의 실천이성이 내리는 판정에서 복과 고 Wohl und Weh는 **지대한** 관심사이며, 감성적 존재자로서 우리의 본성과 관련된 한 **행복**은 우리의 **모든** 관심사이다. … 그렇다고 행복이 **아예 모든** 관심사인 것은 아니다. 인간은 감성계에 속하는 한 결핍을 느끼는 존재자이다. 그런 한, 분명히 인간의 이성은 감성 측으로부터 거절할 수 없는 주문을 받는다. 그것은 감성의 관심사를 돌보라는 것, 현세의 삶은 물론, 내세의 삶의 행복을 위해 실천적 준칙을 만들라는 것이다. 하지만 인간은 이성이 독자적으로 말하는[의연하게 요구하는] 모든 것에 무관심할 정도로, 그리고 이성을 순전히 감성적 존재자로서 자기의 욕구를 위한 도구로만 사용할 정도로, 그렇게나 전적으로 동물인 것은 아니다. 왜냐하면, 인간이 오로지 동물에게 있어서 본능이 수행하는 것을 위해서만 이성을 사용한다면, 인간이 이성을 가지고 있다는 사실이 인간을 가치의 측면에서 순전한 동물성 이상으로 높이지는 않기 때문이다. … 인간이 이성을 가지는 것은 [복編과 고苦에 대한 관심에서] 더 나아가 그 이상의 어떤 목적을 위해서이다. 특히 그 자체로 선하거나 악한 것, 그리고 감성적 관심을 전혀 가지지 않는 순수 이성만이 판단할 수 있는 것을 숙고하기 위해서는 물론, 선·악의 판정을 복·고의 판정과 전

적으로 구별하고, 선·악의 판정을 복·고의 판정의 최상 조건으로 삼기
위해서이다.

• KpV, A107~109

이렇게 칸트는 "이성의 참된 사명은 어떤 다른 목적을 위한 **수단
으로서**가 아니라, **그 자체로 선한 의지**를 산출하는 것"(GMS, A7)이라
고 말합니다. 그렇다면 그 자체로 선한 의지는 어떤 의지일까요?

선의지는 오로지 '의무이기 때문에' 행하고자 하는 의지이다

이성이 주어진 이유로서 상정되는 것, 인간이 자신의 진정한 가치
를 실현하기 위한 유일한 방법으로 생각될 수 있는 것, 그것은 바로 선
한 의지를 실현하는 것입니다. 그런데 칸트에 따르면 선한 의지는 이
미 우리 안에 깃들어 있습니다.

그 자체로 높이 평가되어야 하고 또 더 이상의 의도 없이 선한 의지라
는 이 개념은 건전한 지성 안에 이미 깃들어 있다. 따라서 새삼스럽게
가르칠 필요는 없으며 단지 일깨우기만 하면 된다.

• GMS, A8

이러한 칸트의 언급은 인간의 본성에 대한 신뢰를 보여 줍니다.
무제한적인 가치를 지녀서 이 세상 그 어떤 것보다도 소중한 선의지
를, 우리 인간은 자기 내면에 이미 지니고 있다고 말하기 때문입니다.
우리 안에는 본래 선의지가 내재해 있으므로, 우리에게 남은 임무

는 "모든 가치의 조건이 되는 이 선의지라는 개념을 명백히 하는" 일입니다. 그리고 이를 위해 칸트가 도입하고 있는 개념은 **의무**입니다. 칸트에 따르면 "의무라는 개념은, 비록 인간의 주관적 제약과 방해를 받기는 해도, 선한 의지라는 개념을 포함"하고 있습니다(GMS, A8). 이는 선의지가 (유한한) 인간이라는 조건 속에서는 '의무'의 형식을 통해 나타난다는 것을 의미합니다. 신과 같이 완전히 선한 의지를 지닌 존재에게는 의무가 부과될 필요가 없을 것입니다. 그러한 존재는 어떤 것을 해야 한다는 강요가 없어도 선한 의지를 항상 실현할 것이기 때문입니다. 그리고 동물과 같이 이성적 능력이 결여된 존재에게도 의무가 적용되지 않을 것입니다. 선택할 수 있는 능력이 없는 존재에게는 의무도 명령도 아무런 의미가 없을 것이기 때문입니다. 인간과 같이 한편으로는 선의지를, 다른 한편으로는 욕망을 지니고 있는 존재에게만이 '의무'라는 개념이 적용될 수 있습니다. 욕망 때문에 선의지의 실현이 제약되는 측면이 있으면서도, 동시에 선의지가 작동함으로써 이에 맞설 수 있을 때 의무가 발생하는 것이기 때문입니다.

또 칸트에 따르면 "이 주관적인 제약과 방해는 선의지를 가려서 알아볼 수 없게 만드는 것이 아니라, 오히려 [제약이 없는 경우와의] 뚜렷한 대조를 통해 선의지를 더욱 분명히 드러나게 해 주고 더욱 밝게 빛나게 해" 줍니다(GMS, A8). 본래부터 착한 영혼을 타고나서 별다른 노력을 하지 않아도 착한 행동을 하는 사람보다는, 타고난 본성은 그리 착하지 못해도 끊임없는 반성과 노력을 통해 착한 행동을 하게 된 사람이 선의지의 가치를 더 분명하게 깨달을 것입니다. 쉽게 얻은 것보다는 어렵게 얻은 것에 대해 사람들은 그 소중함을 더 절실히 느낄 것이기 때문입니다. 그리고 편안하고 우호적인 환경 속에서 착한 행동을 하는 사람보다는 척박하고 적대적인 환경 속에서도 착한 본성을 잃지 않는 사람이 더 훌륭한 사람이라고 할 수 있을 것입니다. 그러한 사람은 어려운 여건 속에서도 착한 본성을 잃지 않은 사람이기 때문입니다. 마찬가지로 인간적인 제약 아래의 선의지는 아무런 제약이 없는 상황에서의 선의지보다 더욱 밝게 빛난다고 할 수 있습니다. 이때의 선의지는 외부의 방해와 어려움 속에서도 그 빛을 잃지 않고 있는 것이기 때문입니다.

　의무에 따른 행위를 할 때 중요한 것은, 의무에 따른 행위가 단순히 '의무에 맞는' 행위여서는 안 되고 오직 '의무이기 때문에' 행해지는 것이어야 한다는 점입니다. 단순히 '의무에 맞는' 행위는 속으로는 그 행위를 전혀 의무로 여기지 않는데도 단지 우연한 조건으로 인해 그렇게 보이는 행위를 하는 것일 수도 있습니다. 혹은 다른 어떤 이익을 얻기 위한 수단으로서 그러한 행위를 하는 것일 수도 있습니다. 이처럼 다른 어떤 조건 때문이거나 어떤 목적을 달성하기 위해서 행해진 행위는 무제한적으로 선한 행위라고 할 수 없습니다. 그러한 행위는 그것을 이끌었던 조건이나 목적이 사라지면 함께 사라질 행위들로서 우연적인 행위에 불과한 것입니다.

오로지 '의무에서 비롯한' 행위의 예

　칸트는 순전히 '의무이기 때문에' 행해진 행위와 그렇지 않은 행위를 구별하기 위해서 '의무이기 때문에' 행해진 행위가 아닌 세 가지 경우를 제시합니다. 첫 번째 경우는 '의무에 어긋나는 행위'입니다. 칸트는 이러한 행위를 무시합니다. 왜냐하면, 그러한 행위는 "이미 의무와 대립하기 때문에, 과연 그것이 **의무에서**$^{aus\ Pflicht}$ 비롯한 것인지 아닌지에 대해서는 물어볼 필요조차 없기 때문"입니다(GMS, A8). 두 번째 경우는 '의무에 맞는 행위라 하더라도 그런 행위를 향한 직접적인 경향성이 없이 다른 경향성으로 말미암아 어쩔 수 없이 하게 된 행위'입니다. 칸트는 이러한 행위도 무시합니다. "그런 행위가 의무이기 때문에 행해진 것인지 아니면 다른 이기적인 의도에서 행해진 것인지는 쉽게 구별되기 때문"입니다(GMS, A8~9). 세 번째 경우는 '의무에도 맞고 또 그것을 하고자 하는 직접적인 경향성도 가진 행위'입니다. 이 마지막 경우가, 칸트가 의무를 부각시키기 위해 중요하게 분석해 보아야 할 것으로 제시하는 행위입니다.

칸트는 이러한 마지막 경우에 해당하는 행위로서 네 가지 종류의 예를 듭니다. 첫째 사례는 **공정한 가격으로 물건을 파는 상인의 경우**입니다. 가게 주인이 어리숙한 고객이나 어린아이라고 해서 속이지 않고 모든 사람을 정직하게 대하는 것은 물론 '의무에 맞는' 일입니다. 그러나 그렇다고 해서 그 상인이 '의무에서' 그렇게 했다고 믿기에는 아직 충분하지 않습니다. 왜냐하면, 그가 천성적으로 정직한 품성을 지닌 사람이거나 또는 공정한 가격으로 물건을 파는 것이 자신의 장기적인 이익에 도움이 된다는 계산에서 그렇게 할 수도 있기 때문입니다. '오직 정직이라는 원칙과 의무 때문에' 그렇게 할 경우에만 행위는 도덕적 가치를 지니게 됩니다.

둘째 사례는 **자신의 생명을 보존하는 행위**입니다. 칸트에 의하면 모든 사람은 자신의 생명을 보존하려는 직접적인 경향성을 가지고 있습니다(GMS, A9). 그러므로 이러한 자기보존의 행위는 단지 경향성에 따른 행동일 뿐입니다. 다시 말해서 그런 행위는 **의무에 맞는** 것이긴 하지만, **의무에서 비롯한** 것은 아니라는 것입니다(GMS, A9~10). 그에 반해, 지독한 불운과 슬픔 때문에 살고 싶은 마음을 완전히 잃어버린 상태에서도 '오로지 자신의 생명을 보존하는 것이 의무라고 생각해서' 그렇게 행하는 경우가 있다면, 그런 행위의 준칙만이 도덕적 내용을 지닌다고 칸트는 주장합니다.

셋째 사례는 **타인에게 자선을 베푸는 행위**입니다. 칸트에 따르면 타인에게 자선을 베푸는 행위라고 해서 모두 의무에서 비롯한 행위는 아닙니다. 설사 허영심이나 자기 이익 같은 다른 동기에서 행해진 경우는 아닐지라도, 경향성에 의해 이끌어진 행위라면 그 역시 마찬가지이기 때문입니다. 예컨대 타고난 동정심으로 자선을 베푸는 사람의 행위는 의무에 맞고 매우 사랑받을 만한 것이기는 하지만, 아무런 참된 도덕적 가치를 갖지 못합니다. "거기에는 경향성에서가 아니라 **의무에서** 행하는 도덕적 내용이 결여되어 있기 때문"입니다(GMS, A10). 그런데 만일 어떤 동정심 많은 박애주의자가 엄청난 슬픔을 겪는 과정에서 타인의 불운에 대한 동정심이 모두 사라져 버렸는데도 그가 이런 극심한 무관심에서 벗어나 "아무런 경향성 없이 오로지 의무이기 때문에 자선을 행한다면, 이때 그의 행위는 비로소 참된 도덕적 가치를 지니게 된다"는 것이 칸트의 주장입니다(GMS, A11).

넷째 사례는 **자신의 행복을 추구하는 행위**입니다. 칸트에 따르면 자기 자신의 행복을 추구하는 일도 일종의 의무이기는 합니다. "왜냐하면, 자신의 처지에 만족하지 못해서 많은 걱정거리와 욕구불만에

휩싸이게 되면 **의무를 위반하는 유혹**에 그만큼 쉽게 빠질 수 있기 때문"(GMS, A12)입니다. 하지만 모든 인간은 이미 스스로 행복을 향한 강력한 내적 경향성을 가지고 있으므로 군이 자신의 행복을 추구하라는 (자기 사랑의) 의무를 강조할 필요는 없습니다. "왜냐하면, 경향성으로서의 사랑은 명령될 수 없기 때문"입니다. '자기 사랑'이 도덕적 가치를 지니는 경우는 오직 한 가지, "경향성에서가 아니라 의무에서 자기의 행복을 촉진하는" 경우뿐입니다(GMS, A13).

이상 네 가지 사례를 통해 칸트가 일관되게 강조하는 점을 요약한다면, 그것은 어떤 행위가 참된 도덕적 가치를 가지려면 경향성에서가 아니라 '오로지 의무에서' 행해져야 한다는 것입니다. 다음은 칸트의 유명한 '의무 예찬' 송頌입니다.

> **의무**, 너 위대하고 숭고한 이름이여! 너는 호감과 환심을 살 만한 아무것도 갖고 있지 않으면서 오히려 복종을 요구한다. 너는 아무런 위협도 하지 않으면서, ─이런 것은 마음 안에 자연스러운 거부감을 불러일으키고 겁에 질리게 할 것이다─ 법칙만을 제시한다. 이 법칙은 저 스스로 마음 안에 들어가 의지에 반하면서까지 존경을 얻는다. (그렇다고 해서 그 법칙이 언제나 준수되는 것은 아니지만) 이 법칙 앞에서 모든 경향성은, 비록 은밀히는 반발할지라도, 침묵하고 만다. 너의 그 존엄한 근원은 무엇이고, 당당하게 경향성들과의 모든 인연을 끊어 버리는 너의 고귀한 혈통의 근원은 도대체 어디에 있으며, 인간이 오직 자신에게만 부여할 수 있는 가치의 필수 불가결한 조건은 도대체 어떤 근원에서 유래할 수 있는가? • KpV, A154

2. 선이란 무엇인가 ―선·악의 개념

칸트의 의무론을 제외한 윤리 이론은 대부분 '선'(좋음)의 개념에서 출발합니다. 설사 선이 무엇인지를 명확히 규정하고 출발하지 않는다고 해도 우리는 암암리에 선이란 우리에게 행복이나 즐거움(쾌)을 가져다주는 어떤 것이라고 가정하고 있습니다. 그런데 칸트는 이러한 가정에 맞섭니다. 그럴 경우, 선악의 개념은 으레 쾌와 불쾌의 감정에 의해, 즉 경험적인 근거에 의해 규정되고 말기 때문입니다. 그러한 가정 아래에서는 당연히 아프리오리한 보편적인 도덕법칙도 기대할 수 없습니다.

> 만약 우리가 선[좋음]의 개념에서 시작해 이로부터 의지의 법칙을 도출한다고 가정해 보자. 그럴 경우, (선한 것으로서) 어떤 대상의 선[좋음] 개념은 동시에 이 대상을 우리 의지의 유일한 규정 근거로 제시할 것이다. 그런데 이 선[좋음] 개념은 어떠한 아프리오리한 실천법칙도 자기의 기준으로 갖고 있지 않으므로, 선[좋음] 또는 악[나쁨]의 시금석은 대상이 우리의 쾌 또는 불쾌의 감정과 일치하는지 여부에 두어질 수밖에 없을 것이다. … 무릇 무엇이 쾌의 감정에 부합하는지는 오로지 경험으로만 결정될 수 있으므로 … 아프리오리한 실천법칙의 가능성은 곧바로 배제될 것이다.
>
> • KpV, A111

칸트가 보기에, 이처럼 선악의 개념이 모든 실천법칙의 근거가 된다면, 그리하여 선행하는 법칙 없이 단지 경험적 개념에 따라 모든 도덕적 사고가 이루어진다면, 우리는 도무지 순수한 실천법칙을 정립할 수 없을 것입니다. 그러나 이와 반대로 우리가 먼저 실천법칙을 분석적으로 탐구한다면, 선의 개념이 도덕법칙을 규정하고 가능하게 하는 것이 아니라 거꾸로 도덕법칙이 비로소 선의 개념을 규정하고 가능하게 한다는 사실을 발견할 것입니다. 이리하여 칸트는 다음과 같이 선언합니다.

> 선악의 개념은 도덕법칙에 앞서서 규정되는 것이 아니라, (얼핏 보기에는 선악의 개념이 도덕법칙의 기초에 놓여 있어야 할 것처럼 보이지만) 오로지 (우리가 살펴보았듯이) 도덕법칙 이후에 그리고 도덕법칙에 따라서 규정될 수밖에 없다.
>
> • KpV, A110

칸트는 도덕의 최상 원리와 관련하여 이제까지 철학자들이 범한 잘못은 의지의 대상을 법칙의 근거로 삼은 점이라고 지적합니다. 그럴 경우, 이 법칙은 직접적으로 의지를 규정하지 못하고 쾌 또는 불쾌의 감정과 결부된 대상을 통해 의지를 규정하게 됩니다. 먼저 아프리오리하게 직접 의지를 규정하고 비로소 이런 의지에 걸맞게 대상을 규정하는 법칙을 탐구해야 했는데도 말입니다. 이들은 이러한 쾌의 대상을 행복, 완전성, 도덕 감정 또는 신의 의지 등에 두려고 했지만, 이렇게 하여 도출된 원칙은 언제나 타율이었고, 불가피하게 도덕법칙을 위한 경험적 조건들과 맞닥뜨릴 수밖에 없었습니다(KpV,

A112~113). 타율이란 우리의 의지가 자유 대신 자연필연성에 의해 규정되는 경우를 말하는데, "이 타율에서는 보편적으로 명령하는 아프리오리한 도덕법칙이 결코 나올 수 없다"는 것입니다(KpV, A114).

이로써 우리는, 칸트에게 선이란 '도덕법칙을 따르는 것'이고, 선의지란 '도덕법칙에 따르려는 의지'임을 알 수 있습니다.

3. 인간에 내재한 선의 소질

칸트에 따르면 도덕성의 원리는 우리 같은 평범한 사람들도 이미 알고 있는 것에 불과합니다.

> 평범한 사람들의 이성은, 이 원리를 보편적인 형식으로까지 추상해서 생각하지는 않지만, 그래도 항상 이 원리를 실제로 염두에 두고, 가치 판단의 척도로 사용하고 있다. … 평범한 사람들의 이성이 이 나침반 [척도]을 가지고 직면하는 모든 상황에서 무엇이 선하고 무엇이 악하며, 무엇이 의무에 맞고 무엇이 의무에 어긋나는지를 얼마나 잘 판별하는지 보여 주는 일은 어렵지 않다.
>
> • GMS, A20~21

그러므로 우리가 도덕적으로 살기 위해 어떻게 해야 하는지를 아는 데에 특별히 학문이나 철학이 요청되지는 않는다고 칸트는 말합니다. 이처럼 (이론적 판단이 아니라) 실천적 판단을 내리는 일에 있어서는 평범한 사람도 철학자들 못지않게, 아니 오히려 철학자들보다 더 잘 판단할 수 있다고 보기 때문입니다.

칸트의 이러한 주장을 납득하기는 어렵지 않습니다. 도덕적인 행동은 특별한 지적 이해력을 필요로 하는 것이 아니라, 그저 자신의 경향성을 극복할 수 있을 정도의 내면적 용기만 있으면 되기 때문입니다. 지적인 능력이 뛰어나지 않더라도, 자신이 하려는 행동이 과연 도덕적인 행동인지 또는 자신의 이익이나 경향성을 따르는 행동인지는 누구나 구별할 수 있을 것입니다.

어쩌면 지적 능력이 뛰어난 사람이 오히려 비도덕적인 행위를 할 가능성이 클지도 모릅니다. 지적 능력이 뛰어난 사람일수록 행위가 가져올 결과를 더 잘 예측할 수 있고, 그것을 효과적으로 달성할 방법을 더 잘 생각해 낼 수 있을 것이기 때문입니다. 그렇게 되면 그저 행위 그 자체가 옳기 때문에 행하는 데서 더욱 멀어지게 될 것입니다. 머리가 뛰어남으로 인해 단순히 행위 그 자체에 집중하기보다 (행위의 결과와 같은) 다른 외적 요소들을 고려하게 될 가능성이 커지는 것입니다. 사회적으로 문제가 되는 비도덕적인 행위 중 많은 수가 지적 능력이 뛰어난 사람들에 의해 저질러지고 있다는 사실 또한 이러한 주장을 뒷받침해 줍니다. 이런 이유로 칸트는 "도덕적인 일에서는 평범한 이성의 판단으로도 충분하다"(GMS, A22)고 결론을 내리는 것 같습니다.

물론 인간이 누구나 도덕성의 싹을 지니고 있다 하더라도 그것은 잘 길러질 필요가 있습니다. 이는 **도덕 교육**의 과제이기도 한데, 도덕 교육에 관해서는 열한 번째 강의에서 다루고자 합니다.

일곱 번째 강의, '선의지'란 무엇인가?

인간은 처음부터 선을 위한 자신의 소질을 계발해야 한다. 신의 섭리는 그것을 완성된 형태로 인간에게 심어 놓지 않았다. 신이 준 것은 도덕성에서 차이가 없는 단순한 소질일 뿐이다. 자기 자신을 개선하는 것, 자기 자신을 도야하는 것, 그리고 만일 그가 악하다면, 스스로의 도덕성을 키우는 것, 이것이 인간이 해야 할 일이다.

• Päd., A14

인간 안에 있는 싹은 모름지기 점점 더 계발되어야 한다. 왜냐하면, 인간의 자연 소질 안에서는 악의 근원이 발견되지 않기 때문이다. 악의 원인은 오로지 자연이 규칙 아래에 놓이지 않는 것일 뿐이다. 인간 안에는 오직 선의 싹만이 들어 있다.

• Päd., A19

이것으로 일곱 번째 강의를 마칩니다. 이 강의에서는 **선의지**에 대해 다루었습니다. 칸트는 '이 세상에서, 아니 이 세상 밖에서도 무조건 선하다고 할 수 있는 것은 선의지뿐'이라고 주장합니다. 다른 가치들은 사람에 따라, 또는 시간상·공간상의 조건에 따라 변할 수 있지만, 선의지만은 시간과 공간을 초월하여 절대적 가치를 지닌다는 것입니다. 인간이 이성을 지니고 있는 이유도 (자기의 행복을 도모하기 위해서가 아니라) 바로 이 선의지를 산출하기 위한 것입니다. 그런데 선의지는 **의무**의 형식을 통해서 나타납니다. 이는 인간이 (신과 달리) 경향성의 제약을 지닌 유한한 존재이기 때문입니다. 따라서 참으로 선한 행위는 (경향성을 극복함으로써) 오로지 '의무에서 비롯한' 행위입니다.

그렇다면 **선**이란 무엇일까요? 얼핏 보기에는 선악의 개념이 도덕법칙의 개념에 앞서야 할 것 같지만, 칸트에게 있어 선악은 도덕법칙에 의해 규정되는 것입니다. 즉 선이란 '도덕법칙에 따르는 것'이고, 악이란 '도덕법칙에 위배되는 것'입니다. 그러므로 선의지의 의미 또한 '도덕법칙에 따르려는 의지'임을 알 수 있습니다.

이제 '도덕법칙이란 과연 무엇인가?'를 물을 차례입니다. 따라서 다음 강의는 **도덕법칙**에 대한 강의입니다.

'도덕법칙'이란 무엇인가?

— 도덕법칙과 정언명령 —

Immanuel Kant,
Werke in zehn Bänden, Hrsg. v. W. Weischedel

Kritik der reinen Vernunft   Kritik der praktischen Vernunft
Kritik der Urteilskraft   Grundlegung zur Metaphysik der Sitten
Prolegomena zu einer jeden künftigen Metaphysik, die als Wissenschaft
wird auftreten können.
Die Metaphysik der Sitten Tugendlehre Rechtslehre
Die Religion innerhalb der Grenzen der bloßen Vernunft
Über Pädagogik   Eine Vorlesung über Ethik
Idee zu einer allgemeinen Geschichte in weltbürgerlicher Absicht
Untersuchung über die Deutlichkeit der Grundsätze der natürlichen
Theologie und der Moral

1. 준칙과 법칙

행위의 도덕적 가치는 '준칙'에 달려 있다

앞서 칸트는 자기 자신의 행복을 추구하는 일도 (적어도 간접적으로는) 의무라고 말한 바 있습니다. 그러면서 이러한 '자기 사랑'이 도덕적 가치를 가지는 경우는 "경향성에서가 아니라 의무에서 자기의 행복을 촉진"하는 경우뿐이라고 덧붙입니다(GMS, A13). '자기 사랑'의 경우뿐만이 아닙니다. 칸트에게 어떤 행위가 도덕적 가치를 가지게 되는 유일한 조건은 그 행위가 경향성이 아니라 오로지 의무에서 행해져야 한다는 것뿐입니다.

그런데 행위할 때 경향성의 영향을 완전히 배제한다면 인간을 행위로 이끄는 동인은 무엇이 되어야 할까요? 칸트에 의하면 그것은 바로 '그 행위를 하고자 결심할 때 따르는 주관적인 행위 원리, 즉 의욕의 원리로서의 준칙'입니다. 이 준칙만이 행위의 도덕적 가치를 좌우합니다.

의무에서 행한 행위의 도덕적 가치는 그 행위로 성취해야 할 **의도에 있는 것이 아니라** 그 행위를 결심할 때 따르는 준칙에 있다. 따라서 그 행위는 행위 대상의 현실성에 의존하지 않고, 욕구 능력의 모든 대상과 무관하게 오직 그 행위를 야기한 **의욕의 원리**에만 의존한다. … 만약 행위의 도덕적 가치가 행위에서 기대되는 결과와 관련된 의지 안에 있지 않다면 그것이 어디에 있을 수 있다는 말인가? 그것은 그런 행위를 통해 달성될 수 있는 목적과는 무관한, **의지의 원리** 외에 다른 어디에도 있을 수 없다.

• GMS, A13~14

준칙만이 행위의 도덕적 가치를 좌우한다는 의미는, 우리가 스스로 어떠한 행위를 하려고 마음먹는 결단에 의해서만 그 행위가 도덕적인지 아닌지가 결정된다는 것입니다. '준칙'의 의미를 좀 더 쉽게 설명하는 부분을 우리는 칸트의 『교육론』에서 찾아볼 수 있습니다. 다음 글에서 우리는, 칸트에게 행위의 도덕성은 그 행위가 단지 경험적 축적, 즉 수련·반복·습관화의 산물인지 아니면 '오로지 그것이 선하기 때문'이라는 이성적 자각(즉 준칙)의 산물인지에 따라 좌우된다는 것을 알 수 있습니다.

도덕적 도야는 훈련이 아니라 준칙에 기초를 둔다. 만일 우리가 도덕적 도야를 사례, 위협, 처벌 등에 의존하려 한다면 모든 것을 망치게 된다. 그 경우 그러한 도야는 단지 훈련에 불과할 것이다. 아동이 습관 때문이 아니라 준칙 때문에 선하게 행동하는지, 단지 선을 행할 뿐만 아니라 그것이 선이기 때문에 선을 행하는지를 우리는 지켜보아야 한다. 왜냐하면, 행위의 모든 도덕적 가치는 선의 준칙 안에 존재하기 때문이다.

• Päd., A86

도덕적 도야는 준칙에 근거를 두어야 하며 훈육에 근거를 두면 안 된다. 훈육은 나쁜 버릇을 방지하고 준칙은 사고방식을 육성한다. 우리는 아이가 특정한 동기에 따라서가 아니라 준칙에 따라서 행위하는 데 익숙해지는지를 지켜보아야 한다. 훈육으로는 단지 습관만 남게 되는데, 이는 몇 년만 지나면 사라진다. 아이는 자신이 그 정당성을 통찰하는 준칙에 따라 행위하는 것을 배워야 한다.

• Päd., A98

이 시점에서 칸트가 사용하는 준칙 및 법칙의 개념과 관련하여 이 양자의 관계를 간단히 정리하고 넘어갈 필요가 있습니다.

준칙 Maxime은 의욕[~을 하려고 함]의 주관적 원리이다. 객관적 원리(즉 이성이 인간의 욕구 능력을 완전히 통제할 수 있다면, 모든 이성적 존재에게 주관적으로도 실천적 원리가 될 수 있을 만한 원리)는 실천**법칙** Gesetz이다.

• GMS, A15 각주

준칙은 행위를 위한 주관적 원리로서, **객관적 원리**, 즉 실천법칙과는 구별되어야 한다. 전자는 이성이 주관의 조건들에 (종종 주관의 무지나 경향성들에) 따라서 규정하는 실천적 규칙을 포함한다. 그러므로 준칙은 주관이 **행위할** 때 따르게 되는 원리이다. 그러나 법칙은 모든 이성적 존재에게 타당한 객관적 원리로서, 이성적 존재가 그것에 따라 **행위해야만 하는** 원리, 즉 명령이다.

• GMS, A51 각주

도덕법칙의 형식: 준칙의 보편화 가능성

칸트에 따르면, 어떤 의지를 무제한적으로 선하다고 부를 수 있으려면, 즉 그것을 선의지라고 부를 수 있으려면, 법칙의 표상이 그로부터 기대되는 결과를 전혀 고려하지 않은 채 의지를 규정해야만 합니다. 그것은 도대체 어떤 종류의 법칙일까요?

내가 어떤 법칙을 따르는 가운데 의지에서 생길 수 있는 모든 충동을 의지로부터 제거한다고 해 보자. 그러면 남는 것은 오직 행위 일반의 보편적 합법칙성뿐이고, 이것만이 의지의 원리가 되어야 할 것이다.

• GMS, A17

칸트의 이 말은, 의지로부터 모든 충동적 요소를 제거한 후에도 사람들로 하여금 법칙을 따르도록 만드는 의지의 원리가 바로 도덕법칙이라는 뜻입니다. 이러한 도덕법칙에는 우리를 행위로 이끄는 다른 모든 외적인 요인이 제거되었기 때문에, '오직 보편적인 법칙에 맞게 행위하려고 마음먹는 것'만이 남습니다. 어떤 행위가 모든 사람에게 보편적으로 적용될 수 있고, 오직 보편적으로 적용될 수 있다는 그 이유만으로 행해진다면 그 행위는 도덕적인 행위가 되는 것입니다. 그래서 칸트는 의지의 원리가 될 수 있는 것은 오직 한 가지밖에 없다고 말합니다.

> 나는 **나의 준칙이 보편적인 법칙이 되어야 한다고 내가 또한 바랄 수 있도록** 오로지 그렇게 행동해야만 한다.
>
> • GMS, A17

도덕법칙은 일차적으로 준칙의 보편화 가능성에서 찾을 수 있다는 칸트의 입장은 『실천이성비판』에서도 일관됩니다.

> 어떤 이성적 존재자가 자기의 준칙을 실천적인 보편적 법칙으로 생각해야 한다면, 그는 이 준칙을 질료상이 아니라 순전히 형식상 의지의 규정 근거를 지니는 원리로만 생각할 수 있다.
>
> • KpV, A48

여기서 '질료'란 의지의 규정 근거가 되는 의지의 대상을 가리키는데, 그것은 쾌감이나 불쾌감 등의 경험적 요소일 수밖에 없습니다. 그리고 도덕법칙은 결코 이러한 경험적 조건에 좌우될 수 없습니다.

> 우리가 법칙에서 모든 질료를, 다시 말해 의지의 (규정 근거로서) 모든 대상을 분리해 낸다면 남는 것은 보편적 입법의 순전한 **형식**밖에는 없다.
>
> • KpV, A48~49

이러한 일련의 추론 과정을 거쳐 칸트가 **순수 실천이성의 근본 법칙**으로 제시한 명제는 다음과 같습니다.

> 네 의지의 준칙이 언제나 동시에 보편적 입법의 원리로서 타당할 수 있도록 행위하라.

• KpV, A54

그런데 준칙에서 어떤 형식이 보편적 입법에 적합하고 적합하지 않은지는 상식을 지닌 사람이라면 배우지 않고서도 구별할 수 있다고 칸트는 확신합니다. 평범한 사람도 도덕적 판단을 할 때 이러한 원리를 잘 알고 있으며 항상 염두에 두고 있다는 것입니다. 그러면서 이해를 돕기 위해 이른바 '**거짓 약속**의 예'를 듭니다(GMS, A18).

칸트가 예로 든 준칙은 다음과 같습니다. '내가 처한 궁지를 모면하기 위해서 나는 지키지 않을 의도를 지닌 채 어떤 약속을 하겠다.' 이 준칙을 검증하기 위해서 칸트는 우선 '거짓 약속을 하는 것이 과연 영리한 일인지, 또는 의무에 맞는 일인지'를 구별하고자 합니다. 거짓 약속이 영리한 일인지 여부는 그렇게 함으로써 초래될 결과에 따라 좌우될 것입니다. 그런데 내 거짓말이 탄로 나지 않아서 내가 이득을 볼 수도 있겠지만, 내 거짓말이 탄로 나서 내가 신용을 잃어버리고 그 결과 지금 모면하려는 곤경보다 더 큰 곤경에 처하게 될 수도 있을 것입니다. 만일 내가 이 후자의 경우를 염려하여 차라리 보편적인 준칙에 따라서 행동하기로 하고, 지키지 않을 약속은 하지 않는 습관을 들이는 편이 낫다고 판단하여 그렇게 행동한다면, 이러한 행동은 (적어도 겉보기에는) 도덕법칙에 따른 행동과 똑같이 정직한 행동으로 보일 것입니다. 하지만 칸트에 따르면, 불리한 결과에 대한 우려 때문에 정직하게 행동하는 것과 '의무이기 때문에' 정직하게 행동하는 것은 질적으로 전혀 다른 것입니다. 전자는 행위의 결과에 대한 고려가 행위의 동기인 반면, 후자는 나에 대한 법칙을 포함하고 있기 때문입니다. 이제 칸트는 '거짓 약속'의 준칙이 의무에 맞는지 맞지 않는지를 검증하기 위한 간단한 방법을 제시합니다. 그것은 다음과 같이 자문해 보는 것입니다.

> 나는 (진실하지 않은 약속을 통해 곤경에서 벗어나라는) 나의 준칙이 (나뿐만 아니라 다른 모든 사람에게) 보편적 법칙으로 여겨져야 한다는 데 정말로 만족할 수 있는가? 그리고 곤경에 처해서 다른 방법으로 거기서 벗어날 수 없을 때는 누구든 진실하지 않은 약속을 해도 좋다고 정말로 나에게 말할 수 있는가?
>
> • GMS, A19

위와 같이 자문해 볼 경우, 우리는 곧 "내가 비록 거짓말을 할 수는 있어도, 거짓말하는 것을 결코 보편적 법칙으로 의욕할 수는 없음을 깨닫게 된다"라고 칸트는 말합니다. 왜냐하면, 그러한 준칙을 따르게 된다면 도무지 약속이라는 것 자체가 있을 수 없게 될 것이기 때문입니다. 장차 어떤 행동을 하겠다는 나의 의지를 다른 사람들에게 확언해도, 사람들이 내 말을 믿지 않아서 헛일이 될 것이고, 또 설사 사람들이 내 말을 경솔하게 믿는다고 해도, 그들 역시 똑같은 방식으로 내게 되돌려줌으로써 그러한 준칙은 지탱될 수 없다는 사실이 드러날 것이기 때문입니다. 결국, 칸트는 "나의 준칙은 보편적인 법칙이 되자마자 스스로 무너질 수밖에 없을 것"이라고 결론짓습니다(GMS, A19).

칸트가 보기에, 위와 같은 사실을 깨닫는 데는 엄청난 통찰력이 요구되는 것도 아닙니다. 누구나 단지 이렇게 자문해 보기만 하면 되기 때문입니다. "너 또한 너의 준칙이 보편적 법칙이 되기를 바랄 수 있는가?"(GMS, A20) 이때 만약 그렇게 할 수 없다고 판단된다면, 그 준칙은 버려야 할 것입니다. 이는 그 준칙이 우리 자신이나 다른 사람에게 불이익을 주기 때문이 아니라, 그 준칙이 가능한 보편적 법칙 수립의 원리로 통용될 수 없기 때문입니다.

도덕법칙의 선험적 성격

앞에서 우리는, 도덕적인 행위란 단지 '의무에 맞는' 행위가 아니라 오직 '의무에서 비롯한' 행위라는 칸트의 입장을 살펴본 바 있습니다. 이제 칸트는 의무라는 이유만으로 어떤 행위를 하고자 하는 마음씨, 곧 '도덕적인 마음씨는 경험을 통해서는 확인할 수 없다'는 점을 지적합니다. 이는 도덕적 가치란 형이상학적인 것이며 경험세계에서 찾을 수 있는 것이 아니라는 칸트의 입장을 확인해 주는 부분이기도 합니다.

순수하게 의무라는 이유만으로 행하고자 하는 마음씨에 관한 확실한 실례를 경험에서는 전혀 찾아볼 수 없다. 많은 행위가 **의무**가 명령한 것에 **맞게** 행해진다고 할지라도, 과연 그것이 정말로 **의무이기 때문**

에 행해진 것인지, 그래서 도덕적 가치를 가지는 것인지는 언제나 의심스럽다.

• GMS, A25

어떤 사람이 진정으로 도덕적인 행위를 하고 있는지 그렇지 않은지를 확인하는 것은 어려운 일입니다. 왜냐하면, 앞서 상인의 예에서 보듯이, 겉으로는 정직해 보이는 행위라 할지라도 그 이면에는 그 행위를 통해 얻게 될 자신의 이익과 같은 어떤 다른 목적이 개입되어 있을 수도 있기 때문입니다. 도덕적인 척하지만, 속으로는 다른 계산이 있을 수 있는 것입니다.

참으로 도덕적인 행위가 되기 위해서는 일절 다른 목적이 없어야 합니다. 다른 목적이 전제되어 있는 행위는 의무에서 비롯한 행위가 아니라 그 다른 목적을 위한 행위이기 때문입니다. 그렇지만 누구도 경험을 통해서는 다른 목적이 있는지 없는지를 확신할 수 없습니다. 그것을 알기 위해서는 사람의 마음속을 들여다봐야 하는데, 신이 아닌 이상 누구도 다른 사람의 마음을 정확히 알아낼 수는 없을 것이기 때문입니다.

그래서 어느 시대에나, 인간의 행위들 안에 이런[오로지 의무이기 때문에 행하려는] 마음씨가 실제로 존재한다는 것을 전적으로 부정하고, 모든 것을 다소 세련된 자기애에서 비롯한 것으로 돌리는 철학자들이 있었다.

• GMS, A25

이처럼 경험을 통해서는 참된 도덕적인 행동을 완전히 확신할 수 없고, 인간의 본성이 도덕을 실천하기에는 너무 나약함에도 불구하고, 칸트는 도덕적인 행위가 있다는 사실을 완전히 부인하지는 못할 것이라고 말합니다.

> 비록 그러한[의무라는] 순수한 원천에서 생겨난 행위가 한 번도 일어난 적이 없다 하더라도, … 그러니까 이 세상에서 이제까지 단 한 번도 실제로 일어난 적이 없는 행위라고 하더라도, 즉 모든 것의 근거를 경험에서 찾는 사람들이 그 실행 가능성 자체를 매우 의심스러워하는 그런 행위라고 하더라도, 이성은 그것을 하도록 무조건적으로 명령하고 있다고 우리는 확신할 수 있다.
>
> • GMS, A27~28

여기서 칸트는, 도덕법칙은 (늘 우연적인 조건의 영향을 받는) 인간의 경험에서 나온 것일 수 없고, 순수한 실천적 이성에서 나온 이념임을 다시금 강조합니다. 그래서 도덕법칙은 "모든 이성적 존재자를 위한 보편적 지침"(GMS, A29)으로서, "인간뿐만 아니라 **모든 이성적 존재자 일반**[1]에게도 타당하며, 우연적인 조건들 아래에서 예외적으로 타당한 것이 아니라 **전적으로 필연적으로** 타당해야 한다"(GMS, A28)

---

1 여기서 도덕법칙이 '인간'만이 아니라 '모든 이성적 존재자'나 '이성적인 존재자 일반'에게도 타당하다고 표현한 이유는 어떤 존재가 이성을 지니고 있기만 하다면 설사 그가 인간이 아니라(예컨대 유인원, 외계인, 천사 등) 하더라도 동일하게 적용된다는 뜻이다.

고 주장합니다. 사실 도덕적 완전성의 이상을 경험적 사례를 통해서 얻을 수는 없습니다. 그것은 이성이 선험적으로 구상한 이념일 뿐입니다.

> 실제 사례는 그저 격려하는 역할을 해 줄 뿐이다. 다시 말해, 실제 사례는 법칙이 명하는 것을 과연 실행할 수 있을지에 대한 의구심을 없애 주고, 실천적 규칙이 좀 더 일반적[추상적]으로 표현하는 것을 구체화해 준다. 그러나 이성 안에 놓여 있는 이 규칙의 참된 원형을 제쳐 놓은 채 실제 사례를 표준으로 삼는 것은 결코 정당화될 수 없다.
>
> • GMS, A30

2. 도덕법칙과 자유

앞에서 준칙들의 순전한 입법적 형식만이 의지의 규정 근거가 되어야 함을 보여 주었다면, 이제 칸트는 그러한 형식으로 규정될 수 있는 의지의 성질을 찾고자 합니다.

법칙의 순전한 형식은 오직 이성으로만 떠올릴 수 있을 뿐 감각이나 경험의 대상이 아니기 때문에, 이러한 의지의 규정 근거는 인과법칙에 따르는 자연 사건의 모든 규정 근거와는 구별됩니다. 그러한 의지는 현상들의 자연법칙, 즉 현상들 상호 간의 인과법칙과는 전적으로 독립적인 것으로 생각되어야 합니다(KpV, A51).

그러한 독립성이 바로 가장 엄밀한 의미의 **자유**, 즉 선험적 의미의 자유이다. 그러므로 준칙의 순전한 입법적 형식만을 오로지 법칙으로 삼을 수 있는 의지가 자유의지이다.

• KpV, A51~52

이렇게 준칙의 입법적 형식에 따라 규정되는 의지의 성질이 바로 **자유의지**임을 확인한 다음, 칸트는 이제 '의지가 자유롭다는 것을 전제하고, 이 의지를 필연적으로 규정하는 법칙'을 찾아보고자 합니다. 이를 위해 그는 다음과 같이 물어봅니다.

내가 묻는 것은, 무제약적으로 실천적인 것에 대한 우리의 **인식**이 어디에서 **시작**하는가, 자유에서 시작하는가 아니면 실천법칙에서 시작하는가 하는 것이다. 이 인식은 자유에서 시작할 수 없다. 자유의 최초 개념은 소극적이어서 우리는 자유를 직접적으로 의식할 수가 없기 때문이다. 그렇다고 경험에서 자유를 추리할 수도 없다. 경험은 우리에게 현상의 법칙만을, 그러니까 자유에 정반대되는 자연의 기계성만을 인식하게 하기 때문이다. 따라서 (우리가 의지의 준칙을 생각하자마자) 우리가 직접적으로 의식하게 되는 것은 **도덕법칙**이다. 도덕법칙이 우리에게 **먼저** 주어지는 것이다.

• KpV, A52~53

그렇다면 어떻게 도덕법칙을 의식하는 것이 가능할까요? 칸트는 우리가 순수한 이론적 원칙(예컨대 모순율이나 인과율 같은 것들)을 의식하는 것과 마찬가지로 순수한 실천적 법칙도 의식할 수 있다고 대답합니다. 그리고 순수한 지성의 의식이 순수한 이론적 원칙에서 나오듯이 순수한 의지의 개념도 순수한 실천적 법칙에서 나온다고 말합니다.

> 도덕성이 비로소 우리에게 자유 개념을 준다. 그리하여 **실천이성**이 먼저 사변이성에 이 자유 개념과 관련하여 해결 불가능한 문제를 제기하고, 이 개념으로 사변이성을 커다란 곤경에 빠뜨린다.
>
> • KpV, A53

이러한 사정은 앞서 우리가 살펴본 '순수 이성의 (셋째) 이율배반'에서 확인한 바 있습니다. 자연필연성과 자유의 이율배반에 대해, 전자는 현상계(감성계)에서 후자는 본체계(예지계)에서 모순 없이 성립 가능하다는 설명을 통해 해결한 바 있습니다.

여기서 칸트는 자유의 의식보다 도덕법칙의 의식이 먼저라는 것, 즉 우리는 도덕법칙을 통해 비로소 자유를 의식하게 된다는 사실을 인상적인 예화를 통해 역설합니다.

> 누군가가 자기의 성적 쾌락의 경향성에 대해 말하기를, 만일 자기에게 사랑스러운 대상과 즐길 기회가 온다면 자기는 이러한 경향성에 도저히 저항할 수 없을 것이라고 변명한다고 해 보자. 그러나 그가 이런 기회를 만난 집 바로 앞에 그런 향락을 누린 직후에 그를 달아맬 교수대가 설치되어 있다면, 그래도 과연 그가 자기의 경향성을 이겨 내지 못할 것인가. 그가 어떤 대답을 할지는 길게 생각할 필요도 없다.

그러나 그에게 그의 군주가 그를 즉시 사형에 처하겠다고 위협하면서 한 정직한 사람에 대하여 —이 사람은 그 군주가 그럴듯한 거짓 구실을 대어 파멸시키고 싶어 하는 사람인데— 위증할 것을 부당하게 요구한다고 할 때, 비록 생명에 대한 그의 사랑이 아무리 크다고 하더라도, 과연 그가 그것을 극복할 수 있으리라고 생각하는지 그렇지 않은지를 그에게 물어보라. 자신이 그렇게 할 수 있을지 없을지에 대해서 어쩌면 그는 확신하지 못할지도 모른다. 하지만 틀림없이 그는, 그런 일이 자신에게 가능하다는 것만은 주저 없이 시인할 것이다.

• KpV, A54

이리하여 칸트는 우리가 도덕법칙을 통해 자유를 인식하게 된다는 점을 확언합니다. "그[위 예화의 주인공]는 어떤 것을 해야만 한다고 의식하기 때문에 그것을 할 수 있다고 판단하며, 도덕법칙이 없었다면 자기에게 알려지지 않았을 자유를 자기 안에서 인식"합니다(KpV, A54). 여기서 우리는 "자유는 도덕법칙의 존재 근거이고, 도덕법칙은 자유의 인식 근거"(KpV, A5 각주)라는 사실을 다시금 확인하게 됩니다.

3. 정언명령이란 무엇인가?

명령의 의미

도덕의 선험적 성격(도덕 형이상학의 중요성)을 강조한 다음에 칸트는 **명령**(명법Imperativ)의 의미에 대해 설명합니다. 이는 인간이 어떠한 동기에 의해서 행동하는지를 명령의 형식을 통해 제시하고, 그중에서 도덕적인 행동의 형식을 제시함으로써 다른 동기에 의한 행동과 명확히 구분하려는 것입니다.

칸트는 우선 자연의 사물과 이성적인 존재 간의 차이를 지적합니다. 이성적인 존재의 행동 가운데 어떤 것이 도덕적인 행동인지를 설명하기 전에 우선 이성적인 존재의 특징을 밝히고자 하는 것입니다. 칸트에 따르면, 자연의 사물과 이성적인 존재의 차이는 무엇을 원인으로 하여 움직이느냐에 있습니다.

> 자연의 모든 사물은 법칙에 따라서 움직인다. 오직 이성적 존재만이 법칙의 **표상에 따라서**, 다시 말해 원리에 따라서 행위하는 능력, 또는 **의지**Wille를 지니고 있다. 법칙에서 행위를 이끌어 내려면 **이성**이 요구되므로, 의지는 다름 아닌 실천이성이다.
>
> • GMS, A36

자연의 사물은 자연법칙에 따라서 움직입니다. 하지만 이성적인 존재, 즉 인간은 단지 자연법칙에 따라서만 행동하지는 않습니다. 칸트의 표현을 빌리자면 그는 '**법칙의 표상²에 따라서**' 행동합니다. 여기서 법칙의 표상에 따른다는 것은 인간이 이성을 통해서 법칙을 스스

---

2 '표상'에 해당하는 독일어 Vorstellung은 '앞에(vor) 세우다(stellen)'라는 뜻을 지닌 'vorstellen'의 명사형으로서, 우리가 추구해야 할 '이상을 앞에 떠올리고 그것을 향해 나아가는 것'을 의미한다.

로 떠올리고 이를 바탕으로 행동한다는 뜻입니다. 인간은 이러한 이성 능력 덕분에 자연법칙과는 다른 법칙, 즉 도덕법칙을 떠올릴 수 있고 이 법칙에 맞게 스스로 행동할 수 있는 것입니다. 칸트는 이처럼 이성을 통해서 떠올린 원리에 따라 행동하는 능력을 **의지**, 또는 (실천을 가능하게 하는 이성이라는 의미에서) **실천이성**이라고 부릅니다.

칸트는 "이성이 의지를 완전하게 결정할 수도 있다"(GMS, A36)고 말합니다. 이는 경험적인 동기에 전혀 영향받지 않고 의지가 언제나 이성을 따르는 (신적인) 존재의 경우를 말하는 것입니다. 만약 이런 존재가 있다면 "그런 존재가 하는 행위들, 객관적으로 필연적이라고 인식된 행위들은 주관적으로도 필연적"(GMS, A36)일 것입니다. 즉 그가 주관적으로 어떤 행위를 하려고 마음먹는 것과 모든 사람이 보편적으로 수용할 수 있는 행위의 기준이 완전히 일치할 것입니다.

그러나 의지가 오로지 이성만을 따르지 않는 경우도 있습니다. 다시 말해서, 본능적 욕망과 같은 주관적 조건들에 얽매임으로써 (인간의 경우가 그렇듯이) 온전히 이성만을 따를 수 없는 의지도 있습니다. "이런 경우, 객관적으로는 필연적이라고 인식되는 행위일지라도 주관적으로는 우연적이라고 인식"(GMS, A37)될 것입니다. 즉 이성적으로는 어떤 행위를 해야 함을 알고 있어도, 다른 조건들의 영향 때문에 마땅히 해야 할 행위를 완수하지 못하는 경우가 생기는 것입니다.

이러한 상황에서 생겨나는 것이 **강제**입니다. 불완전한 의지, 즉 완전하게 선하지는 않은 의지(인간의 의지)가 객관적인 법칙을 바라볼 때 그것을 '강제'로 인식하게 된다는 것입니다. 쉽게 말하면, 우리 안에 있는 순수한 부분인 이성은 어떤 행동을 해야 한다는 것, 즉 **당위**Sollen

를 지시하지만, 우리 안에 있는 순수하지 못한 부분이 이러한 이성의 지시에 온전히 순종하지 않기 때문에 그 지시에 따르도록 압력을 가하는 것이 강제인 것입니다.

> 객관적 원리의 표상이 의지를 강제하게 될 때, 그것을 가리켜 (이성의) 지시명령Gebot이라 하고, 그러한 지시명령의 정식Formel을 가리켜 **명령**이라 한다.
>
> • GMS, A37

칸트에 따르면 완전히 선한 의지(신적인 의지)도 물론 객관적인 법칙을 따릅니다. 하지만 그 법칙을 따르도록 '강제된다'고 생각할 수는 없습니다. 그러한 의지는 자신의 주관적인 성질에 따르더라도 반드시 선한 것만을 지향할 것이기 때문입니다. 그러므로 신적인 의지에 대해서는 명령이 적용되지 않습니다. 이 경우에 당위를 말하는 것은 잘못입니다. 왜냐하면, 마음먹는 모든 것이 이미 그 자체로 법칙과 반드시 일치할 것이기 때문입니다. 따라서 명령이란 의욕의 객관적인 법칙이 (인간의 의지처럼) 주관적으로 불완전한 의지에 대해 갖는 관계를 표현하는 정식일 뿐입니다(GMS, A39).

가언명령과 정언명령

칸트는 '명령'이라는 개념을 통해 우리가 어떤 행위를 할 때 우리 마음속에서 일어나는 양상을 보여 주고 있습니다. 그 첫째 특징은 단순히 자연법칙에 따라서 피동적으로 움직이는 사물이나 동물과 달리 인간은 스스로 어떤 원리를 세우고 그 원리에 따라 행동할 수 있다는 점입니다. 둘째 특징은 이처럼 스스로 세운 원리라 할지라도 인간은 그것을 완전하게 지키지는 못한다는 점입니다. 마치 우리가 약속을 언제나 지키겠다고 결심할 수는 있지만, 이런저런 이유로 이러한 결심을 항상 지키지는 못하는 것처럼 말입니다.

칸트는 명령을 두 가지 종류로 나눕니다. 이는 우리가 행위할 때 스스로 세우게 되는 원리에 두 가지 종류가 있다는 것을 의미합니다.

첫째는 **가언명령**입니다. 이것은 "행위가 단지 **다른 어떤 것을 위한** 수단으로만 선할 때, 그런 행위를 하라고 명령하는"(GMS, A40) 것입니다. 어떤 행위를 오로지 그 행위 자체만을 위해서 하는 것이 아니라, 다른 목적을 달성하기 위한 수단으로 이용하는 경우가 여기에 해당합니다. 이 경우, 이러한 행위는 '단지 다른 목적을 위한 수단'으로 행해진 것이기 때문에, 그 다른 목적이 사라지면 그 행위의 가치도 함께 사라질 것입니다. 이는 마치 어떤 이익을 기대하고 상대방을 친절하게 대했던 사람이 그에게서 더 이상 이익을 기대할 수 없게 되었을 때 태도가 냉담하게 변하는 것과 비슷합니다.

둘째는 **정언명령**입니다. 이것은 "행위가 **그 자체로** 선하다고 생각될 때, 그러니까 그 자체로 이성에 따르는 의지에 필연적인 것으로, 즉 그런 의지의 원리로 생각될 때, 그런 행위를 하라고 명령하는"(GMS, A40) 것입니다. 이러한 행위는 '그 자체로 객관적으로 필연적'입니다. 다른 목적을 위한 행위가 아니기 때문에 그 자체로 그 행위를 하고자 하는 충분한 이유가 된다는 것입니다. 또한 이러한 행위는 '모든 이성적인 의지에게 필연적'인 것입니다. 즉 보편성을 지닙니다. 만약 다른 목적을 위해 행동한다면 모든 이성적인 존재에게 필연적일 수는 없습니다. 사람마다 자신이 추구하는 목적이 천차만별일 것이기 때문입니다. 그러나 정언명령은 자신의 선호나 자신이 처한 특수한 조건과 관계없이 모든 사람이 무조건 따라야만 하는 것입니다. 그가 어떤 목적을 지니고 있건 상관이 없을 뿐만 아니라, 심지어 다른 목적을 전혀 기대할 수 없고 고통만을 가져다준다고 할지라도 그래야만 하는 것입니다.

숙련의 명령, 영리함의 명령, 도덕성의 명령

칸트는 가언명령을 다시 두 가지로 나눕니다. '숙련의 명령'과 '영리함의 명령'이 그것입니다. 이들 명령은 어떤 다른 목적을 전제로 한다는 점에서는 같지만, 전제로 하는 목적이 '가능성으로 존재'하느냐, '실제로 존재'하느냐에 따라 서로 구별됩니다.

숙련의 명령에서 목적은 '가능성으로 존재'합니다. 여기에서 목적이 가능성으로 존재한다는 것은 아직 구체적인 목적이 정해지지 않았다는 것을 의미하며, 따라서 숙련의 명령은 최종 목적이 어떤 것으로 설정되든 그것과 상관없이 해야 할 행위를 지시하는 것입니다. (이러한 가언명령을 **개연적**problematisch 실천원리라고 합니다) 자신이 미래에 어떤 일을 하며 살아야 할지 진로를 아직 결정하지 못한 학생이 있다고 합시다. 자신의 꿈을 아직 모른다고는 하지만, 이 학생이 자신의 능력을 전혀 개발하지 않고 가만히 있지는 않을 것입니다. 왜냐하면, 비록 구체적인 진로가 불확실하다 해도 이와 상관없이 일반적으로 갖추어야 할 능력들이 있기 때문입니다. 이를테면 원만한 인간관계를 유지하는 능력, 컴퓨터를 잘 다루는 능력, 자신의 의견을 논리적으로 표현하는 능력, 기본적인 외국어 능력 등이 여기에 해당할 것입니다. 이러한 능력들은 최종 목적과 관계없이 일반적으로 필요한 것들이기 때문에 여기에 숙련되면 숙련될수록 좋을 것입니다. 그래서 숙련의 명령은 미리미리 이러한 능력들을 갖추도록 지시하는 것입니다.

> 여기[숙련의 명령]에서 [최종] 목적이 이성적인지 선한지는 전혀 중요하지 않으며, 단지 그 목적에 이르기 위해 우리가 무엇을 해야 하는지 하는 것만이 중요하다.
>
> • GMS, A41

그러나 여기에는 중요한 점이 한 가지 빠져 있습니다. 아무리 숙련을 통해 그러한 능력들을 갖춘다 해도, 그 능력들이 선한 목적을 위해 사용된다면 선한 행동이 되겠지만, 반대로 악한 목적을 위해 사용된다면 악한 행동이 될 것이라는 사실입니다.

영리함의 명령에서 목적은 '실제로 존재'합니다. 실제로 존재한다는 것은 행위자에게 이미 행위의 목적이 주어져 있다는 것을 의미합니다. 그러므로 영리함의 명령은 이미 주어진 목적을 달성하기 위한 수단을 지시하는 것입니다. (이러한 가언명령을 **실연적**assertorisch 실천원리라고 합니다) 여기에서 칸트가 이미 주어져 있는 것으로 가정하는 목적은 **행복**입니다.

모든 이성적 존재가 아마도 **가질 수 있을** 뿐만 아니라, 자연필연성에 따라 모두 **가지고 있다**고 확실하게 전제할 수 있는 하나의 의도가 있다. 그것은 바로 **행복**하고자 하는 의도이다.

• GMS, A42

모든 사람은 이처럼 자신의 행복을 추구하려는 목적을 이미 가지고 있으므로, 이러한 목적을 달성하기 위한 수단을 선택하는 행위는 '영리한' 행위라고 할 수 있습니다. 사람 중에는 오로지 장래에 자신에게 가져다줄 이익과 행복을 최대화하기 위해서만 행위하는 사람이 있을 수 있습니다. 이런 사람은 다른 사람을 만날 때도, 공부를 할 때도, 일을 할 때도 오직 자신의 행복 증진에만 관심이 있을 것입니다. 이런 사람의 행위에 대해 우리는 '영리하다'고 말하기는 해도 '도덕적'이라고 말하지는 않습니다. 왜냐하면, 영리한 행위는 어떤 행위가 그 자체로 옳기 때문에 무조건적으로 행하는 도덕적 행위와는 다른 것이기 때문입니다.

도덕성의 명령에서는 그 명령의 이유가 되는 목적이 따로 존재하지 않습니다. 오로지 명령 그 자체가 목적입니다.

끝으로, 어떤 행위를 함으로써 이루고자 하는 다른 아무런 의도도 조건으로 두지 않은 채, 그 행위를 직접적으로 지시하는 명령이 있다. 이런 명령은 **정언적**이다. 정언명령은 행위의 내용이나 결과와 관련되는 것이 아니라, 그 행위 자체가 따르는 형식이나 원리와 관련된다. 행위의 본질적인 선은, 그 행위의 결과가 어떠하든, 마음씨에 있다. 이러한 명령을 일컬어 **도덕성**의 명령이라 할 수 있다.

• GMS, A43

칸트에 따르면 이러한 정언명령만이 진정한 명령이라 부를 만합니다. (이러한 정언명령을 **필연적**apodiktisch 실천원리라고 합니다) 이제까지 설명한 세 가지 명령을 요약하면, 첫째를 숙련의 **규칙**, 둘째를 영리함의 **충고**, 셋째를 도덕성의 **명령(법칙)**이라 부를 수 있습니다(GMS, A43).

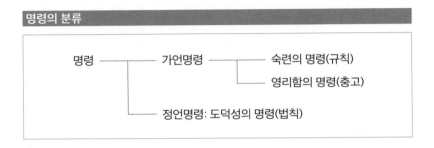

명령의 분류

명령 ─┬─ 가언명령 ─┬─ 숙련의 명령(규칙)
      │   └─ 영리함의 명령(충고)
      └─ 정언명령: 도덕성의 명령(법칙)

숙련의 명령과 영리함의 명령을 따르게 되는 이유

다음으로 칸트는 이러한 명령들이 "어떻게 가능한가?" 하는 물음을 던집니다(GMS, A44). 이 물음은 명령된 행위를 어떻게 실행할 수 있는지, 즉 실행 가능성을 묻는 것이 아니라, 그 행위를 왜 해야 하는지, 즉 구속력의 근거를 묻는 것입니다.

칸트에 의하면 **숙련의 명령**이 '어떻게 가능한지'에 대해서는 특별히 논할 필요가 없습니다. "목적을 이루고자 원하는 사람이라면 누구나 그 목적을 이루는 데 필요한 수단도 함께 원하기"(GMS, A45) 때문입니다. 이처럼 숙련의 명령은 그 목적을 이루기 위해 필요한 행위의 개념을 그 목적을 원한다는 개념에서 이끌어 냅니다. 즉 '네가 이 목적

여덟 번째 강의, '도덕법칙'이란 무엇인가?

을 원한다면 너는 당연히 이 수단을 행해야 한다'라는 식으로 그 명령의 근거를 정당화할 수 있습니다.

영리함의 명령도, 만약 행복의 개념을 쉽게 제시할 수만 있다면, 숙련의 명령과 완전히 일치한다고 칸트는 말합니다. 그러나 이 행복의 개념을 제시하는 일이 쉽지 않다는 것을 칸트는 다음과 같이 인상적으로 설명합니다.

> 불행하게도 행복이라는 개념은 아주 막연한 개념이어서, 모든 사람이 그것을 얻고자 원하지만 자기가 정말로 무엇을 원하고 의욕하는지는 결코 명확하고 일관되게 말할 수가 없다. 그 이유는, 행복의 개념에 속하는 모든 요소는 다 경험적이고, 즉 경험으로부터 빌려 와야 하기 때문이고, 그럼에도 행복의 이념을 위해서 절대적 전체, 즉 나의 현재 상태와 미래의 모든 상태에서 안녕의 최대치가 필요하기 때문이다. 하지만 아무리 통찰력이 있고 능력이 뛰어나다고 하더라도 유한한 존재자가 자신이 여기서 정말로 원하는 것이 무엇인지에 관한 명확한 개념을 가지는 것은 불가능하다.

> • GMS, A46

사실 행복이 무엇인지는 사람에 따라, 또 처한 여건에 따라 크게 달라질 수 있습니다. 돈이 없어 서러운 사람은 부富를, 병 때문에 고생하는 사람은 건강과 장수를, 사회적 지위를 중시하는 사람은 권력과 명예를 무엇보다 원할 것입니다. 그리고 이러한 부, 건강, 명예가 행복을 가져다줄 것이라는 막연한 기대가 존재하는 것은 사실이지만,

그것이 과연 행복을 보증해 주는지는 언제나 불명확한 것입니다. 그래서 우리는 "무엇이 우리를 참으로 행복하게 해 줄 것인지를 어떤 원칙에 따라서 완전한 확신을 지니고 결정할 수가 없는데, 왜냐하면 그렇게 하기 위해서는 전지전능해야 하기 때문"입니다(GMS, A47).

결국, 칸트는 '영리함의 명령은 성립할 수 없다'고 결론 내립니다. 그것은 "이성의 명령이라기보다 이성의 권고"에 불과하며, 따라서 '행복을 주는 행위를 하라!'라는 명령은 결코 가능하지 않다는 것입니다 (GMS, A47).

정언명령을 따라야 하는 이유

비록 종류를 나누어서 설명했지만, 숙련의 명령을 따르는 이유와 영리함의 명령을 따르는 이유는 동일합니다. 어떤 목적이 주어지면 그 목적을 달성하기 위한 수단이 되는 행동은 자연스럽게 따라오는 것입니다. 다시 말해서, 주어진 목적을 이루려고 마음먹은 사람은 그것에 이르는 수단도 실행하려고 마음먹어야만 한다고 명령하는 것입니다. 따라서 그러한 명령이 어떻게 가능한지, 즉 그러한 명령이 가진 구속력의 근거가 무엇인지를 납득하는 것은 어렵지 않습니다. 하지만 "**도덕성**의 명령이 어떻게 가능한지"에 대해서는 대답하기가 쉽지 않습니다. 왜냐하면, 도덕성의 명령, 즉 정언명령의 경우에는 행위를 통해 얻고자 하는 다른 목적이 전제되어 있지 않기 때문입니다. 그래서 가언명령의 경우처럼 어떤 주어진 '전제' 조건에서 행위의 객관적인 필연성을 이끌어 낼 수 없기 때문입니다(GMS, A48).

여기서 칸트는 한 가지 주의할 점이 있다고 말합니다. 그것은 정언명령의 존재가 결코 경험적 실례를 통해서는 입증될 수 없다는 점입니다. 이 점을 설명하기 위해 칸트는 앞서 살펴보았던 '거짓 약속의 예'를 다시 듭니다. '거짓 약속을 하지 마라!'라는 명령은 나중에 그 거짓이 폭로되어 신용을 잃지 않기 위해서 거짓 약속을 하지 말라는 것이 아닙니다. 그렇게 명령하는 이유는 거짓 약속이 그 자체로 악하기 때문입니다. 그래서 우리는 그러한 명령을 정언적인 것이라고 인정합니다. 하지만 이 경우, 의지가 아무런 다른 동기 없이 오로지 그 명령이 법칙이기에 그것을 따르기로 결정한 것처럼 보인다고 할지라도, 이것을(우리가 그렇게 하기로 마음먹었다는 것을) 어떤 실례로도 확실하게 입증할 수는 없습니다. 왜냐하면, 거짓이 탄로 나서 나중에 창피를 당할지도 모른다는 두려움 등이 우리의 의지에 영향을 미쳤을 수도 있기 때문입니다. 이런 이유로 칸트는 "**정언**명령의 가능성은 전적으로 아프리오리하게 탐구하지 않으면 안 된다"고 주장합니다(GMS, A49).

그런데 칸트에 따르면 정언명령의 가능성을 통찰하기는 매우 어렵습니다. 그것은 정언명령이 '아프리오리한 종합적·실천적 명제'이기 때문입니다(GMS, A50). '아프리오리하다'는 것은 경험적 실례를 통해 입증할 수 없다는 의미이고, '종합적'이라는 것은 전제된 어떤 목적을 분석함으로써 그 명령의 근거를 파악할 수 없다는 의미입니다.

> 나는 어떤 경향성에서 나온 전제된 조건 없이 행위를 의지와 아프리오리하게, 그러니까 필연적으로 연결한다. … 그러므로 이것은 실천적 명제이다. 실천적 명제는 어떤 하나의 행위를 하려는 의욕 작용이 이미 전제된 다른 하나의 의욕 작용에서 분석적으로 도출되는 것이

아니다. (왜냐하면, 우리는 그렇게 완벽한 의지를 갖고 있지 않기 때문이다) 오히려 그것은 그런 의지라는 개념에 포함되어 있지 않은 어떤 것, 즉 이성적 존재자로서의 의지 개념[이성의 이념]과 직접적으로 연결되는 명제이다.

● GMS, A50 각주

이는 곧 정언명령이란 경향성을 지배할 수 있는 이성의 이념을 통해 비로소 가능해진 명령임을 의미합니다. 여기서 칸트는 '도덕성의 명령이 어떻게 가능한지'에 대한 대답은 일단 뒤로 미루어 두고, 먼저 정언명령이라는 '개념'으로부터 곧바로 정언명령의 '정식Formel'이 도출되지는 않는지를 시험해 보려고 합니다(GMS, A51). 즉 도덕적 명령이라면 반드시 지니고 있어야만 하는 형식적 조건을 찾아내려는 것입니다.

이것으로 여덟 번째 강의를 마칩니다. 이 강의에서는 **도덕법칙**에 대해 다루었는데, 도덕법칙이 무엇인지 이해하기 위해서는 먼저 '준칙'을 검토해야 합니다. 준칙이란 행위의 주관적 원리입니다. 준칙이 보편적으로 적용되어도 아무 문제가 없다고 확인될 경우, 준칙은 객관적 원리인 '법칙'이 됩니다. 칸트 윤리학에서 도덕법칙이란 '어떤 준칙이 과연 보편적 법칙 수립의 원리로 통용될 수 있는지'를 검증하는 형식적 틀로 기능합니다. 따라서 도덕법칙은 "나는 **나의 준칙이 보편**

적인 법칙이 되어야 한다고 내가 또한 바랄 수 있도록 오로지 그렇게 행동해야만 한다"(GMS, A17)라는 명제로 표현됩니다.

도덕법칙이 이렇게 '명령'의 형식을 띤다는 것은 한편으로 우리의 **자유의지**를 입증해 주는 셈입니다. 명령이란 자유의지를 지닌 존재에게만 가능한 개념이기 때문입니다. 이 명령에는 **가언명령과 정언명령**이 있습니다. 전자가 '다른 목적을 달성하기 위한 수단으로서 선한 행위'를 명령하는 것이라면, 후자는 '오로지 그 자체로 선한 행위'를 명령하는 것입니다. 정언명령은 '아프리오리한 종합 명제'이기 때문에, 그 명령의 당위성은 경험적으로 정당화될 수 없고 어떤 전제된 목적을 분석함으로써 정당화될 수도 없습니다. 그것은 오로지 '이성의 이념'을 통해서만 정당화될 수 있습니다.

그렇다면 우리의 실제 삶에서 도덕법칙, 즉 정언명령은 어떻게 적용될 수 있을까요? 이제 다음 강의에서 여러분은 정언명령의 정식들의 적용 사례를 통해 도덕법칙의 적용 방식을 알게 될 것입니다.

도덕법칙은
어떻게 적용될 수 있는가?

―정언명령의 정식들의 적용 사례―

Immanuel Kant,

Werke in zehn Bänden, Hrsg. v. W. Weischedel

Kritik der reinen Vernunft   Kritik der praktischen Vernunft

Kritik der Urteilskraft   Grundlegung zur Metaphysik der Sitten

Prolegomena zu einer jeden künftigen Metaphysik, die als Wissenschaft
wird auftreten können

Die Metaphysik der Sitten Tugendlehre Rechtslehre

Die Religion innerhalb der Grenzen der bloßen Vernunft

Über Pädagogik   Eine Vorlesung über Ethik

Idee zu einer allgemeinen Geschichte in weltbürgerlicher Absicht

Untersuchung über die Deutlichkeit der Grundsätze der natürlichen
Theologie und der Moral

칸트의 정언명령의 정식은 여러 가지로 표현될 수 있지만 가장 대표적인 것은 '보편 법칙의 정식'과 '목적 자체의 정식', 두 가지입니다. 전자는 어떤 준칙이 과연 보편화될 수 있는지를 검증하는 정식이고, 후자는 어떤 준칙이 과연 인간을 목적 그 자체로 존중하는지를 검증하는 정식입니다. 만약 이러한 검증을 통과하지 못한다면 그 준칙은 도덕법칙이 될 수 없고, 따라서 그런 준칙에 입각한 행위는 하면 안 되는 것입니다.

1. 보편 법칙의 정식(보편주의)

법칙의 보편성에 부합하는 준칙

칸트가 보기에 가언명령은 완전한 형식으로 제시될 수 없습니다. 왜냐하면, 어떤 조건이 주어지느냐에 따라 어떻게 행동해야 할지가 달라지기 때문입니다. 또 일정한 목적이 주어졌다고 할지라도 개개인의 성향과 특성에 따라 그 목적을 달성하기 위한 방식이 다양할 수 있기 때문입니다. 하지만 정언명령은 완전한 형식으로 제시할 수 있습니다. 정언명령은 어떤 목적이 주어지는지, 개개인이 어떤 성향을 가지고 있는지와 무관한 명령이기 때문입니다. 그래서 정언명령에서는 모든 외적 조건이나 목적이 무시됩니다. 행위를 통해 기대되는 '행복'을 고려할 필요도 없고, 그 행위의 '효율성'을 따질 필요도 없으며, 자신의 '성향'에 맞지 않아도 상관이 없습니다. 이처럼 도덕적인 명령은 "법칙을 제한할 어떤 조건도 포함하지 않기 때문에 남는 것은 오직 행위의 준칙이 법칙의 보편성에 부합해야 한다는 것뿐"입니다(GMS, A51). 즉 모든 조건을 제외하였기 때문에 '이성적인 존재 일반(모든 사람)에게 적용되어야 한다'는 보편성만 남는다는 것입니다. 이는 도덕의 영역에서는 개개인이 지닌 모든 내적·외적 조건을 떠나 모든 사람이 완전히 평등하다는 것을 의미합니다. 이것을 형식적인 문장으로 나타내면 다음과 같습니다.

> 네 준칙에 따라서 행위하되, 그 준칙이 보편적 법칙이 될 것을 네가 동시에 원할 수 있는 그런 준칙에 따라서만 행위하라.
>
> • GMS, A52

이를 좀 더 이해하기 쉽게 설명하기 위해 칸트는 다음과 같은 말로 바꾸어 표현하기도 합니다.

> 네 행위의 준칙이 네 의지에 의해서 마치 보편적 자연법칙이 되어야 할 것처럼 그렇게 행위하라.
>
> • GMS, A52

둘째 문장이 첫째 문장에 비해 달라진 부분은 '자연법칙이 되어야할 것처럼'이라는 표현이 추가된 것뿐입니다. 요약하자면 첫째 문장의 '보편적 법칙'이라는 표현이 '보편적 **자연**법칙'으로 변한 것뿐입니다. 이 둘은 사실상 동일한 의미를 지닙니다. 자연법칙이야말로 자연의 모든 사물에 예외 없이 적용되는 '보편적' 법칙이기 때문입니다. 이는 도덕법칙이라는 눈에 보이지 않는 세계의 법칙을 자연법칙이라는 눈에 보이는 세계의 법칙에 비유하여 쉽게 설명하고자 한 것에 불과합니다. 도덕세계의 법칙도 자연세계의 법칙과 마찬가지로 보편적이고 예외 없이 적용되어야 함을 보여 주려는 것입니다.

보편 법칙의 정식(보편주의)에 따라 의무를 검토함

도덕적 명령의 완전한 형식을 제시한 칸트는 이제 이러한 형식이 어떻게 활용될 수 있는지를 구체적인 사례를 통해서 보여 주고자 합니다. 이것을 그는 의무의 종류를 분류하는 당시의 통념에 따라, 즉 자기 자신에 대한 의무냐 아니면 타인에 대한 의무냐, 또는 완전한 의무냐 아니면 불완전한 의무냐에 따라 네 가지로 설명합니다.

완전한 의무는, 어떤 행위의 준칙이 보편적 자연법칙이 될 수 있을지를 생각해 볼 때, 언제나 내적 모순에 빠짐으로써 결코 이러한 준칙을 우리의 법칙으로 삼을 수는 없는 경우에 해당합니다. 이러한 행위는 보편화될 수 없기 때문에 절대로 해서는 안 된다는 것입니다. 칸트는 이러한 행위의 예로 자기 자신에 대해서는 '자살'을, 타인에 대해서는 '거짓 약속'을 들고 있습니다.

첫째 예는 삶이 너무 고통스러워서 **자살**을 생각하는 사람의 경우입니다. 검토할 준칙은 이렇습니다. "더 사는 경우 나의 삶이 행복하기보다는 더욱 고통스러워질 것이 분명하다면, 나는 나 자신을 사랑하는 마음에서 내 생명을 단축시키는 것을 원리로 삼겠다." 그런데 칸트에 따르면 이러한 자기 사랑의 준칙은 우리의 이성적 검증을 통과할 수 없습니다. 왜냐하면, 그것은 보편적 자연법칙이 될 수 없기 때문입니다. 원래 우리가 느끼는 고통의 감각은 삶을 촉진하기 위한 것입니다. 통증은 우리를 괴롭게 만드는 측면이 있지만, 사실은 위험으로부터 우리 몸을 지켜 줌으로써 삶을 유지하는 데 큰 도움을 줍니다. 그러므로 "생명을 촉진하는 것이 사명인 [고통의] 감각 때문에 생명 자체를 파괴하는 것이 자연의 법칙이라면, 그러한 자연은 자기모순을 범하는 셈이고, 더 이상 자연으로서 유지될 수 없을 것"입니다(GMS, A53~54). 이리하여 칸트가 보기에, 삶이 고통스럽다고 해서 자살을 하겠다는 준칙은 '자기 자신에 대한 완전한 의무'에 위배되는 경우에 해당합니다.

둘째 예는 **거짓 약속**의 경우입니다. 돈이 궁한 어떤 사람이 돈을 갚을 수 없다는 것을 뻔히 알면서도 반드시 갚겠다고 약속하고 돈을 빌리는 사례입니다. 이 경우의 준칙은 다음과 같습니다. "나는 돈이 궁하면 돈을 빌릴 것이고, 내가 결코 돈을 갚을 수 없으리라는 것을 안다고 하더라도 반드시 갚겠다고 약속할 것이다." 이제 이 준칙을 검증하기 위해 우리는 다음과 같이 물어볼 수 있습니다. "만약 나의 준칙이 보편적인 법칙이 된다면, 사태는 어떻게 될 것인가?"(GMS, A54) 이 물음에 대한 대답은, 이러한 준칙은 결코 보편적인 자연법칙으로 통용될 수 없고, 오히려 필연적으로 자기모순에 빠질 수밖에 없다는 것입니다. 왜냐하면, 모든 사람이 자기가 곤경에 처할 때마다 지킬 생각도 없으면서 거짓으로 약속할 수 있다는 것이 보편적인 법칙이 된다면, 약속이라는 것도 약속을 통해 이루려 하는 목적 자체도 불가능해질 것이기 때문입니다. 따라서 칸트의 결론은, 거짓 약속의 준칙은 '타인에 대한 완전한 의무'에 위배된다는 것, 즉 우리는 어떤 경우에도 거짓 약속을 해서는 안 된다는 것입니다.

불완전한 의무는, 행위의 구속력이 완전한 의무보다는 약한 경우를 가리킵니다. 즉 어떤 행위의 준칙이 보편적 자연법칙이 될 수 있을지를 생각해 볼 때, (완전한 의무의 경우처럼) 반드시 내적 모순에 빠지는 것은 아니나, 그렇다고 해서 그런 준칙을 보편적인 자연법칙으로 바랄 수는 없는 경우에 해당합니다. 이러한 행위의 예로 칸트는 자기 자신에 대해서는 '자신의 타고난 소질을 확장하고 개선하지 않음'을, 타인에 대해서는 '타인의 어려운 처지를 돕기 위해서 노력하지 않음'을 들고 있습니다.

셋째 예는 타고난 재능을 가진 사람이 그것을 개발하기보다 쾌락에만 빠져 사는 경우입니다. 이 사람에게 우리는 다음과 같이 물어볼 수 있습니다. "자신의 타고난 재질을 묵혀 두라는 그의 준칙이, 오락으로 이끌리는 그의 성격에는 잘 맞겠지만, 의무라는 것에도 역시 맞겠는가?" 자신의 타고난 재능을 개발하지 않는 것이 보편적인 법칙이 되어도 사회는 아마 유지될 수 있을 것입니다. 이 경우는 위의 거짓 약속의 예처럼 사회 전체의 신뢰를 무너뜨리는 것과 같은 위험을 내포하지는 않기 때문입니다. 그러나 그가 이러한 준칙이 보편적인 자연법칙이 되기를 바라거나, 그런 자연법칙이 우리 안에 자연적 본능으로 자리 잡기를 바랄 수는 없습니다(GMS, A55~56). 이성적인 존재라면 누구나 자기가 가진 모든 능력이 제대로 발휘되기를 바랄 것이기 때문입니다. 따라서 **자신의 타고난 재능을 개발하는 것**은 '자기 자신에 대한 불완전한 의무'에 해당한다고 볼 수 있습니다.

넷째 예는 곤경에 빠진 타인을 보아도 이를 돕지 않는 사람의 경우입니다. 이 사람의 생각은 다음과 같습니다. "그의 처지가 나와 무슨 상관이란 말인가? 모든 사람은 하늘의 뜻만큼, 또 자기의 능력만큼만 행운을 얻을 것이고, 나는 그에게서 아무것도 빼앗지 않을 것이며 결코 그를 시샘하지도 않을 것이다. 나는 다만 그의 안녕을 위해서나 그의 곤경을 돕기 위해 힘을 보탤 생각이 없을 뿐이다!"(GMS, A56) 물론 이와 같은 사고방식이 보편적인 자연법칙이 된다고 해도 인류는 충분히 존속할 수 있을 것입니다. 그러나 칸트에 따르면, 그러한 원리가 자연법칙으로서 보편적으로 적용되기를 바라는 것은 여전히 불가능합니다. "왜냐하면, 그런 것을 바라는 의지는 자기 자신과 상충하기 때문"입니다. "즉 그는 타인의 사랑과 동정을 필요로 하면서도 자신의 의지에서 비롯한 자연법칙 때문에 자신이 기대하는 모든 희망과 도움 자체를 스스로 빼앗는 셈이 되기 때문"입니다(GMS, A56~57). 그러므로 **곤경에 빠진 타인을 돕는 것**은 '타인에 대한 불완전한 의무'에 해당한다고 볼 수 있습니다.

의무의 분류

	완전한 의무	불완전한 의무
자기 자신	자살 금지	타고난 재능 개발
타인	거짓 약속 금지	타인 구제

아홉 번째 강의, **도덕법칙은 어떻게 적용될 수 있는가?**

칸트에 따르면, 우리는 의무를 위반할 때마다 우리 자신을 돌아보게 되는데, 이때 우리는 우리의 준칙이 보편적 법칙이 되기를 바라지 않는다는 사실을 깨닫게 됩니다. 즉 의무를 위반할 때, "우리는 단지 우리 자신을 위해서 또는 (단지 이번 한 번만이라도) 우리 경향성의 이익을 위해서 그 법칙에서 **예외**가 되는 자유를 가져 보려"(GMS, A58) 합니다. 이는 우리의 의지가 이성을 따를 수도 있지만 동시에 경향성을 따를 수도 있기 때문에 생기는 현상입니다. 이처럼 이성의 지침에 대한 경향성의 저항을 우리 스스로 느끼고 있고 또 법칙과 준칙 사이의 갈등을 알고 있으면서도, 우리는 정언명령의 타당성을 사실상 인정하고 있고 또 그것을 존경하고 있음을 고백할 수밖에 없습니다.

경험적 요소에 영향받는 '준칙', 이성에 근거한 '법칙'

앞서 우리는 도덕법칙이 충동이나 경향성 같은 경험적 요소에 근거한 것이 아니라는 점을 살펴보았습니다. 같은 맥락에서 칸트는, 도덕법칙은 절대로 **인간 본성의 특수한 성질로부터 도출되어서는 안 된**다는 점을 강조합니다(GMS, A59).

> 인간성의 특수한 자연 소질에서 나오는 것, 어떤 감정이나 성벽에서 나오는 것, 더 나아가 인간 이성에 고유한 것이기는 하지만 모든 이성적 존재자의 의지에 반드시 타당하지는 않은 특수한 성향에서 도출된 것은 우리에게 준칙을 제공할 수는 있어도 결코 법칙을 제공할 수는 없다. 즉 성벽이나 경향성을 지닌 우리가 행할 때 따르게 되는 주관적 원리를 제공할 수는 있어도, 설사 우리의 모든 성벽, 경향성, 자연적

성향의 저항이 있을지라도 [그것을 넘어] 우리가 행위할 때 **지시받으며** 따라야 할 객관적 원리를 제공할 수는 없다.

• GMS, A60

위의 인용문에서 눈에 띄는 부분은, 칸트가 인간 본성의 특수한 성질로서 감정이나 경향성만을 이야기하는 것이 아니라 '인간의 이성에만 적용되고 모든 이성적 존재자의 의지에는 적용될 수 없는 특수한 성향'을 언급한다는 점입니다. 이것은 아마도 인간적 이성과 신적 이성, 유한한 인간의 의지와 완전한 신적 의지를 대비시킴으로써 '도덕법칙을 의식하면서도 거기에 반하는 준칙을 채택'하는 인간 의지의 한계를 지적하는 것일 것입니다.[1]

이어서 칸트는 이러한 성향이나 경향성과 같은 주관적 원인들이 객관적 원리에 반하면 반할수록 그 도덕적 명령의 숭고함과 위엄은 더 높아지고 법칙의 강제력과 타당성은 더욱 확고해진다고 주장합니다. 그래서 이제 남은 과제는 "도덕성의 원리에 덧붙여진 것으로서, 도덕성의 원리에 전적으로 부적합할 뿐만 아니라 도덕의 순수성 자체를 크게 훼손하는"(GMS, A61) 모든 경험적인 요소를 제거함으로써 오로지 이성에만 근거한 순수한 도덕의 근본원칙을 확립하는 일입니다. 이것이 바로 순수한 도덕철학(도덕 형이상학)의 과제입니다.

---

1 후기의 저서 『이성의 한계 안에서의 종교』에서 칸트는 도덕법칙을 의식하면서도 거기에 반하는 악한 준칙을 채택하는 인간 의지의 유한성을 '의지의 나약함, 불순함, 부패'의 3단계로 구분하여 설명하고 있다(Rel., B22~23).

2. 목적 자체의 정식(인격주의)

목적 그 자체로서 존재하는 인격

칸트에 따르면 "의지란 **어떤 법칙의 표상에 맞게** 행위하도록 자기 자신을 규정하는 능력"입니다. 그리고 이러한 능력은 오직 이성적 존재에게서만 찾아볼 수 있습니다(GMS, A63). 그리고 의지를 움직이는 것은 목적인데, 목적에는 개개인의 경향성에 의해 주어진 주관적 목적과 이성에 의해 주어진 객관적 목적이 있습니다. 주관적 목적은 모두 상대적입니다. 그것은 각자의 특정한 욕구와 관련해서만 가치를 가지기 때문입니다. 이러한 가치는 모든 이성적 존재에게 보편적이고 필연적으로 적용되는 원리, 즉 실천법칙을 제공할 수 없습니다. 그러므로 이러한 주관적이고 상대적인 목적들은 가언명령의 근거가 될 수 있을 뿐입니다. 반면에 "**그것의 현존이 그 자체**로 절대적 가치를 지니고, **목적 그 자체**로서 일정한 법칙의 근거가 될 수 있는 어떤 것이 있다고 가정해 본다면, 그것 안에 그리고 오직 그것 안에만, 가능한 정언명령의 근거, 즉 실천법칙의 근거가 놓여 있을 것"입니다(GMS, A64). 이렇게 절대적 가치를 지닌 것, 목적 그 자체가 될 수 있는 것은 무엇일까요? 그것은 인간과 같은 이성적 존재뿐이라고 칸트는 말합니다.

인간은, 그리고 일반적으로 모든 이성적 존재는 **목적 그 자체로서 존재**하며, 이런저런 의지가 마음대로 사용하기 위한 **단순한 수단으로서 존재하는 것이 아니다.** 따라서 인간과 모든 이성적 존재는 모든 행위에서, 즉 자신에게 하는 행위든 다른 이성적 존재에게 하는 행위든 간에, 언제나 **동시에 목적으로** 간주되어야 한다.

• GMS, A64~65

경향성의 대상이 되는 것은 오직 수단적이고 상대적인 가치만을 지닙니다. 값비싼 명품을 예로 들어 봅시다. 많은 사람은 이른바 명품을 좋아합니다. 명품 가방, 명품 구두를 갖고 싶어 하고, 이러한 것들을 소유한 사람을 부러워하기도 합니다. 하지만 명품에 별로 관심이 없는 사람도 있습니다. 이런 사람은 대개 명품보다 값싸고 실속 있는 제품을 더 선호합니다. 그것이 훨씬 합리적이라고 생각하기 때문입니다. 명품에 끌리지 않는 사람에게 명품이란 그다지 가치 있는 대상이 아닙니다. 이처럼 물건의 가치란 사람의 필요(선호)에 의해 생겨나는 것이므로 그 필요의 정도에 따라 상대적일 수밖에 없습니다. 비단 명품만이 아니라 모든 경험적인 것은 다 마찬가지입니다. 막강한 권력이나 엄청난 부富도, 그것을 원하는 사람에게는 가치 있는 것이겠지만, 권력욕이나 재물욕이 없는 사람에게는 별 의미를 갖지 않습니다.

이처럼 이성이 결여된 존재, 즉 **물건**Sache은 수단적이고 상대적인 가치만을 지니는 데 반해, 이성적인 존재, 즉 **인격**Person은 목적 그 자체로서 절대적인 가치를 지닌다고 칸트는 말합니다(GMS, A65).

모든 경험적인 것은 인간이 있음으로써 비로소 가치를 가지게 되고, 인간에 의해서 그 가치가 매겨집니다. 위의 예에서 보듯이 명품이나 부도 마찬가지입니다. 아무리 이러한 것들이 귀하게 여겨진다고 할지라도 이러한 것들의 가치가 인간의 가치를 뛰어넘을 수는 없습니다. 인간은 가치를 부여하는 당사자로서 모든 경험적인 것 위에 있습니다. 그는 가치라는 것 자체가 생겨나는 근원이요, 언제나 절대적인 가치를 지니는 존재입니다.

그러므로 인간은 거래의 대상이 될 수 없습니다. 인간은 상대적 가치를 지닌 존재가 아니기 때문입니다. 타인을 대할 때에도 언제나 이 점을 염두에 두어야 합니다. 자기가 자기 자신을 절대적 가치를 지닌 존재로 여기는 것과 마찬가지로 상대방도 그렇게 여겨야 합니다. 따라서 상대방을 단지 자신의 목적을 달성하기 위한 수단으로 삼아서는 안 됩니다. 인간관계의 많은 문제는 상대방을 목적으로 대우하지 않기 때문에 발생합니다. 만약 남편이 부인을 단지 자신을 뒷바라지하고 자신에게 필요한 것을 제공해 주는 수단으로 생각한다면, 그는 목적 그 자체로서 존재하는 한 인간의 인격을 무시하는 셈이 됩니다. 만약 부모가 자식을 자신의 못다 이룬 꿈을 대신 이루어 줄 수단으로 여기거나, 우리가 친구를 단지 우리의 외로움을 달래 주고 우리의 인기와 명예를 위해 필요한 존재쯤으로 여긴다면 이것 또한 항상 목적으로 대우해야 할 한 인간의 인격을 무시하는 것에 해당합니다.

이상의 논의로부터 칸트는 이제 도덕성의 명령을 표현하는 또 하나의 정식을 제시합니다. 그것은 준칙의 보편화 가능성을 담은 첫 번째 정언명령의 정식에 이은 두 번째 것에 해당합니다.

너의 인격에서나 다른 모든 사람의 인격에서 인간성[2]을 언제나 동시

에 목적으로 대하고, 결코 단지 수단으로 대하지 않도록, 그렇게 행위
하라.

• GMS, A66~67

목적 자체의 정식(인격주의)에 따라 의무를 검토함

이제 칸트는 인간을 목적 그 자체로 대우하라는 명제를 가지고 앞
서 든 실례를 다시 한번 검토합니다. 즉 완전한 의무인 '자살 금지', '거
짓 약속 금지', 그리고 불완전한 의무인 '자기의 재능 개발', '타인 구제
를 위한 노력'을 보편화 가능성의 관점이 아닌 인간성 존중의 관점에
서 검토하려는 것입니다.

첫째는 자기 자신에 대한 필연적(완전한) 의무에 위배되는 **자살**의
경우입니다. 칸트에 의하면 자살하려는 사람은 "혹 자신의 행위가 **목
적 그 자체인** 인간성의 이념과 모순되지는 않는지"(GMS, A67) 스스로
물어보아야 합니다. 만약 그가 고통스러운 상태를 벗어나기 위해 자
기 자신을 파괴하려는 것이라면, 그는 자신의 인격을 단지 죽을 때까

---

2 칸트 사상에서 '인간성(Menschheit)' 개념은 그의 사상의 발전 과정에 따라 조금씩 변화
한다. 여기 『정초』에서의 표현이나 『실천이성비판』에 나오는 "그[인간]의 인격 안의 **인
간성**"(KpV, A155)이라는 표현에서는 '존엄성을 지닌 인격'과 같은 의미이지만, 후기의
저술인 『종교론』에서는 '동물성의 소질', '인간성의 소질', '인격성의 소질'이 구분되며,
'인간성의 소질'은 "자연적이긴 하지만, 여전히 **비교를 행하는**(이를 위해서는 이성이 필요
해진다) 자기 사랑"(Rel., B17)이다(첫 번째 강의, '인간은 동물이다!?' 참조). 그러나 이러한
'인간성'과 '인격성'의 구분이 칸트의 저술에서 반드시 엄밀하게 지켜지는 것은 아니며,
비판기의 저술을 다루는 현재 문맥에서는 인격성을 내포한 개념으로 보아도 무리가 없
을 것 같다.

지 편안하게 지내기 위한 하나의 수단으로 이용하는 셈입니다. 하지만 인간성은 절대적 가치를 지니고 있기에 항상 목적 그 자체로 취급되어야지, 단지 고통을 회피하기 위한 수단으로 취급되어서는 안 됩니다. 그러므로 우리는 아무리 고통스러운 일을 겪고 있다 할지라도 스스로 목숨을 끊어서는 안 됩니다.

둘째는 타인에 대한 필연적(완전한) 의무에 위배되는 **거짓 약속**의 경우입니다. 칸트에 의하면 "타인에게 거짓 약속을 하려고 마음먹는 사람은, 곧바로 자기가 타인도 목적 그 자체라는 것을 무시하고 그를 **단지 수단으로** 취급하려 하고 있다는 것을 알아차릴 것"입니다(GMS, A67~68). 거짓 약속을 하는 것은 자신의 이익을 위해 타인의 인간성을 한낱 수단으로 삼는 행위이며, 약속을 지킬 것이라고 믿고 있는 타인의 마음을 의도적으로 기만하는 행위입니다. 거짓 약속이 타인에 대한 완전한(반드시 지켜야 하는) 의무에 위배되는 행위라는 의미는, 거짓 약속이 단지 타인의 인간성을 위해 노력하지 않거나 도움을 주지 않는 차원이 아니라, 타인의 인간성을 자신의 목적을 위해 완전히 유린하는 행위에 해당하기 때문입니다.

셋째는 자기 자신에 대한 우연적(불완전한) 의무인 **자신의 재능을 개발**하는 경우입니다. 칸트에 의하면 "행위는 목적 그 자체인 인격 안의 인간성과 상충하지 않는 것만으로는 충분하지 않고 그 행위가 또한 **인간성과 조화**되어야" 합니다(GMS, A69). 자신의 타고난 재능을 개발하지 않는다고 해서 자신의 인간성이 훼손되는 것은 아닙니다. 그렇지만 자신의 재능을 썩히는 것은 '인간성과 조화되는' 행동 또한 아닙니다. 왜냐하면, 인간성 안에는 더욱 완전해져야 할 소질이 있고,

이 소질은 인간성과 관련된 자연의 목적을 위해 우리에게 주어져 있는 것이기 때문입니다. 따라서 자신의 재능을 썩히는 것은 "인간성을 **유지해야 한다는 것**과는 그런대로 양립할 수 있겠지만, 인간성을 **촉진해야 한다는 것**과는 양립할 수 없을 것"입니다(GMS, A69). 이 말은 곧 인간성의 완성을 지향하는 자연의 목적에 비추어 볼 때, 우리에게는 자신의 타고난 재능을 개발할 의무가 있다는 뜻입니다.

넷째는 타인에 대한 우연적(불완전한) 의무인 **곤경에 빠진 타인을 구제**하는 경우입니다. 타인을 적극적으로 돕지 않는다고 해서 그의 인간성을 훼손하는 것은 아닙니다. 비록 타인의 행복에 적극적으로 기여하지는 못할지라도, 그의 행복을 방해하지만 않는다면, 타인의 인간성은 어떻게든 유지될 것이기 때문입니다. "그렇지만 각자가 힘닿는 한 타인의 목적[행복]을 촉진하려고 노력하지 않는다면, 이는 **목적 그 자체인 인간성**에 단지 소극적으로 일치하는 것일 뿐, 적극적으로 일치하는 것은 아니"(GMS, A69)라고 할 수 있습니다. 왜냐하면, 타인도 나 자신과 같은 목적 그 자체로서, 타인의 행복은 또한 나 자신의 행복일 수도 있기 때문입니다. 사실 우리의 삶은 다른 사람과 즐거움을 함께 나누고 어려움을 함께 극복하면서 더욱 풍요로워지기 마련입니다. 다른 사람의 행복을 나 자신의 행복처럼 여기고 그래서 더 많은 사람과 마음을 나눌 수 있게 된다면, 사회적 존재인 우리의 인간성은 더욱 완전해진다고 할 수 있을 것입니다.

3. 자율과 인간 존엄성

의지의 자율성의 정식

이상의 논의를 통해 우리는 칸트가 제시한 정언명령의 두 가지 정식을 살펴보았습니다. 첫째는 '보편주의' 정식이고, 둘째는 '인격주의' 정식입니다. 그것은 각각 "모든 행위는 일반적으로 **자연 질서와 유사한 보편적 법칙과 일치해야 한다**"거나, "이성적 존재는 그 자체로 **어떤 목적보다도 우선시되어야 한다**"(GMS, A71)라는 명령의 형식으로 제시되었습니다. 이제 칸트는 이 두 가지 정식을 바탕으로 셋째 정식을 도출합니다. 그것은 "**모든 이성적 존재의 의지는 보편적 법칙 수립의 의지라는 이념**"(GMS, A70)에서 나오는 것으로서 "의지의 **자율성의 원리**"(GMS, A74)라고 불리는데, 이는 한마디로 '이성적인 존재는 자기 스스로 법칙을 세우고 거기에 스스로 복종해야 한다'는 것입니다.

칸트가 보기에 "도덕성의 원리를 발견하려고 시도했던 지금까지의 모든 노력이 실패했던 이유는, 인간이 자신의 의무로 인해 법칙에 구속되어 있다는 것은 알았지만, 인간은 **오직 자기 자신이 수립하는 법칙**이면서도 **보편적인 법칙**만을 따르며, 자기 자신의 의지이면서도 자연의 목적에 따라 보편적으로 법칙을 수립하는 의지에 맞게 행위하도록 구속되어 있다는 것을 몰랐기 때문"입니다(GMS, A73). 칸트에 따르면, 대개 사람들은 어떤 강제를 경험할 때, 즉 어떤 법칙에 구속되어 있다고 생각할 때, 으레 이것을 어떤 이해관심에서 비롯한 것으로 여기는 경향이 있습니다. 그럴 경우에 행위를 지시하는 명령은 언제나 조건적(가언명령)이 될 수밖에 없습니다. 그러나 이는 결코 도덕적인 명령(정언명령)이라 할 수 없습니다. 이처럼 의지가 스스로 세운 법칙이 아닌 다른 어떤 목적에 의해 이끌리게 될 경우, 이는 자율이 아닌 타율에 속하는 것으로서 결코 도덕적이라 할 수 없습니다. 이리하여 칸트는 의지의 자율성에 입각한 도덕성의 원리를 다음과 같은 명령의 형식으로 제시합니다.

> 의지가 자기의 준칙에 의해 자기 자신을 동시에 보편적으로 법칙을 수립하는 자로 볼 수 있도록 하는 그런 준칙에 따라서만 행위하라.
>
> • GMS, A76

인간 존엄성의 이념이 실현되는 '목적의 나라'

도덕성의 원리들을 밝힌 칸트는 이러한 원리들에 의해 만들어질 수 있는 '나라'["공동의 법칙에 의한 다양한 이성적 존재들의 체계적 결합"(GMS, A74)]의 모습을 제시합니다. 자신이 생각하는 도덕적 이상에 걸맞게 수립될 수 있는 가상의 나라를 상상하는 것입니다. 칸트는 이를 **목적의 나라**라고 부릅니다. 그렇게 부르는 이유는, 이 나라에서는 모든 구성원이 서로를 목적 그 자체로 대하기 때문입니다.

여기서 이 나라의 구성원인 '이성적' 존재의 특징에 주목할 필요가 있습니다.

> 이성은 보편적인 법칙 수립자로서 의지의 모든 준칙을 다른 모든 의지와 관련짓고, 자기 자신에 대한 모든 행위와도 관련짓는다. 이성이 이렇게 하는 이유는, 어떤 다른 실천적 동인이나 장래의 이익 때문이

아니라, 동시에 자신에게 부여한 법칙 이외에는 어떤 법칙에도 복종하지 않는 이성적 존재자의 **존엄성**의 이념 때문이다.

• GMS, A76~77

잘 알다시피 이성은 우리에게 사적인 이해관계나 감정에 좌우되지 말고, 나의 입장과 남의 입장을 구분하지 말며(그럼으로써 보편성을 지향하며), 생각과 행동을 일치시킬 것을 요구합니다. 물론 이러한 이성의 요구는 이성과 경향성을 함께 지닌 인간에게는 늘 강제와 의무의 형태로 다가오지만(그래서 그것을 완전하게 따르는 것이 힘들지만), 그러한 요구 자체는 정당하다는 것을 우리는 이미 알고 있습니다. 이성적 존재의 존엄성의 이념은 여기에서 나옵니다.

원래 **존엄성**Würde이란 다른 사물과 교환될 수 있는 상대적 가치를 지닌 것에 대해서가 아니라, 대체 불가능한 절대적 가치를 지닌 것에 대해서 쓰이는 표현입니다. 여기에 해당하는 것은 언제나 목적 그 자체로서 존재하는 이성적 존재입니다.

이성적 존재자는 자신의 고유한 본성상 목적 그 자체로서, 그리고 바로 그렇기 때문에 목적의 나라에서 법칙을 수립하는 자로서, 모든 자연법칙에서 자유로운 자로서, 오로지 스스로 수립한 법칙에만 복종하도록 정해져 있고, 자신의 준칙이 보편적 법칙 수립에(그 자신도 동시에 여기에 스스로 종속하는바) 속할 수 있는 법칙에만 복종하도록 정해져 있다.

• GMS, A79

모든 가치는 가치를 부여하는 자를 전제합니다. 이 가치를 부여하는 자에 의해 세상에 가치가 출현하는 것입니다. 그런데 가치를 부여하는 주체 자체에 대해서는 가치를 논할 수 없습니다. 그는 가치를 매기는 주체이지, 가치가 매겨지는 객체가 아니기 때문입니다. 말하자면 그는 가치를 초월한 존재로서, 굳이 표현하자면 절대적 가치를 지닌 존재, 또는 (마치 신에 대해 그렇게 표현하듯이) '존엄한' 존재라고 할 수 있을 것입니다. 그래서 칸트는, 법칙을 수립함으로써 모든 가치를 규정하는 이성적 존재의 역할에 대해서는 **존경**이라는 표현이 알맞다고 하면서 다음과 같이 결론을 내립니다.

> **자율**[스스로 법칙을 수립함]은 인간 본성과 모든 이성적 본성이 존엄하다는 근거가 된다.
>
> • GMS, A79

칸트가 생각한 목적의 나라에서, 모든 개인은 모든 외적 이해관심을 떠나 스스로 법칙을 세우고 스스로 그 법칙에 복종합니다. 그리고 타인을 자신과 마찬가지로 법칙을 세울 수 있는 존엄한 존재로서 대우합니다. 그야말로 인간 존엄이 완벽하게 실현된 세상인 것입니다. 이러한 세상은 하나의 이상으로서 우리가 언제나 다가가야 할 표준으로서의 의미를 지닙니다. 『실천이성비판』의 다음 구절은 인간의 존엄성을 '신성함'에 비유하여 감동적으로 표현하고 있습니다.

> 도덕법칙은 **신성하다**(불가침이다). 인간은 비록 충분히 신성하지 않지

만, 그의 인격 안의 **인간성**은 그에게 신성하지 않을 수 없다. 전체 피조물 가운데 우리가 원하고 또 사용할 수 있는 모든 것은 **한낱 수단으로** 사용될 수 있다. 오직 인간, 그리고 그와 더불어 모든 이성적 피조물만이 **목적 그 자체**이다. 인간은 곧 그의 자유의 자율에 힘입어 신성한 도덕법칙의 주체이다.

• KpV, A155~156

도덕성의 원리를 나타내는 세 가지 방식

지금까지 칸트는 도덕성의 원리를 세 가지 방식으로 설명했습니다. 보편주의, 인격주의, 자율이 그것입니다. 그런데 칸트는 이 세 가지 방식을 "근본적으로 동일한 법칙을 표현하는 세 가지 정식일 뿐"(GMS, A79)이라고 말합니다. 하나하나가 나머지 두 가지를 자기 안에 통합하고 있다는 것입니다. 이렇게 다른 정식으로 표현한 이유는 각기 어떤 한 측면을 강조함으로써 이성의 이념에 대한 이해를 돕기 위한 것일 뿐입니다. 첫째는 **형식**의 측면에서 준칙이 마치 자연법칙처럼 보편적으로 타당해야 함을 강조한 것입니다. 둘째는 **질료**(목적)의 측면에서 모든 준칙은 이성적인 존재를 목적 그 자체로 삼아야 함을 강조한 것입니다. 셋째는 **완벽한 규정**의 측면에서 모든 준칙은 자신의 법칙 수립에 의해 가능한 목적의 나라와 조화를 이루어야 함을 강조한 것입니다(GMS, A80).

앞서 살펴본 바와 같이, 칸트가 '정언명령의 보편적 정식'으로서 제일 먼저 제시한 것은 **"자기 스스로 동시에 보편적 법칙이 될 수 있는 그런 준칙에 따라서 행위하라"**(GMS, A81)라는 것입니다. 이제 이 정식에서 파생되어 나온 첫 번째 정식은 다음과 같습니다.

> 자기 자신을 동시에 보편적 자연법칙으로서 대상으로 삼을 수 있는
> 그런 준칙에 따라서 행위하라.
>
> • GMS, A81

두 번째로 파생되어 나온 정식은 다음과 같습니다.

> 각 이성적 존재자(너 자신과 타인들)와의 관계에서, 이 이성적 존재자가
> 너의 준칙에서 동시에 목적 그 자체로 여겨지도록 그렇게 행위하라.
>
> • GMS, A82

칸트는 이 첫 번째와 두 번째 정식이 근본적으로 같은 것이라고
말합니다. 그 이유는 다음과 같습니다. 우리가 어떤 도덕법칙을 세울
때는 모든 인간을 동등하게 대우해야 한다는 전제가 깔려 있는 것이
며, 따라서 그 법칙이 모든 사람에게 보편적으로 적용되어도 아무런
모순이 없어야 합니다. 만약 이러한 기준을 충족시키지 못하고 특정
한 사람이나 집단에게 유리하거나 예외를 허용할 경우, 이는 모든 인
간을 동등하게 대우하지 않는 것일 뿐만 아니라, 보편주의 원리에도
위배된다는 것을 의미합니다. 이러한 보편주의 원리의 위반은 곧 모
든 인간을 목적 그 자체로 대우해야 한다는 인격주의 원리의 위반과
연결되어 있습니다. 사람을 차별한다는 것은 누군가를 목적 그 자체
로 대우하는 것이 아니기 때문입니다. 이는 뒤집어서 생각해도 마찬

가지입니다. 모든 사람을 목적 그 자체로 대우하기 위해서는 모든 사람에게 공평한 보편적 법칙을 적용할 수밖에 없는 것입니다.

자율의 원리도 마찬가지입니다. 어떠한 외적 요인이나 법칙에 의해서도 영향받지 않고 오로지 스스로 세운 법칙만을 따르는 자율적 존재는 법칙의 수립자이자 가치의 창조자인 존엄한 존재로서 언제나 (수단이 아닌) 목적으로서 대우받아야 하며, 이러한 존엄한 존재들 상호 간의 관계를 규정하는 규칙은 모두를 동등하게 취급하는 보편성을 지녀야만 하는 것입니다. 그래서 칸트는 다음과 같이 결론을 내립니다.

> 각 이성적 존재자는 목적 그 자체로서, 그가 언제나 복종해야 하는 모든 법칙과 관련하여, 자신을 동시에 보편적 법칙 수립자로 간주할 수 있어야 한다. … 마찬가지로 모든 단순한 자연적 존재자에 앞서는 이성적 존재자의 존엄성(특권)은 그가 언제나 자신과 더불어 동시에 다른 모든 이성적 존재자 또한 법칙을 수립하는 존재(그래서 인격이라고 불린다)라는 관점에서 자신의 준칙을 채택해야 함을 수반한다.
>
> • GMS, A83

이제 이렇게 함으로써 '이성적 존재자들의 세계'인 목적의 나라가 가능해진다고 칸트는 말합니다.

정언명령의 세 가지 정식

형식	질료	완벽한 규정
보편 법칙의 정식	목적 자체의 정식	의지의 자율성의 정식
보편주의	인격주의	자율

4. 정언명령은 어떻게 해서 가능한가?

인간은 두 가지 세계에 동시에 속해 있는 존재

칸트에 따르면 "의지의 자율의 원리는 자기가 택하는 준칙이 동일한 의욕에서 동시에 보편적 법칙으로서 함께 파악되는 것만을 선택해야" 합니다(GMS, A87). 잘 알다시피 이 원리는 하나의 명령의 형태를 띠고 있습니다. 그리고 이러한 명령에 대해 우리는 '그 명령에 왜 복종해야 하는지, 만일 복종하지 않으면 어떻게 되는지' 물어볼 수 있습니다. 앞서 살펴보았듯이, 만일 이러한 명령이 가언명령이라면 우리는 이 물음에 쉽게 대답할 수 있습니다. 그 명령에 전제되어 있는 조건(목적)을 따져 보기만 하면 그 명령을 따라야 할 이유를 찾을 수 있는 것입니다. 그러나 정언명령의 경우는 이와 다릅니다.

> 이 실천적 규칙이 명령이라는 점, 다시 말해 각 이성적 존재자의 의지가 이 규칙에 조건부로 필연적으로 묶여 있다는 점은 그 명령 안에 들어 있는 개념들을 단순히 분석하기만 해서는 증명될 수 없다. 그것은 종합 명제이기 때문이다. 따라서 [그 명령의 이유를 알려면] 객체에 대한 인식을 넘어 주체에 대한 비판으로, 즉 순수 실천이성 비판으로 나아가야 한다. 왜냐하면, 자명하게 지시명령하는 이 종합 명제는 온전히 아프리오리하게 인식될 수밖에 없기 때문이다.
>
> • GMS, A87

예컨대 '거짓말하지 마라!'라는 명령에 들어 있는 개념들을 분석한다고 해서 이 명령에 반드시 따라야 할 이유를 밝혀낼 수는 없습니다. 그러므로 도덕적 명령의 근거를 밝히기 위해서는 그 명령의 객체(대상)에 대한 인식만으로는 충분하지 않으며, 그것을 넘어 행위 주체에게로 눈을 돌릴 필요가 있습니다. 다시 말해서, 지금까지 해 왔던 방식인, 우리가 이미 알고 있는 도덕법칙의 개념을 단지 분석하는 것만으로는 도덕법칙의 구속력을 증명할 수 없으므로, 이제 도덕법칙을 수립하는 의지 자체에 대한 진지한 성찰이 필요하다고 칸트는 말합니다.

이리하여 칸트는 『정초』 제3장에서 '정언명령이 어떻게 해서 가능한지', 즉 **"도덕법칙이 어떻게 구속력을 지니는지**[도덕법칙의 구속력은 어디에서 기인하는지]"(GMS, A104)에 대해 논합니다. 결론부터 이야기하자면, 칸트는 인간이 **감성계와 예지계**[3]라는 두 가지 세계에 동시에 속한 존재라는 점을 통해 이 물음에 답하고자 합니다. "우리가 우리 자신을 자유에 의해 아프리오리하게 작용하는 원인으로 생각할 때, 우리는 우리 자신을 우리 행위와 관련하여 우리 눈앞에서 벌어지는 작용으로 표상할 때와는 다른 관점을 받아들인다"(GMS, A105)는

---

3 칸트는 간혹 지성계(intellektuelle Welt 또는 Verstandeswelt)와 예지계(intelligibele Welt)라는 용어를 섞어 쓰는데, 그 의미는 동일하다. 칸트는 『정초』 제3장에서 '지성계'라는 표현을 주로 사용하지만, '지성(Verstand)'이라는 용어와의 혼동을 피하기 위해(왜냐하면 '지성'은 현상계에서 인식을 가능하게 하는 범주로 작용하는 개념인데, 현상 너머의 세계를 표현하는 데에 같은 단어가 들어가면 혼동을 일으킬 수 있으므로) 여기서는 일관되게 '예지계'라는 표현을 사용하고자 한다.

것입니다. 여기서 칸트는 인식론에서 전개했던 이른바 '현상'과 '물자체'의 구별을 상기시킵니다. 그러면서 감각적 경험을 통해서 드러나는 '나'(즉 감성계에 속한 '나')와 감관의 촉발을 통해서는 더 이상 알 수 없는 '나'(즉 예지계에 속한 '나')를 구분합니다. 이 중 후자는 "자기 안의 순수한 활동성"(GMS, A107)으로서 감각적 경험을 통해서는 인식할 수 없는 '물자체'에 속합니다.

이 '순수한 자기활동성의 능력'이 바로 **이성**^{Vernunft}입니다. 이성은 다음과 같은 점에서 **지성**^{Verstand}보다 우위에 있습니다. 잘 알다시피 지성은 감성 형식을 통해 들어온 감각적인 표상들을 하나의 의식으로 결합하는 데 사용하는 개념(범주)입니다. 따라서 감각적인 표상들이 없을 경우에는 아무것도 사유할 수 없습니다. 반면, 이성은 아무런 감각적 표상 없이도 '이념'을 구상할 수 있는데, 이 점에서 이성은 지성보다 훨씬 더 높은 순수한 자발성을 드러냅니다. 그러한 자발성 덕택에 이성은 감각적인 것이 자신에게 제공할 수 있는 모든 것을 훨씬 능가하게 됩니다. 그래서 이성의 가장 중요한 임무 중 하나는 감성계와 예지계를 구별함으로써 지성에게 한계를 설정해 주는 일입니다(GMS, A108). 이런 이유로 이성적 존재는 자기 자신을 **예지적 존재**^{Intelligenz}로 보아야 합니다. 즉 이성보다 하위의 능력(즉 지성)이 대상으로 삼는 감성계가 아니라, 예지계에 속하는 존재로 보아야 합니다.

> 이리하여 이성적 존재는 두 가지 관점을 갖는데, 그 관점을 통해서 자기 자신을 바라볼 수 있는 법칙, 그리고 자신의 힘을 사용하는 법칙, 결국은 자신의 모든 행위를 포괄하는 법칙을 인식할 수 있다. 이성적

인 존재는, **한편으로** 감성계에 속하는 한, 자연법칙(타율) 아래 놓여 있다는 것이고, **다른 한편으로** 예지계에 속하는 한, 자연법칙에서 독립적이며 경험이 아니라 오직 이성에만 근거를 두는 법칙 아래 놓여 있다는 것이다.

• GMS, A108~109

이처럼 인간은 이성적 존재이고, 예지계에 속하는 존재이므로, 자신의 의지가 오로지 자유의 이념 아래에 있다고 생각할 수밖에 없습니다. 왜냐하면, 결정론이 지배하는 감성계의 인과성으로부터 독립한 것이 바로 자유이기 때문입니다.

그런데 **자율**의 개념은 자유의 이념과 분리할 수 없게 결합되어 있고, 도덕성의 보편적 원리 또한 이 자율의 개념과 결합되어 있다. 이 도덕성의 원리는, 자연법칙이 모든 현상의 근거가 되는 것과 마찬가지로, 이념 안에서 **이성적** 존재의 모든 행위의 근거가 된다.

• GMS, A109

이로써 칸트는, 자유에서 자율로, 또 자율에서 도덕법칙으로 향하는 일련의 추론에 어떤 순환론이 숨겨져 있는 것은 아닌지에 대한 의혹이 해명되었다고 자평합니다. 말하자면, 한편으로 '도덕법칙이 성립하려면 자유가 있어야 한다'고 말하고, 다른 한편으로는 '자유가 있으므로 도덕법칙이 가능하다'고 추론하는 것 아니냐는 의혹이 제거되었다는 것입니다.

왜냐하면, 이제 우리는, 우리가 스스로를 자유롭다고 생각할 때에는 우리 자신을 예지계 안의 구성원으로 간주하여 의지의 자율성과 그 [논리적] 귀결인 도덕성을 함께 인식한다는 것을 알고, 반면 우리에게 의무가 지워졌다고 생각할 때에는 우리가 우리 자신을 감성계에 속하면서 동시에 예지계에도 속하는 존재로 간주한다는 것을 알기 때문이다.

• GMS, A110

정언명령이 가능한 이유

이렇게 하여 정언명령이 가능해진다. 즉 자유의 이념이 나를 예지계의 구성원으로 만드는데, 만일 내가 전적으로 예지계의 구성원이기만 하다면, 나의 모든 행위는 언제나 의지의 자율에 부합**하겠지만**, 동시에 나는 나 자신을 감성계의 구성원으로도 여기기 때문에, 나의 모든 행위가 의지의 자율에 부합**해야만** 하기 때문이다.

• GMS, A111

칸트는 이 **정언적** 당위Sollen를 '아프리오리한 종합 명제'라고 주장합니다. 왜냐하면, '감각적 욕망에 의해 촉발된 나의 의지'에 '예지계에 속하며 순수하고 그 자체로 실천적인 의지의 이념'이 덧붙여지기(종합되기) 때문입니다. 나아가 이성의 활동에 의해 후자와 같은 실천적 의지가 전자와 같은 감각적 욕망에 의해 촉발된 의지의 최상의 조건을 포함하게 되기 때문입니다. 이는 감성의 직관들이라는 질료에 지성의 개념, 즉 범주라는 형식이 더해짐으로써 자연(현상세계)에 대한 모든 인식을 낳는 아프리오리한 종합 명제가 가능해지는 것과 유사합니다 (GMS, A111~112).

여기서 칸트는 평범한 인간의 이성으로도 이러한 연역이 정당하다는 것을 알 수 있다고 주장합니다. 가장 못된 악당조차도, 그가 이성을 지니고 있기만 하다면, (자신의 이익이나 안락함을 희생하면서까지) 선한 준칙을 지키고 자선을 베푸는 사례를 보게 될 경우, 자기도 그러한 마음씨를 가지고 싶다고 바랄 수밖에 없다는 것입니다. 비록 그가 자신의 경향성과 충동 때문에 그 일을 제대로 실현할 수는 없을지라도 말입니다. 칸트에 따르면 이로써 그는 감각적 충동에서 자유로운 의지를 가졌다는 '생각'만으로도 감성계의 욕망의 질서와는 전혀 다른 세계의 질서로 옮겨 갈 수 있음을 증명하는 셈입니다. 이제 그는 자신이 예지계의 구성원으로서의 관점을 가지게 된다면 자신의 인격이 더 선한 상태가 된다고 믿으며, 예지계의 구성원으로서의 관점에서 자신의 선한 의지를 의식합니다. 그리고 이 선한 의지는 감성계의 구성원인 자신의 악한 의지에게 법칙을 만들어 줍니다. 더 나아가 그는 자신이 선한 의지의 법칙을 어기고 있을 때조차 법칙의 위엄을 의식하게 됩니다.

> 그러므로 도덕적 당위는 예지계의 구성원으로서는 자신의 필연적 의욕이지만, 동시에 그가 자신을 감성계의 구성원으로 보는 한에서는 자신에게 당위라고 생각되는 것이다.
>
> • GMS, A113

이것으로 아홉 번째 강의를 마칩니다. 이 강의에서는 도덕법칙이 어떻게 적용될 수 있는지를 **정언명령의 정식들의 적용 사례**를 통해 검토했습니다. 정언명령의 대표적 정식으로는 보편 법칙의 정식과 목적 자체의 정식 두 가지가 있습니다.

보편 법칙의 정식은 어떤 준칙의 보편화 가능성을 검증하는 것입니다. 칸트는 이 정식에 따라 의무를 검토하는데, 한편으로는 '완전한 의무'와 '불완전한 의무', 다른 한편으로는 '자기 자신에 대한 의무'와 '타인에 대한 의무'라는 변수에 따라 각각 자살 금지, 거짓 약속 금지, 타고난 재능 개발, 곤경에 빠진 타인 구제가 왜 우리의 의무에 해당하는지를 (그 반대는 보편화될 수 없음을 보임으로써) 정당화합니다.

목적 자체의 정식은 어떤 준칙이 과연 인간을 목적 그 자체로 대우하는지를 검증하는 것입니다. 칸트는 이 정식에 따라 위의 네 가지 실례를 다시 한번 검토하는데, 그것들이 왜 우리의 의무에 해당하는지를 (그 반대는 인간을 수단화하는 것임을 보임으로써) 정당화합니다.

정언명령의 셋째 정식은 **의지의 자율성의 정식**입니다. 이는 각자가 보편적 입법자라는 관점에서 자신의 준칙을 채택해야 함을 강조한 것입니다.

정언명령이 가능한 이유는 인간이 (감성계와 예지계라는) 두 가지 세계에 동시에 속해 있기 때문입니다. 즉 정언명령이란 예지계의 '나'가 그 이념에 따라 감성계의 '나'에게 명령하는 것입니다. 따라서 가언명령처럼 그 명령을 분석함으로써(감성계의 인과관계를 밝힘으로써) 그 명령의 당위성을 입증할 수 없습니다. 그것은 유한한 감성계의 의지에 이상적인 예지계의 의지가 덧붙여진 종합 명제인 것입니다.

다음 강의는 '도덕적 동기'의 문제를 다룬 **도덕적 감정**에 대한 강의입니다. 흔히 칸트 윤리학은 이성만 강조하고 감정은 무시한다는 비판이 있는데, 이 강의를 통해 이러한 오해가 풀리기를 기대합니다.

도덕적 감정이란 무엇인가?

—도덕적 동기의 문제—

Immanuel Kant,
Werke in zehn Bänden. Hrsg. v. W. Weischedel

Kritik der reinen Vernunft   Kritik der praktischen Vernunft
Kritik der Urteilskraft   Grundlegung zur Metaphysik der Sitten
Prolegomena zu einer jeden künftigen Metaphysik, die als Wissenschaft
wird auftreten können
Die Metaphysik der Sitten. Tugendlehre. Rechtslehre
Die Religion innerhalb der Grenzen der bloßen Vernunft
Über Pädagogik   Eine Vorlesung über Ethik
Idee zu einer allgemeinen Geschichte in weltbürgerlicher Absicht
Untersuchung über die Deutlichkeit der Grundsätze der natürlichen
Theologie und der Moral

1. 칸트 윤리학에서
도덕적 감정

칸트 윤리학의 발전 과정에서 감정의 위상

경험주의자들뿐만 아니라 칸트 역시 윤리학에서 감정의 역할을 중요시합니다. 감정Gefühl은 이미 그의 초기 사상에서부터 주요 개념으로 다루어졌으며, 이는 후기에 이르기까지 계속됩니다. 우리는 그의 저술들을 통해 칸트가 이 인간 실존의 한 근본 현상으로서의 감정에 대해 얼마나 진지하게 성찰했던가를 엿볼 수 있습니다. 다만 감정에 대한 칸트의 이해 및 평가는 그의 사상의 발전 양상에 따라 약간씩 차이를 드러냅니다.

예컨대 그의 전반기 저술에서 **도덕적 감정**moralisches Gefühl은 선을 직접적으로 인지하는 어떤 '감각Sinn', 또는 '능력Vermögen'으로 파악됩니다.

진리를 표상하는 능력은 **인식**이고, 선을 느끼는 능력은 **감정**이다. 이

둘을 서로 혼동해서는 안 된다.[1]

칸트는 한때(특히 1760년대 전반기)[2] 섀프츠베리A. A. C. Shaftesbury, 허치슨F. Hutcheson, 흄의 도덕감 윤리학의 입장에 동조한 적이 있었습니다. 그래서 당시 그는 그들을 따라 도덕의 근본 원리는 이성이 아닌 감정에서 구해져야 한다고 생각했습니다. 칸트의 이러한 입장은 1763~1764년의 논문 「아름다움과 숭고의 감정에 관한 고찰*Beobachtungen über das Gefühl des Schönen und Erhabenen*」에 가장 잘 나타나 있습니다.

그러나 그의 이른바 '비판적' 윤리학이 정립된 이후에 감정은 의지의 타율이자 보편적 합리성을 결여한 것으로서 비판됩니다. 감정은 인간 본성의 특수한 성향이나 주관의 특수한 경험에서 나온 것으로서, 결코 도덕의 근거가 될 수 없기 때문입니다.

사람들이 이 [타율성의] 관점에서 취할 수 있는 모든 원리는 **경험적**이

---

1 「자연신학 원칙과 도덕 원칙의 명확성에 관한 연구(*Untersuchung über die Deutlichkeit der Grundsätze der natürlichen Theologie und der Moral*)」, A97; 학술원판(Akademie-Ausgabe), 『칸트전집』 II, S. 299.

2 칸트의 철학은 그 발전 단계상 1770년의 교수취임논문을 분기점으로 대략 전기(전비판기)와 후기(비판기)로 크게 나뉜다. 전비판기 중에서도 초기인 1750년대에 칸트는 라이프니츠-볼프(Leibniz-Wolff) 철학의 영향 아래 놓여 있었으며, 이 시기에 그는 주로 뉴턴 물리학과 볼프적 이성주의에 몰두해 있었다. 1760년대에 접어들면서 그는 크루지우스(Ch. A. Crusius), 흄, 루소(J. J.Rousseau) 등의 영향을 받아 가며 서서히 볼프적 독단주의를 벗어나, 이른바 경험주의, 또는 회의주의적 시기를 맞게 되었다. 이 시기에 그의 윤리학은 특히 영국의 경험주의자들, 즉 도덕감학파(moral sense school)에게서 큰 영향을 받았다(L. W. Beck, *Early German Philosophy. Kant and His Predecessors*, Cambridge, Mass.: The Belknap Press of Harvard University Press, 1969, p. 438 이하 참조).

거나 **이성적이다. 전자**의 원리는 **행복**의 원리에서 나오는 것으로 자연적인 또는 도덕적인 감정에 기초를 둔다. …

경험적 원리는 그 위에 도덕법칙을 세우기에는 전혀 적합하지 않다. 왜냐하면, 만약 도덕법칙의 근거를 **인간 본성의 특수한 성향**이나 그것이 처한 우연한 상황에서 구한다면, 도덕법칙이 모든 이성적 존재자에게 차별 없이 타당해야 하는 보편성과 이로 인해 도덕법칙에 부과되는 무조건적인 실천적 필연성이 사라져 버리기 때문이다.

• GMS, A90

이처럼『정초』와『실천이성비판』에서 감정은 그 자체로서는 결코 도덕적 선·악의 판단 근거가 될 수 없습니다. 하지만 도덕적 감정은 도덕법칙과 더불어 칸트 윤리학에서 또다시 중요한 의미를 지니게 되는데, 그것은 도덕법칙에 대한 **존경**Achtung의 감정으로서, 주관의 의지로 하여금 법칙을 받아들이도록 하는 데 기여합니다. 다시 말해서 그것은 실천이성이 감정의 영역에 미치는 작용으로서, 다름 아닌 **도덕의 동기**로 기능하는 것입니다.

아래에서 칸트가 '새로이 규정한 도덕적 감정'의 위상을 통해 칸트 윤리학의 틀 속에서 이해되는 '감정'의 특성 및 역할에 관해 고찰해 봅시다.

도덕의 동기로서 도덕적 감정

칸트는『윤리학 강의』에서 '도덕적 판단의 근거'와 '도덕적 행위의 동기'를 다음과 같이 구분합니다.

만약 어떤 질문이 '무엇이 도덕적으로 선이냐 아니냐'를 묻는다면, 그
것은 내가 거기에 따라서 행위의 성질을 판단해야 할 **판단의 원리**das
Principium der Dijudikation를 묻는 것이다. 반면에 어떤 질문이 '무엇이 우리로
하여금 이 법칙에 따라 살도록 하느냐'를 묻는다면, 그것은 **동기의 원**
리das Principium der Triebfeder를 묻는 것이다.[3]

칸트는 전자를 행위의 "객관적 근거", 후자를 "주관적 근거"라고
부르면서, 이와 관련된 인간의 두 가지 능력을 다음과 같이 구분합
니다.

> 모든 도덕 판단의 최상의 원리는 지성Verstand에 놓여 있고, 이러한 행위
> 를 하도록 하는 도덕적 동기의 최상의 원리는 마음Herz에 놓여 있다.
> 이러한 동기가 도덕적 감정이다.[4]

여기서 도덕적 감정은 "도덕 판단을 통해 촉발되는 어떤 능력"을
의미합니다. 그리고 그 과제는 오직 이성의 산물인 도덕 판단에게 감
성의 영역에서도 작용하는 힘을 주는 것입니다.[5]
그렇다면 이러한 (도덕의 동기로서의) 도덕적 감정은 어떤 감성적
인 요소, 또는 경향성을 내포하는 것일까요? 칸트가 도덕적 감정을

3 I. Kant, *Eine Vorlesung über Ethik*, hrsg. v. G. Gerhardt, Frankfurt a. M.: Fischer
   Taschenbuch Verlag, 1990, S. 46.
4 *Ibid.*
5 *Ibid.*, S. 54.

"순수한 지성적 동기pure intellectualia motiva", 또는 "오로지 정신을 통해 움직여지는 감수성Rezeptivität, durch den bloßen Geist bewegt zu werden"[6] 등으로 표현한 것으로 보아 그렇지는 않은 것 같습니다. 원래 지성은 아마도 선의지의 뜻을 실현시킬 힘을 자기 스스로 갖고 있겠지만, 감성적 존재인 인간을 움직여야 한다는 사정 때문에 감성계로부터 어떤 요소를 빌려 오도록 했을 것입니다. 이렇게 볼 때 도덕적 감정은 그 자체가 감성이나 경향성은 아니지만, 그것이 유효한 도덕적 동기이고자 하는 한, 일종의 주관적이고 감성적인 힘의 도움이 필요하다고 할 수 있겠습니다. 이제 '도덕법칙에 대한 존경'이라는 칸트의 개념을 통해 도덕적 동기로서의 도덕적 감정을 그가 어떻게 이해하고 있는지가 더욱 분명해질 것입니다.

2. 도덕법칙에 대한 존경

존경은 어떤 감정인가?

칸트는 "**의무란 법칙에 대한 존경으로 말미암아 반드시 어떤 행위를 할 수밖에 없는 것**"(GMS, A14)이라고 말합니다. 즉 칸트가 도덕적 행위의 동기로 삼는 것은 '법칙에 대한 존경'입니다. 법칙에 대한 존경에서 나온 행위는 경향성에 따른 행위와는 구별됩니다. 이러한 행위는 내가 좋아하는 어떤 것을 얻기 위한 행위, 나의 욕망을 충족하기 위

---

6 학술원판, 『칸트전집』 XIX, 단편(Reflexion) 1010.

한 행위, 나의 장기적인 이익이나 행복에 부합하는 행위가 아닙니다. 오로지 도덕적으로 옳기 때문에 나를 움직이게 만드는 그런 행위를 의미합니다.

> 나는 내가 의도한 행위의 결과로서의 대상에 대해 **경향성**을 가질 수는 있지만, **결코 존경심을 가질 수는 없다.** 왜냐하면, 그것은 한낱 결과일 뿐, 의지의 활동은 아니기 때문이다. 마찬가지로 나는 경향성 일반에 대해서도, 그것이 나의 것이든 남의 것이든 간에, 존경심을 가질 수는 없다. … 결코 결과로서가 아니라 오직 근거로서 나의 의지와 연결되어 있는 것, 나의 경향성에 이바지하는 것이 아니라 그것을 압도하는 것, 적어도 선택할 때 이 경향성에 대한 고려를 전적으로 배제하는 것, 말하자면 순전한 법칙 그 자체만이 존경의 대상이 될 수 있고 또 명령이 될 수 있다.
>
> • GMS, A14~15

이제 칸트는, 우리의 의지를 결정하는 요인 중에서 경향성의 영향과 함께 의지의 모든 대상을 완전히 제거한 후에 남게 되는 것은 "객관적으로는 **법칙**, 주관적으로는 이 실천적 법칙에 대한 **순수한 존경**뿐"(GMS, A15)이라고 말합니다. 그런데 '존경도 일종의 감정으로서 결국 경향성의 일종이 아닌가?'라는 세간의 의구심을 불식하기 위해 칸트는 이에 대한 해명을 시도합니다.

> 존경이 비록 하나의 감정이긴 하지만, 그것은 외부의 영향에 의해 **받**

아들여진 감정이 아니라 이성개념 **자신이 일으킨** 감정으로서, 경향성이나 공포심 같은 전자의 모든 감정과는 질적으로 구분된다. 나에 대한 법칙으로서 내가 직접 인식하는 것을 나는 존경과 더불어 인식한다. 이 존경은 나의 감관에 미치는 다른 영향의 매개 없이 오로지 나의 의지가 하나의 법칙에 **종속된다**는 의식을 의미한다. 법칙이 의지를 직접적으로 규정한다는 것과 그렇게 규정됨을 의식하는 것을 **존경**이라 부른다. 따라서 존경은 법칙이 주관에 미친 **결과**로 보아야지, 법칙의 **원인**으로 볼 수는 없다. 원래 존경은 나의 자기애를 단절시키는 가치에 대한 표상이다. 존경은 경향성이나 공포와 비슷한 어떤 것을 동시에 지니기는 하지만, 경향성의 대상으로도 공포의 대상으로도 간주할 수 없는 어떤 것이다. 따라서 존경의 **대상**은 오로지 **법칙**뿐이다. 그것도 우리가 **우리 자신에게** 그 자체로 반드시 지켜야 하는 것으로서 부과하는 법칙뿐이다. 법칙이기 때문에 우리는 자기애를 돌아보지 않고 그것에 복종한다. 우리 자신에 의해 우리에게 부과된 것이기 때문에 법칙은 분명히 우리 의지의 결과이다. 법칙은 첫 번째 고려[우리가 그것에 복종하는 것]에서는 공포와 유사하고, 두 번째 고려[우리 스스로 부과한 것]에서는 경향성과 유사하다. 인격에 대한 모든 존경은 원래 (정직 등의) 법칙에 대한 존경일 뿐이다. 인격은 우리에게 그에 대한 실례를 제공해 준다. 우리는 우리의 재능을 확장하는 것도 의무로 여기기 때문에, 우리는 재능을 지닌 한 인격 앞에서 (연습을 통해 이 점에서 그를 닮으라고 하는) 마치 **법칙의 실례**인 것처럼 상상하게 되는데, 이것이 우리의 존경을 형성한다. 이른바 모든 도덕적 **관심**이란 오로지 법칙에 대한 **존경**에서 나온 것이다.   • GMS, A16~17 각주

'존경'에 대한 칸트의 설명에서 우리는 이 특별한 감정이 지닌 몇 가지 특징을 찾아볼 수 있습니다. 첫째, 외부의 영향으로 생겨난 감정이 아니라 **나의 이성이 스스로 불러일으킨 감정**이라는 것입니다. 그래서 존경은 다른 감정들과는 '질적으로 구분'되며, 우리가 스스로 '하나의 법칙에 복종한다는 의식'을 가리킵니다. 존경은 만족이나 불만과 비슷한 느낌을 내포한다는 점에서 하나의 감정이기는 하지만, 여타의 경향성이나 감성적 감정과는 구분되는 특별한 감정입니다. 그것은 도덕법칙을 인식함과 동시에 직접적으로 일어나며, 경험적인 것을 통해서가 아니라 이성을 통해서 규정됩니다.

> 그러므로 도덕법칙에 대한 존경은 지성적 근거로 인해 생겨나는 감정이다. 그리고 이 감정은 우리가 완전히 아프리오리하게 인식할 수 있는 감정이며, 그 필연성을 통찰할 수 있는 유일한 감정이다.
>
> • KpV, A130

둘째, 존경은 **법칙의 원인이 아니라 결과**라는 것입니다. 존경과 도덕법칙의 관계에서 한 가지 유의할 점이 있습니다. 그것은 도덕법칙이 이 존경의 감정에 근거하는 것은 아니라는 사실입니다. 존경은 법칙의 원인이 아니라 결과일 뿐입니다. 우선 법칙이 있어야 하고, 다음으로 법칙에 접근하거나 법칙을 실현하기 위한 동기로 존경이 기여하는 것입니다.

그러므로 (도덕적 감정이라는 이름의) 이 감정은 오로지 이성에 의해서만 생긴다. 이 감정은 행위를 평가하거나 객관적 도덕법칙 자체를 정초하는 데는 전혀 기여하지 않고, 오로지 도덕법칙을 자기 안에서[주관의] 준칙으로 삼기 위한 동기로서만 기여한다.

• KpV, A135

셋째, 존경은 **긍정(쾌)과 부정(불쾌)의 양면성을 지닌 감정**이라는 것입니다. 칸트에 따르면 "행위의 모든 도덕적 가치의 본질은 **도덕법칙이 의지를 직접적으로 규정한다는 점**에" 있습니다(KpV, A126). 여기서 의지를 '직접적으로' 규정한다는 것은 감정이나 경향성의 매개(도움) 없이 의지를 규정한다는 뜻입니다. 이처럼 감정이나 경향성을 배제하고 의지를 규정하려면 어떤 강제성을 내포할 수밖에 없습니다. 비록 (심리적으로는) 내키지 않더라도 무조건 법칙에 따라 행위해야 한다는 **의무** 의식을 동반하게 된다는 것입니다.

> 의무는 이러한 배제 때문에 그 개념에 실천적 **강요**를 내포한다. ⋯ 이러한 강요를 의식하는 데서 생기는 감정은 감각의 대상에 의해 야기되는 감정처럼 그런 정념적인 것이 아니라 오로지 실천적인 것, 다시 말해 선행하는 이성의 (객관적) 의지 규정과 이성의 원인성에 의해 가능하다.

• KpV, A143

이렇게 법칙에 복종한다는 의식과 결부된 감정은 감성적 존재인 우리에게 한편으로는 **강제**, 또는 **자기 비하**(고통)로 느껴지는 반면, 다른 한편으로는 **고양**, 또는 **자기 긍정**(만족)으로 느껴지기도 합니다. 욕망과 경향성에 끌려다니기 쉬운 감성적 존재에게 이를 극복하는 일은 늘 힘겨운 과제입니다. 욕망과 경향성을 제한하는 데는 고통이나 불쾌감이 따를 수밖에 없습니다. 따라서 도덕법칙을 준수하는 데는 자기 강제가 필요합니다. 다시 말해 기꺼이 하지 않는 일을 내적으로 강요해야 합니다. 이처럼 욕망을 극복하는 일은 '사랑'이 아니라 '존경'에, 즉 "흔쾌한 복종이 아니라 마지못해서라도 법칙을 준수하라고 **요구**하는 존경에 근거를 두게" 됩니다(KpV, A149~150). 하지만 이러한 강제 의식의 이면에는 또한 자부심과 자기 긍정의 측면도 존재합니다. 왜냐하면, 이러한 강제는 단지 피동적인 어떤 것(타율)이 아니라 자기 자신의 이성이 세운 법칙에 의해 부과되는 것으로서, 스스로가 제공한 원인(자율)에 의한 것이기 때문입니다.

> 의지가 법칙에 **자유롭게** 복종한다는 의식, 그러나 오직 자기의 이성에 의해서만 모든 경향성에 가해지는 불가피한 강제와 연결된 채로 복종한다는 의식, 이것이 법칙에 대한 존경이다.
>
> • KpV, A142~143

칸트의 이러한 설명은 우리가 두 가지 세계에 동시에 속해 있다는 사실을 상기시킵니다. 감성계의 구성원으로서 나는 법칙을 일종의 구속으로 느끼면서 늘 거기에 못 미치는 나 자신을 비하할 수밖에 없지만, 예지계의 구성원으로서 나는 그 법칙을 수립한 장본인인 자기 자신을 긍정하며 뿌듯함을 느낄 수 있는 것입니다. 법칙에 대한 존경은 이러한 양면적인 감정을 동시에 내포하고 있습니다.

열 번째 강의, 도덕적 감정이란 무엇인가?

넷째, 존경은 **우리 내면에 깃든 신성에 대한 경외심**이라는 것입니다. 우리는 왜 우리 자신이 수립한 법칙에 대해 존경심을 가지는 것일까요? 그것은 불완전한 인간의 의지가 완전한 신적 의지에 대해 가지는 경외심과 비슷한 것으로 보입니다. 다시 말해서, 우리가 우리 안의 신성에 대해서 가지게 되는 심정이라 할 수 있습니다. 결국, 존경심이란, 법칙을 표상할 수 있을 정도로 이성적이기는 하지만 그의 의지가 법칙에 완전히 합치하지는 못하는 불완전한 인간이 법칙에 대해서 가지는 끊임없는 열망의 표현이라 볼 수 있을 것입니다.

> 도덕법칙은 가장 완전한 존재자의 의지에는 **신성함**의 법칙이지만, 모든 유한한 이성적 존재자의 의지에는 **의무**의 법칙이자 도덕적 강요의 법칙이며, 법칙에 대한 **존경**을 통해, 그리고 자기 의무에 대한 외경에 의해, 유한한 이성적 존재자의 행위를 규정하는 법칙이다.
>
> • KpV, A146

그런데 여기에 유의할 점이 있습니다. 인간은 도덕법칙을 결코 완전하게 구현할 수는 없는 유한한 존재자일 뿐이라는 사실입니다. 이 점을 명심하지 않을 경우, 그는 자칫 '유혹에 빠지게' 됩니다.

> 인간이 (우리가 통찰할 수 있는 한, 또한 모든 이성적 피조물도) 서 있는 윤리적 단계는 도덕법칙에 대한 존경이다. 도덕법칙을 준수하도록 그를 의무 지우는 마음씨는 의무에서 준수하는 것이지, 자발적인 애착에서 준수하거나, 또는 어떤 경우에도 명령받지 않은 채 스스로 기꺼이 감행하

는 노력으로 준수하는 것이 아니다. 그리고 인간이 언제나 놓일 수 있는 도덕적 상태는 **덕**, 다시 말해 **투쟁** 중인 도덕적 마음씨이지, 의지가 완전히 **순수한** 마음씨를 소유하고 있다고 오인한 **신성함**이 아니다.

• KpV, A150~151

칸트에 따르면 이러한 인간의 한계를 깨닫지 못하고 자신이 도덕법칙을 완전히 구현할 수 있다고 생각하는 사람이 있다면, 그는 **도덕적 광신**, 또는 망상에 빠진 자입니다. 그러므로 우리는 도덕법칙에 대한 존경을 통해 늘 겸손함을 지닌 채 신성함의 이상을 향해 중단 없이 전진해야 합니다.

도덕적 광신이란 실천적 순수 이성이 인간성에게 정해 준 한계를 벗어나는 것이다. 이렇게 한계를 정함으로써 실천적 순수 이성은 의무에 맞는 행위의 주관적 규정 근거를, 다시 말해 이런 행위의 도덕적 동기를 법칙 자체 외의 어떤 다른 데 두는 것을 금지하고, 법칙에 의해 준칙 안으로 도입된 마음씨를 이 법칙에 대한 존경 외의 어떤 다른 데 두는 것을 금지한다. 그리하여 모든 **자만**과 허영심 많은 **자기애**를 굴복시키는 의무 사상을 인간에게 모든 도덕성의 최상의 **삶의 원리**로 삼으라고 명령한다.

• KpV, A153

도덕적 의지의 동기는 존경인가, 법칙 자체인가?

칸트는 한편으로 "도덕법칙에 대한 존경이 유일한, 동시에 의심할

수 없는 도덕적 동기"(KpV, A139)라고 말하는가 하면, 다른 한편으로는
"인간적 의지의 동기는 결코 도덕법칙 외의 다른 어떤 것일 수 없고 …
따라서 행위의 객관적 규정 근거는 항상, 그리고 오로지 동시에 주관
적으로 충분한 규정 근거임이 틀림없다"(KpV, A127)고 말합니다. 그렇
다면 도덕의 동기는 법칙 자체일까요? 또는 법칙에 대한 존경일까요?

이에 대한 적절한 해석 또한 칸트의 **이원론**적 관점을 통해 가능해
보입니다. 아마도 신성한 존재, 또는 모든 감성적 제약에서 자유로운
존재에게는 실천이성이 아무런 제약도 받지 않을 것이요, 따라서 법
칙의 인식은 언제나 의지와 일치할 것입니다. 그들에게는 법칙에 대
한 존경 같은 동기가 따로 필요하지 않을 것입니다. 동기란 인간의 경
우처럼 이성이 그 본성상 객관적 법칙에 필연적으로 따르지는 못하는
존재에게 하나의 주관적 규정 근거로서 요구되는 것입니다. 바로 이
런 의미에서 칸트는 "도덕법칙에 대한 존경은 도덕성을 향한 동기가
아니라, 주관적으로 동기로 보일 뿐인 도덕성 자체"(KpV, A134)라고 하
였던 것입니다.

이로써 우리는 칸트에게 동기의 문제가 도덕법칙에 대한 인식과
별개로 작용하는 어떤 감정에 대한 것이 아님을 알 수 있습니다. 마치
현상계에서 현상들을 스스로 시작하는 능력인 '자유의 원인성'에 대해
특별히 현상계에서의 인과관계를 통한 설명이 필요 없듯이,[7] 도덕법

---

7 칸트는 '자유의 원인성'에 대해 다음과 같이 설명하고 있다. 자유란 "결코 **현상이 아닌
것**이요, 물자체 그것으로서 그 **결과**만이 **현상**으로 인정되는 것임이 틀림없다. 만약 우
리가 현상들에 대한 지성 존재의 이러한 영향을 모순 없이 생각할 수 있다면, 비록 감
성세계에서 원인과 결과의 모든 결합에는 자연필연성이 결부되어 있지만, 반면에 (비

칙이 실행되는 과정에 대해서도 심리적인 인과관계에 의한 설명이 따로 있을 수 없는 것입니다. 도덕법칙에 대한 존경이라는 '감정'에 대해서도 마찬가지입니다. 그것을 감정이라 표현한 것은 현상계의 관점에서 굳이 설명하자면 그렇다는 것일 뿐, 이른바 경향성으로서의 감정과는 아무 관련이 없는 것입니다. 말하자면, 그것은 도덕법칙의 참됨을 깨달은 자가 의연하게 그것을 행하고자 하는 마음씨를 표현한 것에 불과한 것입니다. 그러므로 칸트에게 도덕적 동기의 문제와 관련하여 우리가 결론적으로 말할 수 있는 것은 그것이 도덕 심리학적으로 설명될 수 있는 문제가 아니라 오로지 그의 **도덕 형이상학**에 의해서만 제대로 이해될 수 있는 문제라는 것입니다.

> 순수 실천이성의 동기는 이러한 성질을 지닌다. 그것은 다름 아니라 순수한 도덕법칙 자체이다. 이 도덕법칙이 우리로 하여금 자신의 고유한 초감성적 실존의 숭고함을 느끼게 하는 한에서 말이다. 그리고 이 도덕법칙이 높은 사명에 대한 존경을 주관적으로 인간 안에서 불러일으키는 한에서 말이다.
>
> • KpV, A158

도덕법칙에 대한 존경, 동기, 관심

앞서 칸트가 대중에게 '존경'에 대한 오해를 불식하기 위해 이를

록 현상의 근저에 놓여 있기는 하지만) 스스로는 어떠한 현상도 아닌 원인에는 자유가 인정된다. 따라서 자연과 자유는 동일한 사물에 대해, 즉 서로 다른 관계에서이긴 하지만, 한 번은 현상으로 또 한 번은 물자체로 모순 없이 조정될 수 있다."(Prol., §53, A152~153)

열 번째 강의, **도덕적 감정이란 무엇인가?**

해명하는 글을 소개한 바 있는데, 그 마지막 구절은 다음과 같습니다.

> 이른바 모든 도덕적 **관심**이란 오로지 법칙에 대한 **존경**에서 나온 것
> 이다.
>
> • GMS, A17

이 구절에서 '도덕적 관심'이라는 용어에 주목할 필요가 있습니다. 도덕적 관심이란 쉽게 말해서 인간이 도덕적으로 살려고 하는 마음씨를 뜻합니다. 칸트의 윤리학은 인간이 왜 도덕적으로 살려고 하는지, 그리고 그것이 어떻게 가능한지에 대한 해명, 즉 도덕적 동기에 대한 해명을 중요한 과제의 하나로 삼고 있습니다. 『실천이성비판』(제1권 「분석학」의 제3장 '순수 실천이성의 동기들')에는 우리가 도덕적으로 행동하려는 이유를 설명하는 가운데 존경, 관심, 동기 등의 용어를 비교하는 부분이 있습니다. 이에 따르면, 법칙에 대한 '**존경**'에서 법칙을 지키려는 '**동기**'가 나오고, 이 동기에서 법칙에 대한 '**관심**'이 나타나며, 이 관심 위에 '**준칙**'이 기초해 있습니다. 이로써 우리는 존경, 동기, 관심이 모두 비슷한 의미를 지니고 있다는 것을 알 수 있습니다.

> 도덕법칙에 대한 존경은 도덕법칙이 감정에 미치는 적극적이면서도 간접적인 작용 결과로 보아야 한다. 이는 도덕법칙이 자만을 굴복시킴으로써 경향성의 부정적 영향을 약화시키기 때문이다. 따라서 도덕법칙에 대한 존경은 활동의 주관적 근거로, 즉 도덕법칙을 준수하는 **동기**로, 도덕법칙에 적합한 품행의 준칙을 위한 근거로 간주해야

한다. 동기의 개념에서 **관심**의 개념이 나온다. 관심은 이성을 지닌 존재자 이외에는 아무에게도 없다. 관심은 동기가 **이성에 의해 표상되는** 한에서 의지의 **동기**를 의미한다. 도덕적으로 선한 의지에서는 법칙 자체가 동기일 수밖에 없으므로, **도덕적 관심**은 순전한 실천이성의 순수하고 비감성적인 관심이다. **준칙** 개념도 관심 개념에 근거한다. 따라서 준칙은 우리가 법칙을 준수할 때 취하는 순전한 관심에 근거할 경우에만 도덕적으로 참되다. 그런데 **동기, 관심, 준칙**이라는 세 개념은 모두 오로지 유한한 존재자들에게만 적용될 수 있다. 왜냐하면, 이 세 개념은 모두 어떤 존재자의 자의의 주관적 성질이 실천이성의 객관적 법칙과 저절로 일치하지는 않는 까닭에 이 존재자의 본성이 제약되어 있음을 전제하기 때문이다. 이 셋은 어떻게든 활성화될 필요가 있다. 이 존재자의 내면적 장애가 활동을 방해하기 때문이다.

• KpV, A140~141

칸트는 도덕법칙의 근거를 경험에서 유리된 초감성적인 것에서 찾는 데 만족하지 않았습니다. 다시 말해서 도덕 형이상학을 확립하는 데서 그치지 않았습니다. 그는 순수한 이성에 의해 수립된 도덕법칙이 우리가 살고 있는 경험세계에 영향력을 가지고 있다는 점을, 즉 우리에게 동기를 부여하는 힘을 지닌다는 점을 설명하고 싶었고, 이러한 해명의 단초를 이성에서 비롯한 감정인 '존경'에서 찾고자 한 것으로 보입니다.

결국, 칸트에게 도덕적 감정은 도덕법칙을 따르는 것에 대한 도덕적 관심을 취하는 능력이자, 의지를 감성적 규정 근거에서 독립하여 오로지 도덕법칙에 따라 규정하는 실천이성 능력의 감정적 측면이라 할 수 있습니다.

3. 도덕적 행복감으로서 도덕적 감정

「덕론」에서 칸트는, 도덕적 감정은 "우리의 행위가 의무 법칙과 일치하는지, 또는 어긋나는지에 대한 의식에서 오는 쾌감이나 불쾌감"(MS-T, A36)이라고 말하고 있습니다. 여기서 도덕적 감정은 '동기'라기보다는 오히려 행위 후에 그 행위의 도덕적 성질을 분별하는 어떤 표징(표식)으로 규정되는 것 같습니다.

눈에 띄는 점은, 『실천이성비판』에서 존경의 감정이 쾌감**이자 불쾌감**Gefühl der Lust *und* Unlust이었던 반면, 『도덕형이상학』에서는 쾌감**이거나 불쾌감**Gefühl der Lust *oder* Unlust으로 나타난다는 것입니다. 쾌감은 행위가 법칙에 일치할 경우의 감정이고, 불쾌감은 일치하지 않을 경우의 감정입니다. 존경의 경우, 그것은 항상 쾌감과 불쾌감이 공존하는 양면성을 지닌 감정이었습니다. 왜냐하면, 이 감정은 한편으로는 고통, 또는 굴복Demütigung을, 다른 한편으로는 기쁨, 또는 고양Erhebung을 함축하고 있기 때문입니다. 그러나 이와 같은 불일치가 칸트 사고의 일관성에 큰 문제를 제기하지는 않습니다. 그 이유는, 『실천이성비판』에서는 정념적pathologisch 감정과 도덕적moralisch 감정이 아직 뚜렷이 구분되지 않았기 때문에[8] 존경의 감정이 쾌와 불쾌가 혼합된 감정으로 나타날 수 있었던 반면,『도덕형이상학』에서는 그렇지 않기 때문입니다.『도덕형이상학』에서는 '도덕법칙을 준수할 때 생기는 **도덕적** 감정'이 사실상 도덕적 불쾌감을 함축하지는 않는다고 할 수 있습니다. 그러므로 도덕적 감정에 대한 논의는 이제 **도덕적 만족감, 또는 행복감**, 즉 '자발적으로 도덕법칙을 준수하는 태도에서 느껴지는 기쁨'의 문제에까지 이르게 되었습니다. 만약 (참된) 행복이 '자기 자신의 (도덕적) 힘을 의식하는 데서 오는 만족감'이라 생각될 수 있다면, 우리는 그것을 '도덕적 행복의 감정'이라 부를 수 있을 것이며, 이런 의미에서 '도덕은 행복의 조건'이 될 수 있는 셈입니다.[9] 또한 도덕적 태도에 뒤따르는 이러한 만족감을 우리는 참된 덕성의 한 징표로 볼 수도 있을 것입니다.

> 그런데 우리는 행복이라는 말처럼 향유를 표시하는 말이 아니면서도 자기 실존에 대한 흡족함을 가리키는 말, 덕의 의식에 필연적으로 수반되는 행복 비슷한 것을 가리키는 말을 가지고 있지 않은가? 그렇다. 바로 **자기만족**이라는 말이다. 이 말은 본래적 의미에서 언제나 자기 실존에 대한 소극적인 흡족함, 즉 아무것도 필요하지 않음을 의식하는 흡족함을 암시한다. 자유, 그리고 결연한 심정으로 도덕법칙을

---

[8] "감정에 대한 부정적 작용(불편함)은 감정에 대한 모든 영향이나 모든 감정 일반과 마찬가지로 **정념적**이다. 경향성에 의해 영향받는 이성적 주체의 이러한 감정은 … [한편으로] 굴복(지성적 비하)이라 일컬어지지만, [다른 한편으로는] 도덕법칙에 대한 존경의 감정으로도 일컬어질 수 있고, [굴복과 존경이라는] 두 가지 근거를 합쳤을 때는 **도덕적 감정**이라고 일컬어질 수 있다."(KpV, A133)

[9] L. W. Beck, *op. cit.*, p. 210 참조.

준수하는 능력으로서 자유의 의식은 **경향성에서의 독립성**, 즉 우리의 욕구를 (비록 **촉발**하지는 않을지라도) 적어도 규정하는 운동 원인인 경향성에서의 독립성이다. 내가 나의 도덕적 준칙을 준수하는 가운데 그러한 자유를 의식하는 한에서 이 자유와 자유의 의식은 이것과 필연적으로 결합되어 있는, 어떠한 특수한 감정에도 근거하고 있지 않은 변치 않는 만족의 유일한 원천이다. 그리고 이러한 만족을 지성적 만족이라 부를 수 있을 것이다.

• KpV, A212~213

이러한 도덕적 "자기만족Selbstzufriedenheit", 또는 "지성적 만족intellektuelle Zufriedenheit"의 감정 안에서 **덕**은 "그 자체로 보상받는ihr eigener Lohn" 셈입니다.

생각하는 인간은 자신이 악덕의 유혹을 이겨 내고 종종 힘겨운 의무를 수행했다고 의식하게 되면, 영혼이 평온해지고 만족스러운 상태에 이른다. 우리는 이를 행복이라고 할 수 있으며, 이러한 상태에서 덕은 스스로 보상받는 셈이다.

• MS-T, AVII~VIII

이것으로 열 번째 강의를 마칩니다. 이 강의에서는 칸트 윤리학에서 **도덕적 감정**이 차지하는 위상에 대해 검토했습니다. 전前 비판기에 칸트는 도덕적 선·악을 직접적으로 지각하거나 느끼는 도덕적 감각이나 감정을 인정하면서, 거기서 도덕의 근본 원리를 찾으려 시도한 적이 있습니다. 그러나 비판기에 접어들자 감정은 결코 도덕적 선·악의 근거가 될 수 없다는 입장을 견지합니다. 감정은 이성과 달리 보편성과 필연성을 담보할 수 없기 때문입니다.

하지만 도덕적 감정은 도덕법칙과 더불어 다시 주목받게 되는데, 그것은 감정이 도덕(법칙)을 실천하는 **동기**로 작용한다는 측면에서입니다. 칸트는 **도덕법칙에 대한 존경**이 유일한 도덕적 동기라고 말하는데, 이는 경향성에서 오는 감정과 달리 이성에 의해 촉발된 특별한 감정을 가리킵니다. 그것은 도덕법칙을 바라볼 때 우리가 자연스럽게 갖게 되는 숭고한 감정으로서, 도덕법칙의 실현을 도와줍니다.

한편 후기의 저술인 『도덕형이상학』에서 도덕적 감정은 행위가 도덕법칙에 일치할 경우에 뒤따르는 쾌감, 즉 **도덕적 만족감, 또는 행복감**으로 표현됩니다. 이처럼 도덕적 감정이 우리가 자발적으로 도덕법칙을 준수할 때 느껴지는 행복감을 뜻한다면, 이는 참된 덕성의 한 징표인 셈이며, 이런 의미에서 '도덕은 행복의 조건'이 될 수 있는 셈입니다.

이 강의에서 도덕법칙을 실현하는 동기의 문제를 다루었으니, 이제 다음 강의는 사람들로 하여금 어떻게 도덕법칙을 깨닫도록 하고 또 그것을 실천하도록 만들 수 있을지를 고민하는 **도덕 교육** 문제를 다룰 차례입니다.

도덕 교육은
어떻게 이루어져야 하는가?

─도덕 교육의 방법론─

1. 『교육론』을 통해서 본
도덕 교육론

칸트의 『교육론』은 아동기와 청소년기의 교육에 초점이 맞춰져 있습니다. 따라서 비판적 지성이나 이성을 통한 교육보다는 덕 교육에 중점을 두고 있습니다.

인간의 성장 단계에 따른 교육의 개념

『교육론』의 「서론」에서 칸트는 인간에게 교육이 지니는 의미를 다음과 같이 규정합니다.

> 인간은 오직 교육을 통해서만 인간이 될 수 있다. 인간은 오로지 교육의 산물이다.

> • Päd., A7

칸트는 교육Erziehung의 개념을 세 가지로, 즉 양육Wartung, 훈육

249

Disziplin, 육성Bildung으로 나누어 살펴보는데, 여기에는 각기 그 성장 단계로서 유아기, 아동기, 학령기가 해당됩니다. **양육**은 아이들이 자신의 능력을 해로운 방식으로 사용하지 않도록 하려는 부모의 보살핌을 의미합니다. **훈육**은 동물성을 인간성으로 변화시켜 주는 것입니다. 다시 말해, 인간이 자기의 동물적 충동에 따라 자신의 본래 모습, 즉 인간성에서 벗어나지 않도록 지켜 주는 것입니다. 훈육은 인간의 야만성을 바로잡는 행위라는 점에서 교육의 소극적인 부분이라 할 수 있습니다. 또한 훈육은 어릴 때 해야 합니다. 인간은 자유를 향한 애착이 강하여 일찌감치 규범에 복종하는 습관을 들이지 않으면 자칫 충동적이고 무법적인 성격을 지니게 되기 때문입니다(Päd., A1~5). 반면에 **육성**은 교육의 적극적인 부분이라고 할 수 있는데, 가르쳐 주는 '교수'와 배운 것을 실천하도록 이끌어 주는 '인도'를 포함하며, 그런 한에서 도야Kultur에 속합니다(Päd., A28).

　「서론」의 후반부로 가면서 칸트는 단순한 보살핌과 소극적 훈련의 단계인 양육을 제외한 교육의 과제를 좀 더 세분하여 서술합니다. 첫째, 인간은 **훈육**되어야diszipliniert 합니다. 앞서 살펴본 바와 같이, 훈육은 동물성이 인간성을 해치지 않도록 지키려는 노력, 즉 야만성을 제어하는 것을 가리킵니다. 둘째, 인간은 **도야**되어야kultiviert 합니다. 도야는 숙련을 갖추는 것으로, 예컨대 읽기와 쓰기처럼 인간의 다양한 목적을 달성하는 데 필요한 능력을 갖추는 것입니다. 셋째, 인간은 **영리함**(처세술)을 갖추어야klug werde 합니다. 이렇게 함으로써 그는 사회에 적응하고 사랑받으며 영향력을 지니게 됩니다. 여기에는 '시민화Zivilisierung'라고 일컬어지는 도야의 일종이 속하는데, 시민화에는 품행과 예의범절, 그리고 어느 정도의 영리함이 요구됩니다. 넷째, 인간은 **도덕성**을 갖추어야^{Moralisierung} 합니다(Päd., A22~23).

> 인간은 온갖 종류의 목적을 달성하는 데 능숙해져야 할 뿐만 아니라, 오직 순수하게 선한 목적들을 선택하는 마음씨도 지녀야 한다. 선한 목적이란 반드시 모든 사람에게 승인되고, 또한 동시에 모든 사람의 목적이 될 수 있는 것을 말한다.
>
> • Päd., A23

이 마지막 과제, 즉 '선의 실현'과 '자신의 도덕성 함양', 이것이야말로 칸트가 지향하는 **교육의 최종 목적**임은 두말할 것도 없습니다.

> 인간은 처음부터 선을 위한 자신의 소질을 계발해야 한다. 신의 섭리는 그것을 완성된 형태로 인간에게 심어 놓지 않았다. 신이 준 것은 도덕성에서 차이가 없는 단순한 소질일 뿐이다. 자기 자신을 개선하는 것, 자기 자신을 도야하는 것, 그리고 만일 그가 악하다면, 스스로의 도덕성을 키우는 것, 이것이 인간이 해야 할 일이다. 그러나 우리가 이를 깊이 숙고해 본다면, 이것이 매우 어려운 일임을 알게 될 것이다. 그러므로 교육은 인간에게 부과될 수 있는 과제 중 가장 크고 가장 어려운 과제다.
>
> • Päd., A14

	성장 단계	교육의 개념	교육의 과제	
자연적 교육	유아기	**양육** (단순한 보살핌)		
	아동기	**훈육** (소극적 교육)	동물적 충동 및 야만성 제어	
실천적 교육 (인격 교육)	학령기	**육성** (적극적 교육)	**도야** (개인적 차원)	숙련을 위한 기계적 육성
			시민화 (사회적 차원)	영리함을 위한 실용적 육성
			도덕화 (인류적 차원)	도덕성을 위한 도덕적 육성

실천적(도덕적) 교육

『교육론』의 「본론」은 교육을 **자연적 교육**과 **실천적(도덕적) 교육**으로 나누면서[1] 시작하는데, 전자는 인간이 동물과 공유하는 부분과 관련한 교육인 '양육' 또는 '훈육'을 가리키고, 후자는 인간을 자유로이 행위하는 존재로 육성하는 교육, 즉 '인격성을 위한 교육'을 의미합니다. 실천적 교육은 다시 세 단계로 나뉩니다.

이것[실천적 교육]은 인격성을 위한 교육, 자유로이 행위하는 존재의

---

1 『교육론』에서 칸트는 '자연적 교육'과 '실천적 교육'이라는 개념을 일관된 의미로 사용하지 않고 때로는 좁은 의미로, 때로는 넓은 의미로 사용하므로 주의해야 한다.

교육이다. 자유로이 행위하는 존재는 자기 자신을 유지하고[1단계],
사회 속에서 한 구성원을 이루며[2단계], 스스로 내적인 가치를 지닐
수 있는[3단계] 존재다.

실천적 교육은 ① 숙련을 위한 **고지식한 기계적** 육성, 즉 **교습적** 육성
(지식 전달자), ② 영리함을 위한 **실용적** 육성(가정교사), ③ 도덕성을
위한 **도덕적** 육성, 세 가지로 구성되어 있다. …

기계적 육성은 가장 먼저 이루어진다. 모든 영리함은 숙련을 전제로
하기 때문이다. 영리함은 자기의 숙련된 능력을 인간에게 잘 적용하
는 능력이다. 도덕적 육성은 원칙들에 근거를 두는데, 인간이 그 원칙
을 스스로 통찰해야 하므로, 가장 나중에 이루어진다.

● Päd., A36~37

이러한 실천적 교육의 세 가지 단계는 다른 방식, 즉 세 가지 가치
영역으로도 표현될 수 있습니다. ① '개인적' 가치의 차원에서 이루어
지는 **도야**, ② '사회적' 차원에서 이루어지는 **시민화**, ③ '전 인류적' 차
원의 보편적 가치를 지향하는 **도덕화**가 그것입니다. 칸트는 교육을
통한 개인의 발달 과정을 계몽을 통한 인류의 역사적 발전 과정과 동
일한 맥락에서 바라봅니다. 그래서 여기에 언급되어 있는 세 단계도
「보편사의 이념」(A402~403)에 동일한 용어로 표현되어 있습니다.

우리는 예술과 학문을 통해 고도로 **도야**되었으며, 각종 사회적 예의
범절에 관한 한 과도하다고 할 수 있을 정도로 **시민화**되었다. 그러나
우리 자신이 이미 **도덕화**되었다고 간주하기에는 아직 많은 것이 부족

한 실정이다. ⋯ 도덕적으로 선한 마음씨에 기초하지 않은 모든 좋은
것들은 단지 헛된 가상일 뿐이며 겉만 번지르르한 비참함일 뿐이다.

• 「보편사의 이념」[2]

또한 칸트는 이 세 가지 가치 영역이 상호 위계적 관계에 놓여 있
고, 처음의 두 가지 가치 영역과 마지막의 도덕적 가치 차원 사이에는
어떤 질적 단절이 있다고 여겼던 것 같습니다. 한마디로, 사물의 세계
Sachwelt를 잘 다루는 것(도야)과 동료 인간의 세계Mitwelt에서 잘 처신하
는 것(시민화)이 교육에서 일반적으로 필요로 하는 것이라면, 윤리적·
이성적인 자기규정(도덕화)은 교육에서 절대적 가치를 지니는 궁극 목
적에 해당한다고 봅니다.[3]

이제 「실천적 교육에 대하여」라는 장의 서두에서 칸트가 실천
적 교육의 세 가지 단계를 ① 숙련Geschicklichkeit, ② 처세술Weltklugheit,
③ 도덕성Sittlichkeit으로 나눈 것도 위의 세 가지에 대응해 이해할 수 있
습니다(Päd., A112 이하).

숙련(숙달된 능력)은 철저함을 기하는 것입니다. 철저함은 사람의
품성에서 본질적인 요소입니다. 숙련은 '재능'에 속합니다. 처세술은
숙련을 사람에게 적용하는 것입니다. 즉 우리 의도를 달성하기 위해
사람들을 어떻게 이용할 수 있는가에 관한 '기술'입니다. 처세술을 획

2 임마누엘 칸트 지음, 이한구 옮김, 「세계시민적 관점에서 본 보편사의 이념(Idee zu einer
   allgemeinen Geschichte in weltbürgerlicher Absicht)」, 『칸트의 역사철학』, 서광사, 1992, 37쪽.
3 E. Hufnagel, "Kants pädagogische Theorie", in: Kant-Studien 79, 1988, S. 53~55 참조.

득하려면 예의범절의 기술을 갖추어야 합니다. 처세술은 '기질'의 문제입니다. **도덕성**은 '품성'의 문제입니다. 품성은 무엇을 행하고자 하는 확고한 결의와 그러한 결의를 실제로 행하는 데 있습니다. 아이들의 품성을 정초하려면 우선 그들이 행해야 할 의무들을 가능한 한 많은 사례와 지침을 통해 가르쳐 주어야 합니다.

의무에는 자기 자신에 대한 것과 타인에 대한 것이 있습니다. '자기 자신에 대한 의무'에는 욕구와 경향성에 맞서 분수를 지키고 절제해야 하는 의무도 있지만, 가장 중요한 것은 자신의 내면에 깃들어 있는 **인간 존엄성**을 부인하지 않는 것입니다.

> 인간은 자기 내면에 어떤 존엄성을 지니고 있으며, 이 존엄성이 그를 모든 피조물에 앞서 고귀하게 만든다. 그리고 그의 의무는 자신의 고유한 인격 속에 들어 있는 인간성의 존엄성을 부인하지 않는 것이다.
>
> • Päd., A119

스스로를 인간 존엄성 이하로 떨어뜨리는 대표적 사례는 거짓말입니다. "거짓말은 인간을 일반적 경멸의 대상으로 만들며, 모든 사람이 마땅히 지녀야 할 존경과 신뢰감을 그 자신에게서 빼앗아 가는 수단"(Päd., A120)입니다.

'타인에 대한 의무'는 무엇보다 "인간의 권리에 대한 경외와 존경"에 있습니다. 이것은 아동에게 일찍부터 가르쳐야 합니다(Päd., A120).

도덕 교육과 덕 교육

도덕 교육의 과제와 관련하여 특히 눈에 띄는 부분은 '아동기'의 도덕 교육에 관한 칸트의 지적입니다. 앞서 언급했듯이 칸트는 도덕 교육의 일차적 과제가 **품성**Charakter을 정초하는 일이라고 봅니다. 품성은 '준칙에 따라 행하는 능력'입니다. 아동은 처음에는 '교칙'에 따라 행하지만, 나중에는 '인간성의 준칙'에 따라 행합니다. 칸트에 따르면 어린 학생의 품성을 위해 첫째로 중요한 것은 **순종**입니다.

> 어린이, 특히 어린 학생의 품성을 위해서 중요한 것은 무엇보다도 순종이다. 순종에는 두 가지가 있는데, 첫째는 **절대적인** 것에 대한 순종이고, 둘째는 지도자의 **이성적이고 선하다고 인정되는 의지**에 대한 순종이다. 순종이 강제에서 나온 것일 경우에는 **절대적인** 것이고, 신뢰에서 나올 경우에는 다른 종류의 것이다. 이러한 **자발적** 순종은 매우 중요하다. 그러나 전자도 반드시 필요한데, 왜냐하면, 이것은 아이가 장차 시민으로서 지켜야 할 법칙 ―비록 당장은 이러한 법칙이 마음에 들지 않겠지만― 을 준수하기 위한 준비가 되기 때문이다.
>
> • Päd., A101~102

아동에서 청소년으로 성장하게 되면 이제 **의무** 개념이 등장해야 합니다.

> 청소년 초기의 순종은 아동의 순종과 구별된다. 전자는 의무의 규칙 아래에 복종하는 것이다. 의무에서 무언가를 행한다는 것은 이성에

복종한다는 것을 가리킨다.

• Päd., A106

아동의 품성 형성에서 둘째로 중요한 것은 **진실성**입니다.

진실성은 품성의 특징이며 본질이다. 거짓말을 하는 인간에게 품성이
란 존재하지 않는다.

• Päd., A107

아동의 품성에서 셋째로 중요한 요인은 **사교성**입니다.

아이는 다른 아이들과 사이좋게 지내야 하며, 늘 외톨이로 있으면 안
된다. 많은 교사는 학교에서 맺는 친교에 반대하지만, 이는 매우 잘못
된 것이다. 아이는 삶의 가장 달콤한 즐거움을 위하여 준비되어 있어
야 한다.

• Päd., A109

칸트에게 도덕 교육의 목적은 최종적으로 인간의 이성 능력을 의
무와 법칙의 개념들로까지 높이는 데 있습니다. 하지만 인간은 이것
에 역행하는 경향성과 본능을 지니고 있습니다. 따라서 인간은 오로
지 자기 강제를 습관화하는 덕을 함양함으로써 도덕적으로 선해질 수
있습니다.

인간은 본래 도덕적으로 선한가, 악한가? 둘 다 아니다. 왜냐하면, 인간은 본래 전혀 도덕적인 존재가 아니기 때문이다. 인간은 자신의 이성이 의무와 법칙의 개념으로까지 높여질 때만 도덕적인 존재가 된다. 그런데도 우리는 인간이 본래 모든 악덕을 향한 충동을 자기 안에 지니고 있다고 말할 수도 있다. 인간은 자신을 자극하는 경향성과 본능을 ―이성이 그를 반대 방향으로 이끌어 가려 하는데도― 자기 안에 지니고 있기 때문이다. 그러므로 인간은 오로지 덕을 통해서만, 즉 자기 강제를 통해서만 도덕적으로 선해질 수 있다.

• Päd., A128

2. 『실천이성비판』을 통해서 본 도덕 교육 방법론

『실천이성비판』의 제2편 「순수 실천이성의 방법론」에서 우리는 칸트의 도덕 교육론을 찾아볼 수 있습니다. 이 「방법론」에서는 도덕적 동인, 즉 도덕적 동기화가 주요 주제이며 '어떻게 의무에 대한 존경심을 유발할 수 있는가'에 대해 다룹니다.

순수 실천이성의 방법론은 순수 실천이성의 법칙들로 하여금 어떻게 인간의 마음 안에 **진입**하게 만들 수 있는가, 어떻게 이 마음의 준칙들에 **영향**을 미치게 만들 수 있는가, 다시 말해, 어떻게 객관적으로 실천적인 이성을 **주관적으로**도 실천적이게 만들 수 있는가 하는 방식을 의미한다.

• KpV, A269

도덕의 유일한 동인으로서 순수한 도덕성

"왜 도덕적으로 살아야 합니까?"라는 학생의 질문에 대해 "그게 결국에는 너에게도 이익이 된단다"라고 하는 선생님의 일반적인 대답을 우리는 전해 듣습니다. 물론 "법칙을 직접적으로 떠올리고 그것을 의무로서 객관적·필연적으로 준수하는 것만이 행위의 참된 동기로 여겨져야 한다는 점은 분명"합니다. "그렇지 않으면 행위의 **합법성**은 생길지 몰라도 심정의 **도덕성**은 생기지 않을 것이기 때문"입니다(KpV, A269~270). 결과적으로 내게 돌아올 이익을 기대하여 도덕적 행위를 한다면 그 행위는 참된 도덕적 가치를 지니지 않을 것입니다. 그럴 경우, "모든 것은 순전히 위선일 것이고, 법칙은 싫어지고 어쩌면 아예 경멸될 것이며, 그런 가운데 법칙은 오로지 자기 이익을 위해 준수될 것"이기 때문입니다(KpV, A270).

도덕적으로 아직 미성숙한 사람을 도덕적 선으로 인도하려면, 때로는 그 자신에게 이익이 되는 것으로 유혹하거나, 자칫하면 손해를 입게 될 것이라고 위협하는 방법도 필요할 수 있습니다. 그러나 이러한 과도기적(보조) 수단이 효과를 거둘 경우에도, 즉시 뒤이어 순수한 도덕적 동인이 우리 마음속으로 들어와야 합니다.

이러한 순수한 도덕적 동인만이 품성(불변적 준칙에 따르는 실천적으로 일관된 사고방식)을 정초하는 유일한 것일 뿐만 아니라, 인간으로 하여금 자신의 고유한 존엄성을 느끼도록 가르치기 때문에, 그 자신도 기대하지 못했던 힘을 마음에 가져다준다. 이 힘은 감성적 애착이 지배하려 할 때 그 모든 감성적 애착에서 벗어나게 해 주고, 또 인간이 바친 희생에 대한 풍부한 보상을 그의 예지적 본성의 독립성과 그가 자기의 사명으로 여기는 영혼의 위대함에서 발견하게 해 준다. 그러므로 우리는 우리 마음의 이러한 속성이, 즉 순수한 도덕적 관심의 이러한 수용성이, 그러니까 덕의 순수한 표상이 지닌 동력이, 만일 이것이 인간의 가슴에 적절하게 각인된다면, 이것이야말로 선을 향한 가장 강력한 동기임을, 또 도덕적 준칙들을 준수함에 있어서 그 지속성과 엄밀성이 관건일 때 선의 유일한 동기임을, 누구에게나 가능한 관찰을 통해 입증하고자 한다.

• KpV, A271~272

이처럼 칸트는, 도덕법칙을 직접 따르고자 하는 순수한 도덕적 동기만이 선의 유일한 동기임을 역설합니다. 그러면서 이는 평범한 사람들의 일상적 대화에서도 확인할 수 있다고 주장합니다. 칸트에 따르면 사람들은 일상적인 대화나 환담의 자리에서도 선하거나 악한 행위의 도덕적 내용을 결정하는 것이 화제가 될 경우, 누구나 끼어들기를 좋아하고 그 의도의 순수성을 꼬치꼬치 따집니다(KpV, A273). 그리고 행위의 도덕성을 검증할 때 "순수한 도덕성이란 도대체 어떤 것이냐?"라고 물을 경우, 상식을 지닌 사람이라면 누구나 답할 수 있습니다. 이는 열 살짜리 소년일지라도 마찬가지입니다. 만일 우리가 이 소년에게 엄청난 유혹과 위협에도 결코 굴하지 않고 공명정대함을 잃지 않는 어떤 정직한 사람의 이야기를 들려준다면, "이 이야기를 들은 소년은 점차 단순한 동의에서 경탄으로, 경탄에서 경이로, 마침내 최대의 경의와 자신도 그러한 사람이 될 수 있기를 바라는 열망으로 고양될 것"입니다(KpV, A277~278).

> 따라서 도덕성이 순수하게 현시되면 될수록 도덕성은 인간의 마음에 그만큼 더 큰 힘을 미칠 것이 틀림없다. … [여기에] 자기의 행복에서 취해 온 동기들을 뒤섞는 것은 도덕법칙이 인간의 마음에 영향을 미치는 데 [오히려] 방해가 된다.
>
> • KpV, A279

이로써 우리는 '법칙에 대한 존경'이 보는 이의 마음에 가장 큰 힘을 행사한다는 사실을 알 수 있습니다.

도덕의 동기로서 '사례'의 역할

우리 시대에 사람들을 선으로 이끌려면 '의무'라는 무미건조하면서도 진지한 표상에 의거하기보다 부드럽고 상냥한 '감정'을 통해 접근하는 편이 더 나을 것이라는 견해가 있습니다. 일례로 어린이에게 어떤 고상하고 영웅적인 행위를 모범으로 제시하면서 그런 행위에 대한 열정을 불어넣어 어린이를 사로잡으려는 시도가 있는데, 이는 완전히 목적에 위배되는 일입니다. 이런 일은 일찌감치 어린이를 공상가로 만드는 것과 마찬가지이기 때문입니다. 이런 사이비 동기는 그 동기를 통해 성취하려는 진정한 도덕적 영향을 마음에 미치지 못합니다(KpV, A280).

> **원칙**은 [감정이 아닌] 개념 위에 세워질 수밖에 없다. 그 밖의 다른 토대 위에서는 단지 변덕만 생겨날 뿐이다. 변덕은 인격에 아무런 도덕적 가치를 줄 수 없고, 자기 자신에 대한 신뢰조차도 줄 수가 없다. 그런데 자신에 대한 신뢰가 없다면, 자신의 도덕적 마음씨에 대한 의식과 도덕적 품성에 대한 의식, 즉 인간 안의 최고선은 결코 생겨날 수 없다.
>
> • KpV, A281

그래도 문제는 여전히 남습니다. 그것은 도덕법칙이 객관적 법칙에 머물러서는 안 되고, 주관적으로도 실천적이어야 한다는 요구입니다. 모두 알다시피 도덕법칙을 준수하는 일은 우리에게 늘 힘겨운 과제입니다.

> 도덕법칙은 최고로 존경할 만한 모습으로 나타나기는 하지만, 인간에게 자연스러운 방식으로 익숙해 있는 요소처럼 그렇게 친근한 모습으로 나타나지는 않고, 오히려 자기 부정 없이는 그것을 떠날 수 없도록 강요하고, 끊임없이 퇴락을 염려하면서 노력할 때에만 유지할 수 있는 한 단계 더 높은 곳에 인간을 처하도록 강요하는 모습으로 나타난다.
>
> • KpV, A281

그렇다면 도덕법칙으로 하여금 주관적 차원에서도 동기의 힘을 지니게 하는 방법은 무엇일까요? 제일 먼저 떠오르는 것은 행위의 모범적인 실례를 제시하는 방법입니다. 이에 칸트는 '위험을 무릅쓰고 난파선에서 사람들을 구하려다 자기 생명을 잃은 경우'와 '조국을 지키기 위해 자기 생명을 희생한 경우'를 예로 듭니다. 과연 이러한 행위를 고결한 행위로 표상하는 것이 이 행위를 도덕법칙과 관련한 순전한 의무로 표상하는 것보다 그 동기의 힘이 더 클까요? 이러한 물음에 대해 칸트는 "그러한 행위는 모방을 위한 본보기와 동인의 완전한 힘을 자체적으로 가지고 있지는 않다"(KpV, A282)라고 지적합니다. 그러면서 "우리가 이러한 실례에서 인간적 본성이 그러한 모든 것[경향성]을 넘어 위대한 고양으로 나아갈 능력이 있음을 확신할 수 있다면, 우리는 그러한 실례를 통해 우리의 영혼이 강화되고 고양됨을 발견한다"고 말합니다(KpV, A283). 요컨대 그러한 실례는 법칙의 실현 가능성에 대한 용기와 희망을 주는 역할을 한다는 것입니다.

그러나 모든 것을 오로지 의무의 신성함 뒤에 두는 것, 그리고 우리 자신의 이성이 이런 일을 의무의 명령으로 인정하고 또 사람들이 그것을 **행해야 한다**고 말하기 때문에 사람들이 그것을 **행할 수 있다**고 의식한다는 것, 이것은 말하자면 감성세계 자체를 뛰어넘어 자신을 완전히 고양한다는 것을 의미하며, 그러한 의식 안에서 법칙의 의식은 또한 **감성을 지배하는** 능력의 동기로서 불가분하게 연결되어 있다. 비록 이 동기가 항상 효과와 연결되는 것은 아니지만 말이다. 그러나 이 효과는 이런 동기에 자주 종사함으로써 그리고 처음에는 미미했던 동기의 사용을 시도해 봄으로써 그 효력에 대한 희망을 준다. 그리하여 우리 안에 점차 법칙에 대한 최대의, 그러면서도 순수한 도덕적 관심이 생겨나게 한다.

도덕법칙의 실행력을 높이는 방법은 다음과 같은 과정을 밟습니다. 첫째, 도덕법칙에 따른 판정을 습관화하여 이 판정을 예리하게 하는 일입니다. 처음에는 어떤 행위를 관찰하여 이것이 도덕법칙에 맞는지 판정하는 것을 훈련하고 도덕적으로 선한 행위에 관한 인식력을 확장해야 합니다. 그러나 이러한 판단력은 아직 도덕성 자체에 대한 관심으로 나아간 것은 아닙니다. 판단력은 순전히 우리가 기꺼이 이렇게 판정하는 것을 즐기도록 만들 뿐이며, 덕 또는 도덕법칙에 따르는 사유방식에 아름다움의 형식을 줄 뿐입니다. 따라서 다음 단계의 훈련이 필요합니다.

둘째, 실례들에서 도덕적 마음씨를 생생하게 드러내 보임으로써 의지의 순수성을 알아차리도록 하는 일입니다. 학생들은 이 훈련을 통해 의무에서 비롯한 행위에서 경향성의 영향 없이 오로지 의지의 순수성과 자기의 자유 의식에 대해 주의를 유지합니다. 처음에는 경향성을 단념하는 것이 강제로 느껴질 수 있지만, 그 대신 다른 원천에서 오는 만족감을 받아들일 수 있게 됩니다. 학생이 실례에서 제시된 순수한 도덕적 결단을 통해 자신의 **내적 자유**를 발견할 경우, 그의 심정은 경향성의 압박에서 해방되어 가벼워집니다. 여기에는 "경향성과 행복한 상태로부터 독립해 있다는 의식, 그리고 자족적일 수 있다는 의식"이 포함되어 있습니다(KpV, A287). 이러한 자족의 가능성은 언제나 내가 흔들림 없이 도덕적 마음씨를 지키는 데 도움을 줍니다.

> 이제 의무의 법칙은 우리가 이 법칙을 준수할 때 느끼는 적극적 가치에 의하여, 우리의 자유에 대한 의식 가운데 있는 **우리 자신에 대한 존경**을 통해 [우리의 내면에] 좀 더 쉽게 들어온다. 인간이 내면적 자기 검증에서 자기 자신의 눈에 자신이 하찮고 비난받아 마땅한 자로 보이는 것보다 더 두려운 것이 없을 때, 자기 자신에 대한 존경은 충분히 뿌리내린 것이 된다. 모든 선한 도덕적 마음씨는 이러한 자신에 대한 존경에 접목될 수 있다. 왜냐하면, 이것은 저속하고 타락한 충동이 마음에 침입하는 것을 막아 내는 최선의, 아니 유일한 파수꾼이기 때문이다.

> • KpV, A287~288

3. 『도덕형이상학』을 통해서 본 도덕 교육 방법론

「덕론」의 'Ⅱ. 윤리적 방법론'에서 칸트는 도덕 교육의 방법론(교수법과 수행법)에 관해 논합니다.

덕 교육의 교수법

칸트는 '윤리적 교수법'에 대한 논의를 "덕은 (타고나는 것이 아니라) 획득되어야만 한다"(MS-T, A163)라는 말로 시작합니다. 덕이 타고나는 것이 아니라 획득되어야 하는 것이라면, 당연히 "덕은 **가르쳐**질 수 있고 **가르쳐야만**" 합니다. 여기서 중요한 점은, 덕이란 한갓 이론적 가르침만으로 획득되지는 않는다는 것입니다.

> 그래서 스토아학자들은 덕이 의무에 대한 단순한 표상이나 훈계를 통해 (교훈적으로) **가르쳐**질 수 있는 것이 아니라, 인간 내면의 적과 싸워 이기려는 시도를 통해 (수행적으로) 계발되고 **단련될** 수 있다고 생각했다. 왜냐하면, 우리가 미리 자신의 힘을 시험해 보고 단련해 놓지 않는다면, **의욕하는** 모든 것을 즉각 **행할 수**가 없기 때문이다.
>
> • MS-T, A164

덕론이 하나의 **학문**이 되려면 당연히 **방법**을 갖추어야 하는데, 그 방법은 **체계적**이어야 합니다. 칸트는 덕을 교육하기 위한 교수법을 **강술식**과 **질의응답식**으로 구분하여 살펴봅니다. 강술식 방법은 선생이 일방적으로 강의하고 학생은 단지 그것을 듣는 수업 방식인데, 이는 덕을 가르치는 방법으로 유효하지 않습니다. 덕은 스스로의 수행을 통해 얻어지는 것으로서, 일방적 강술로는 가르쳐질 수 없기 때문입니다.

이어서 칸트는 질의응답식 방법을 선생과 학생의 질문과 대답으로 이루어지는 수업 방식이라고 정의하며, 그것을 다시 **대화식** 교수법과 **문답식** 교수법으로 나누어 살펴봅니다. 대화식 교수법은 이성을 바탕으로 질문과 대답이 오가는 방식입니다. 이 과정에서 질문을 던지는 선생과 대답을 하는 학생의 이성은 어디까지나 동등한 이성으로 가정됩니다. 이러한 가정 아래에서 선생과 학생은 서로 번갈아 묻고 답하며 자연스럽게 배움을 얻게 됩니다. 반면 문답식 교수법은 이성이 아닌 한낱 기억에 질문을 던지는 것입니다.

> 전자[대화식 교수법]는 선생이 제자들의 **이성**에 묻는 것이고, 후자는 단지 그들의 **기억**에 묻는 것이다. 만일 누군가가 타인의 이성에 물어서 무언가를 알아내고자 한다면, 이는 대화적으로만, 다시 말해 선생과 학생이 **서로에게** 묻고 대답함으로써만 일어날 수 있다.
>
> • MS-T, A164~165

대화식 교수법은 교사와 학생의 동등한 이성을 전제로 하지만, 실제로 아직 배움이 부족한 학생의 이성은 교사와 동등하게 이성적 대화를 나눌 능력을 갖추고 있지 못합니다. 따라서 어떤 질문을 해야 하는지조차 모르는 학생을 위해 첫 번째로 필수적인 교수법은 도덕적 **문답법**입니다. 이 방법은 '내용상'으로 볼 때 평범한 인간 이성에서 전개되어 나올 수 있는 것이고, '형식상'으로 볼 때는 첫 기초교육을 위한 교수법적 규칙들에 적합한 것입니다. 그러므로 우리는 덕의 교수법이 처음에는 문답식으로 이루어지고, 어느 정도 이성이 발달한 후에 대화식으로 이루어질 수 있음을 짐작할 수 있습니다.

덧붙여 칸트는 덕 교육에서 **실례**(본보기)의 역할에 대하여 언급합니다. 덕의 육성을 위한 실험적(기술적) 수단은 교사 자신이 모범을 보임으로써 좋은 실례가 되고 타인에게 경고하는 실례가 되는 것인데, 여기에 유의할 점이 있다는 것입니다. 그것은 덕의 준칙은 결코 타인의 실례를 통해 정초할 수 없으며, 오로지 주체의 자율을 통해서만 정초할 수 있다는 사실입니다(MS-T, A167). 즉 어떤 인간의 실제 모습(사실)이 아니라 내 안의 도덕법칙(이념)에 근거해야 한다는 것입니다.

> (선에 대한 것이든 악에 대한 것이든) 모방이나 경고에 대한 성향에 제시되는 **본보기**의 힘에 관해 말하자면, 타인이 우리에게 주는 것은 덕의 준칙을 정초할 수 없다. 왜냐하면, 덕의 준칙은 인간 각자의 실천이성의 주체적 자율에 존립하기 때문이다. 따라서 타인의 행동이 아니라 법칙이 우리의 동기가 되어야만 한다. … 좋은 본보기(본보기적 품행)는 모범으로서가 아니라, 의무에 맞는 것이 실행 가능하다는 데 대한 증거로만 쓰여야 한다. 따라서 교사에게 그의 교육에서 결코 빠질 수 없는 표준척도로 제공되어야 하는 것은, 여느 타인과 비교하는 것(그가 어떠한 인간이라는 사실)이 아니라 그가 어떠한 인간이어야 하는가 하는 (인간성의) 이념과 비교하는 것, 즉 법칙과 비교하는 것이다.
>
> • MS-T, A167~168

뒤이어 칸트는 마치 소크라테스의 대화편에 나오는 것처럼 도덕적 문답법의 실례 한 토막을 직접 보여 준 다음, 문답법을 시행할 때 특히 주의할 점에 관해 언급합니다. 그것은 의무의 명령이 그 명령을 준수함으로써 주어지는 이익이나 손해에 기초해서는 안 되고 전적으로 순수하게 도덕적 원리에만 기초해야 한다는 사실입니다.

왜냐하면, 만일 행위에서 덕의 존엄이 모든 것에 우선하지 않는다면,

의무 개념 자체가 사라지고 한낱 실용적인 지침들 속에서 녹아 버리기 때문이다. 그렇게 되면 자기 자신의 의식 속에 있는 인간의 고귀함은 사라지고 그는 어떤 가격에 팔릴 물건이 되어 유혹적 경향성들이 제시하는 거래의 대상이 되고 만다.

• MS-T, A173

칸트가 보기에 이러한 문답식 도덕 교육에서 도덕적 육성을 위해 대단히 유용한 방식은, 의무를 분석할 때마다 약간의 사례론적 물음을 던지고, 모여 있는 아이들로 하여금 각자 자기 앞에 주어진 난감한 과제를 어떻게 해결하려 하는지 말하게 함으로써 그들의 지성을 시험하는 것입니다. 이러한 방법이야말로 아직 도덕적으로 미성숙한 인간의 역량에 가장 적합한 이성 계발법입니다(MS-T, A174).

덕 교육의 수행법

칸트는 덕을 훈련하는 규칙들과 관련하여 마음의 두 가지 정서를 강조합니다. 그것은 의무를 수행할 때 지녀야 할 **씩씩한** 마음과 **기쁜** 마음(강건하고 유쾌한 마음)입니다. 덕은 장애물들과 투쟁해야 하는데, 장애물들을 제압하려면 자기 힘을 모아야 하기 때문입니다. 또한 동시에 삶의 많은 즐거움을 희생해야 하는데, 만일 의무를 수행하면서 그것을 기쁘게 행하지 않고 한낱 강제 노역처럼 행하게 된다면, 그것은 의무를 따르는 이에게 아무런 내적 가치도 주지 못할 뿐만 아니라, 오히려 수행하기를 꺼리도록 만들 것이기 때문입니다(MS-T, A176).

그러므로 윤리적 수련은 자연 충동들이 도덕성을 위험에 빠뜨리는 일이 일어날 때 그 충동들과 싸우는 데 지배력을 행사할 수 있는 정도에 이르러야 성립한다. 이때 그것은 [우리를] 씩씩하게, 그리고 자유를 되찾았다는 의식으로 기쁘게 만들어 준다. … 그러므로 인간이 자기 자신에게 가하는 훈육은 유쾌한 감각을 수반해야만 긍정적 결과를 가져올 수 있고 또한 본보기가 될 수 있다.

• MS-T, A177~178

이것으로 열한 번째 강의를 마칩니다. 이 강의에서는 **도덕 교육의 방법**에 대해 검토했습니다. 『교육론』에서 칸트는 인간의 성장 단계에 따른 교육의 개념과 과제를 다룹니다. 아동기의 **훈육**이 인간의 동물적 충동과 야만성을 제어한다는 소극적 의미의 교육을 의미한다면, 학령기의 **육성**은 개인적 차원의 **도야**, 사회적 차원의 **시민화**, 인류적 차원의 **도덕화**를 망라하는 적극적 의미의 교육(즉 도덕 교육)을 의미합니다.

『실천이성비판』, 「방법론」에서는 '어떻게 의무에 대한 존경심을 유발할 수 있는가'라는 **도덕적 동인**에 대해서 주로 다룹니다. 여기서 칸트는 (사례를 제시하는 방식보다도) 도덕법칙을 직접 따르고자 하는 순수한 도덕적 동기만이 선의 유일한 동기임을 역설합니다.

「덕론」의 '윤리적 방법론'에서는 **덕 교육의 교수법**으로서 '대화식' 교수법과 '문답식' 교수법의 장단점을 검토한 다음, 끝으로 **덕 교육의**

수행법을 언급하며 수행 시 유의해야 할 마음가짐을 강조합니다.

　다음 두 강의에서는 「덕론」에서 제시된 다양한 이슈들을 살펴보고자 합니다. 칸트가 「덕론」에서 논하는 덕의무는 크게 '자기 자신에 대한 의무'와 '타인에 대한 의무'로 나누어 볼 수 있습니다. 따라서 다음 강의의 주제는 그 전자인 **자기 자신에 대한 의무**입니다.

열두 번째 강의,

『도덕형이상학』「덕론」의 이슈들 1

─자기 자신에 대한 의무─

1. 덕과 덕의무

윤리학, 또는 덕론[1]

혼히 칸트 윤리학은 지나치게 추상적이고 형식적이어서 현실과
동떨어져 있다는 비판을 받기도 합니다. 칸트가 말하는 자율적 인간
은 공동체 내의 관계나 상황을 무시한 고립된 인간으로서, 여기에 입
각한 윤리학은 자연히 공동체적 맥락이나 사회적 측면이 경시된 이론
일 수밖에 없다는 것입니다. 그러나 칸트가 도덕법칙에서 '형식'을 강

---

1 칸트가 『도덕형이상학』의 「법론」에 이어서 전개하는 「덕론」은 사실상 윤리학(Ethik)을
가리킨다. 법론이 외적 입법이 가능한 법칙을 대상으로 하여 좁은(행위 주체에게 행위
선택의 여지가 없는) 의무를 주제로 하고 있다면, 덕론은 내적 입법만이 가능한 법칙을
대상으로 하여 넓은(행위 주체에게 행위 선택의 여지가 있는) 의무를 주제로 하고 있다.
이러한 차이가 생기는 이유는 전자가 '행위 그 자체'를 의무의 대상으로 삼는 데 반해,
후자는 '행위의 준칙'을 의무의 대상으로 삼기 때문이다. 달리 말하면, 법론이 외적 강
제가 가능한 의무를 다룬다면, 덕론은 내적(자기 자신이 부과한) 강제에 의한 의무를 다
룬다. 칸트가 여기서 전개하는 「덕론」은 우리가 도덕법칙을 현실의 구체적 삶에서 과
연 어떻게 실현할 것인지를 논한 '응용도덕철학'(물론 경험적 사례에 근거한 응용윤리학과
는 다른 개념이다)이라 할 수 있을 것이다.

조한 것을 다양한 가치관을 지닌 사람들이 살아가는 다원화된 사회에서 어떻게 보편적으로 적용될 수 있는 최고 규범을 정초할 수 있을지에 대해 고민한 결과라고 본다면, 칸트 윤리학은 현실을 도외시한 것이 아니라 오히려 현실을 고려한 결과라고 볼 수도 있습니다. 최고의 규범인 도덕법칙을 정초함으로써 보편적으로 적용될 수 있는 윤리의 기반을 확립한 다음, 구체적인 행위의 장場에서는 우리가 지녀야 할 **덕**과 우리가 지켜야만 할 **의무**를 강조하는 전략인 것입니다.[2]

칸트의 『도덕형이상학』은 크게 「법론」과 「덕론」으로 구성되어 있습니다. **법론**이 외적인 법칙에 의해 주어지는 의무, 즉 **외적 강제**에 대해 다룬다면, **덕론**은 외적인 법칙 아래 놓이지 않는 의무, 즉 **자기 강제**에 대해 다룹니다. **의무**란 원래 자유로운 의사를 법칙에 따라 강요(강제)함을 뜻합니다. 도덕적 **명령**은 정언적 당위를 강제하는 것인데, 이러한 강제는 신성한 존재에게는 해당되지 않고 인간처럼 유한한 존재("이성적 **자연 존재**")에게만 해당됩니다. 다시 말해서 "충분할 정도로 신성하지 못해 쾌에 지배당하기 쉬워서, 비록 도덕법칙의 권위 자체를 인정하기는 하지만 자주 그것을 위반하며, 그것에 복종할 때조차 (자신들의 경향성의 저항 때문에) **마지못해** 그렇게 하는 인간에게만 해당"됩니다(MS-T, A2).

---

2 칸트가 「덕론」에서 말하는 '덕'은 공동체주의에서 강조하는 '덕' 개념과는 그 의미가 다르다. 공동체주의에서 강조하는 덕이 공동체의 가치나 전통에 근거한다면, 칸트가 강조하는 덕은 특수한 전통이나 조건에서 벗어나 어떤 행위가 의무이기 때문에 행하는 태도, 경향성을 이기고 선의지를 따르고자 하는 마음가짐(용기, 도덕적 힘)을 가리킨다.

강력하지만 부당한 적에 저항할 수 있는 능력과 숙고된 결의가 **용기**이며, **우리 안의** 도덕적 심정의 적과 관련해서는 **덕**(도덕적 힘)이다. 그러므로 일반적 의무 이론 중 외적 자유가 아니라 내적 자유를 법칙 아래에 두는 부분이 곧 **덕론**이다.

● MS-T, A3~4

법론은 외적 자유의 **형식적** 조건만(준칙이 과연 법칙과 합치하는지만), 다시 말해 **법**만을 다룹니다. 반면에 윤리학은 **질료**(즉 자유로운 의사의 대상), 즉 순수 이성의 **목적**을 제시합니다. 목적이란 이성적 존재가 자유로운 의사로 추구하는 대상인데, 이것은 또한 자기 강제의 산물이기도 하기 때문에, "**그 자체가 의무이기도 한 목적**"이라 할 수 있습니다. 이러한 목적에 대한 이론은 법론이 아니라 윤리학에 속하며, 이로써 우리는 윤리학을 "순수한 실천이성의 **목적들의 체계**"라고 정의할 수 있습니다(MS-T, A4~5).

덕, 덕의무

칸트의 **덕** 개념을 우리는 다음 구절에서 확인할 수 있습니다.

덕은 인간이 자기 의무를 수행할 때 따르는 준칙의 강함이다. 모든 강함은 그 강함이 압도할 수 있는 장애를 매개로 해서만 인식된다. 덕의 경우, 이 장애는 도덕적 결의와 다투게 될 수 있는 자연 본성적 경향이다. 인간은 자신이 이러한 장애로써 자기 준칙을 방해하는 자이므로, 덕은 자기 강제에 그치는 것이 아니라 (이 경우, 하나의 자연 본성적 경향이 다른 경향을 강제하려 애쓰는 일이 일어날 수 있다) 내적 자유의 원리에 따르는 강제, 다시 말해 의무의 형식적 법칙에 따르는, 즉 자기 의무에 대한 표상을 통해서만 일어나는 강제이기도 하다.

• MS-T, A28

요약하자면, 덕이란 '준칙을 수행하는 데 방해가 되는 (자연 본성적) 경향성을 이길 수 있는 힘'을 의미합니다. 우리가 앞서(열한 번째 강의) 다룬 '도덕 교육론'에서 보았듯이, 이러한 능력을 지니려면 교육되고 단련되지 않으면 안 됩니다. 즉 우리는 덕에 대한 의무가 있으며, 마땅히 덕을 길러야 합니다.

우리는 또 이렇게 말할 수도 있다. 인간은 (도덕적 강함인) 덕에 **대한** 의무가 있다고 말이다. 비록 감성적으로 대립하여 작용하는 모든 충동을 극복하는 능력이 인간의 자유로 말미암아 단적으로 **전제될** 수 있고 또 **전제되어**야만 하지만, **강함**(힘)인 이 능력은 취득해야만 하는 어떤 것이기 때문이다. 이것은 도덕적 **동기**(법칙에 대한 표상)가 우리 안에 있는 순수한 이성 법칙의 존엄성을 숙고함으로써 그리고 동시에 **훈련**을 통해 고양됨으로써 가능하다.

• MS-T, A33

의무인 동시에 목적인 것(넓은 의무)

의무인 동시에 목적인 것들로는 **자신의 완전성**과 **타인의 행복**이 있습니다. 우리는 이것들을 서로 뒤바꿀 수 없습니다. 다시 말해서 한편으로는 **자신의 행복**을, 다른 한편으로는 **타인의 완전성**을 의무이자 목적으로 삼을 수는 없다는 것입니다. 자신의 행복은 모든 인간이 자연적·본성적으로 추구하는 목적이기에 그것을 **의무**라고 말할 수는 없습니다. 의무란 원래 원하지 않는 목적을 강요하는 것이니 말입니다. 마찬가지로 타인의 완전성을 나의 목적이나 의무로 삼는 것 또한 모순입니다. 자율적 인격체에게 맡겨진 몫, 즉 그 당사자가 아니면 할 수 없는 어떤 것을 내가 해야만 한다고 요구하는 것(나의 의무로 삼는 것)은 자기모순에 불과합니다(MS-T, A13~14).

'자신의 완전성'과 '타인의 행복'을 추구할 의무에 대해서는 아홉 번째 강의에서 '자신의 타고난 재능을 개발하는 것'과 '곤경에 빠진 타인을 돕는 것'을 **불완전한 의무**라는 개념으로 검토한 바 있습니다. 이는 '자살 금지'와 '거짓 약속 금지'를 각각 자기 자신과 타인에 대한 **완전한 의무**로 규정한 것에 대비됩니다.

① 자신의 완전성

이 의무는 다름 아니라 자기의 **능력**(또는 자연 소질)을 **개발**하는 것인데, 이 능력 가운데서는 의무와 관련되는 개념의 능력인 **지성**이 최고 능력입니다. 이 의무는 동시에 또한 자기의 **의지**(도덕적 사고방식) **개발**도 포함하며, 그렇게 함으로써 모든 의무 일반을 충족시킵니다. 전자는 자신의 동물성에서 벗어나 인간성을 향해 점차 상승하는 것인데, 여기에는 배움으로써 자신의 무지를 보완하고 오류를 수정하는 것도 포함됩니다. 후자는 의지를 개발함으로써 가장 순수한 덕의 심정에 이르게 되고, 자연스러운 의무감에서 법칙에 복종할 정도가 되는 것으로, 이것이 곧 내적인 도덕적·실천적 완전성입니다. 이러한 완전성에 뒤따르는 감정이 **도덕적 감정**, 즉 특수한 **감각**입니다. 이것은 '동시에 의무이기도 한' 모든 특수한 목적을 자기 대상으로 삼는 도덕적 완전성입니다(MS-T, A15~16).

여기서 우리는 칸트가 자신의 지성과 의지의 능력을 개발함으로써 (품성의) 덕을 함양하는 일에도 관심을 기울이고 있음을 짐작할 수 있습니다.

② 타인의 행복

행복(자기 상태에 대한 만족)을 소망하고 추구하는 것은 인간의 자연 본성상 불가피한 일입니다. 따라서 자신의 행복을 추구하는 것은 의무가 될 수 있는 목적은 아닙니다. 만약 행복이 의무가 될 수 있는 경우가 있다면 그것은 **타인의 행복**일 수밖에 없습니다(MS-T, A16~17).

타인에 대한 선행이 의무라는 것은 다음의 사실에서 밝혀집니다.

> 우리의 자기 사랑은 타인에게서도 사랑을 받으려는(위급한 경우에 도움을 받으려는) 필요성과 분리될 수 없다. 따라서 우리는 우리 자신을 타인들의 목적으로 만들며, 이때 준칙은 이 준칙이 보편적 법칙이 되기 위한 자격에 의해, 즉 타인들 또한 우리의 목적으로 만들려는 의지에 의하지 않고는 구속력을 가질 수 없기 때문에, 결국 타인의 행복은 목적이면서 동시에 의무인 것이다.

• MS-T, A26

하지만 자기 자신의 행복(그의 진정한 필요)을 희생하면서까지 타인의 행복을 촉진하는 것은, 만약 사람들이 이것을 보편적 법칙으로 만든다면, 자기모순적 준칙이 될 것입니다. 따라서 이러한 의무는 단지 **넓은**(느슨한, 불완전한) 의무일 따름입니다(MS-T, A27).

의무의 강도에 따른 분류		
넓은 의무	⇔	좁은 의무
느슨한 의무	⇔	엄격한 의무
불완전한 의무	⇔	완전한 의무

2. 인간 사랑에 대하여

칸트에 의하면, 사랑이란 기본적으로 감정(느낌)의 문제이지, 의욕(의지)의 문제가 아닙니다.

> 내가 **의욕한다**고 해서 사랑할 수 있는 것도 아니고, 내가 **해야 한다**(사랑하도록 강요당한다)고 해서 사랑할 수 있는 것은 더더욱 아니다. 그러므로 **사랑해야 할 의무**란 있을 수 없다. … 사람들은, 동시에 우리에게 의무이기도 한 사랑에 대해 말하기는 한다. 그러나 모든 의무는 **강요**, 강제이다. 설사 그것이 어떤 법칙에 따르는 자기 강제라 하더라도 말이다. 하지만 강요에 의해 하는 일은 사랑에 의해 일어나는 일이 아니다.
>
> • MS-T, A39~40

사랑이란 기본적으로 경향성의 차원에서 일어나는 일이므로, 의지의 차원에서 의무로 강제할 일이 아니라는 것입니다. 그것은 의무로 강제하지 않아도 저절로 생겨나는 일일 뿐입니다. **자기 사랑**의 예를 들어 본다면, 모든 인간은 이미 스스로 행복을 향한 강력한 내적 경향성을 지니고 있어서 굳이 자신의 행복을 추구하라는 자기 사랑의 의무를 강요할 필요는 없습니다(GMS, A12). '이웃 사랑'의 경우도 마찬가지입니다. 흔히 선행을 베푸는 것은 의무라고들 말하지만, 천성적으로 동정심이 많아서 남을 돕는 데 기쁨을 느끼는 사람한테 굳이 이웃 사랑의 의무를 강요할 필요는 없을 것입니다(GMS, A10).

그렇다면 의무로서의 사랑, 즉 사랑하도록 명령되는 것은 어떤 경우일까요? 어떤 사람이 자기의 생명을 보존하려고 애쓰는 경우를 예로 들어 봅시다. 첫째는 자기 사랑이라는 경향성에 따라 그렇게 하는 경우입니다. 아마도 대부분이 여기에 속할 것입니다. 둘째는 거듭된 불행으로 살고 싶은 마음이 완전히 사라져 버린 어떤 사람이 죽음을 원하면서도 생명을 보존하려는 경우입니다. 그것도 생명을 사랑하거나, 경향성, 또는 두려움 때문에 그러는 것이 아니라, 자기 생명을 보존하는 것이 의무라고 생각해서 그렇게 하는 경우입니다. 칸트는 이 두 번째 경우만이 도덕적 가치를 지닌다고 말합니다(GMS, A9~10).

다음으로 **이웃 사랑**의 경우를 봅시다. 첫째는 타고난 동정심으로 이웃에게 자선을 베푸는 사람의 경우입니다. 칸트에 따르면 그러한 행위는 의무에 맞고 매우 사랑받을 만한 것이기는 하지만, 아무런 참된 도덕적 가치도 갖지 못합니다. 거기에는 경향성에서가 아니라 의무에서 행하는 도덕적 내용이 결여되어 있기 때문입니다(GMS, A10).

그런데 만일 어떤 동정심 많은 박애주의자가 엄청난 슬픔을 겪는 과정에서 타인의 불운에 대한 동정심이 모두 사라져 버렸는데도 그가 이런 극심한 무관심에서 벗어나 "아무런 경향성 없이 오로지 의무이기 때문에 자선을 행한다면, 이때 그의 행위는 비로소 참된 도덕적 가치를 지니게" 됩니다(GMS, A11).

칸트의 주장을 요약하자면 이렇습니다. 우리가 흔히 언급하는 사랑은 '경향성으로서의 사랑'인데, 이런 사랑은 도덕적 가치를 지니지 않으며 명령될 수도 없습니다. 그 반면, 어떤 경향성과도 무관한, 아니 심지어 거기에 거스르는 '의무로서의 사랑'만이 명령될 수 있으며 참된 도덕적 가치를 지닙니다.

> 의무에서 행하는 선행은 **정념적** 사랑이 아니라 **실천적** 사랑이다. 실천적 사랑은 감각의 성벽이 아니라 의지 안에 들어 있으며, 여린 동정심이 아니라 행위의 원칙에 근거한다. 이런 실천적 사랑만이 명령될 수 있다.
>
> • GMS, A13

"네 이웃을 너 자신처럼 사랑하라"[3]라는 성경의 말씀도 이런 맥락에서 이해해야 한다고 칸트는 말합니다. 무릇 이웃을 사랑한다는 것은 이웃에게 선행을 베풀어야 하는 의무를 기꺼이 실행함을 의미합니다. 하지만 우리가 무엇인가를 기꺼이 행해야만 한다는 명령은 그 자

---

3 「마태복음」 22장 39절; 「마가복음」 12장 31절.

체로 모순입니다. 우리가 우리 의무를 이미 잘 알고 있을 뿐만 아니라 그것을 '기꺼이' 행해야 할 것을 자각하고 있다면, 그에 대한 명령은 전혀 필요 없을 것이기 때문입니다.[4] 그런데 만일 우리가 그것을 '기꺼이' 행하는 것이 아니라 단지 '법칙에 대한 존경'에서 한다면, 이런 마음씨야말로 우리가 추구해야 할 윤리적 이상이자 끊임없이 거기에 다가가기 위해 노력해야 할 원형입니다(KpV, A148~149).

여기서 위의 성경 말씀과 관련한 칸트의 해석에 주목할 필요가 있습니다.

네 이웃을 너 자신과 같이 **사랑해야** 한다는 가르침은, 즉시 (먼저) 사랑하고, 이 사랑을 매개로 (나중에) 친절을 베풀어야 한다는 것을 뜻하지 않는다. 그것은 오히려 네 이웃에게 **친절을 베풀라**는 것이고, 그러면 이러한 친절이 너의 내면에 (친절함 일반을 향한 경향성의 숙련으로서) 인간 사랑을 가져온다는 것을 뜻한다.

• MS-T, A40~41

말하자면 이웃에게 친절을 베풀어야 한다는 의무를 자주 실행하

---

4 자기가 해야 할 일을 이미 잘 알고 있을 뿐만 아니라 그것을 완전하게 실천할 수 있는 존재가 있다면, 그런 존재는 아마도 신적인 존재일 것이다. 다음 구절이 칸트의 이런 생각을 잘 말해 준다. "도덕법칙은 가장 완전한 존재자의 의지에는 **신성함**의 법칙이지만, 모든 유한한 이성적 존재자의 의지에는 **의무**의 법칙이자, 도덕적 강요의 법칙이며, 법칙에 대한 **존경**을 통해, 그리고 자기 의무에 대한 외경에 의해, 이성적 존재자의 행위를 규정하는 법칙이다."(KpV, A146)

는 사람은 나중에는 그가 친절을 베푼 그 이웃을 실제로 사랑하게 된다는 것입니다. 우리는 신성한 존재가 아니어서 처음부터 '기꺼이' 이웃을 사랑할 수는 없지만, 이웃에게 친절을 베풀라는 도덕적 명령(의무)을 실천하다 보면 나중에는 실제로 이웃을 사랑할 수 있게 된다는 것입니다.

3. 자기 자신에 대한 의무에 대하여

'자기 자신에 대한 의무'라는 개념이 가능한가?

'자기 자신에 대한 의무'라는 말은 일견 모순된 것처럼 보입니다. 의무를 '부여하는 나'와 의무를 '부여받는 나'가 동일한 존재라면, 이는 구속하는 자(책무를 부과하는 자)가 구속받는 자(책무를 수행해야 하는 자)의 책무를 언제라도 면제해 줄 수 있다는 것이고, 따라서 '나'는 자신이 스스로 부과하는 의무에 전혀 구속받지 않는 셈인데, 이는 모순이라는 것입니다(MS-T, A64).

그러나 이러한 외견상의 이율배반에 대해 칸트는 '자연필연성과 자유의 이율배반'을 해소한 것과 같은 방식으로, 즉 인간이 두 가지 세계에 동시에 속한 존재라는 관점을 통해서 대응합니다.

인간은 자기 자신에 대한 의무를 의식할 때 의무의 주체로서 자신을 두 가지 자질의 관점에서 바라본다. 첫째는 **감성 존재**로, 즉 (동물의 일

종에 속하는) 인간으로 바라보며, 그러나 다음으로 또한 **이성 존재로**
바라본다. … 이 이성 존재는 오직 도덕적·실천적 관계 속에서만 자신
을 인식하는데, 거기서 자유의 불가해한 속성은 내적으로 입법하는
의지에 대한 이성의 영향력을 통해 자신을 드러낸다.

• MS-T, A65

인간을 현상적 존재로만 생각할 경우에는 구속성(의무 지움) 개념
이 성립할 수 없지만, 예지적 존재로 생각할 경우에는 의무를 지울 수
있는 존재, 특히 자기 자신(자신의 인격 안의 인간성)에 대해 의무를 지
울 수 있는 존재로 인정할 수 있습니다.

그러므로 (두 가지 의미에서 고찰할 경우) 인간은 (인간 개념이 동일한 의미
로 생각되는 것이 아니므로) 자기모순에 빠지지 않으면서도 자신에 대한
의무를 인정할 수 있게 된다.

• MS-T, A65

자기 자신에 대한 의무들의 구분

자기 자신에 대한 의무는 **형식적인 것**과 **실질적인 것**으로 나누어
볼 수 있습니다. 하나는 **제한하는 것**(소극적 의무)이고, 다른 하나는 **확
장하는 것**(적극적 의무)입니다. 전자는 인간이 자기의 자연 본성의 목
적에 어긋나게 행동하는 것을 **금지하는 것**으로서, 오로지 도덕적인
자기보존만을 지향한다면, 후자는 자기 의지가 추구하는 대상을 목적
으로 삼으라고 **명령하는 것**으로서, 자신을 **완성할 것**을 지향합니다.

이 양자는 소극적 의무("인내하고 절제하라")로서든 적극적 의무("허용된 힘들을 사용하라")로서든 모두 덕의무로서 덕에 속합니다. 전자는 인간의 도덕적 **건강**(존재하기 위함)에 속하는 것으로서, 자기의 자연 본성을 완전하게 **보존**하기 위한 것입니다. 후자는 도덕적 **풍요로움**(더 좋게 존재하기 위함)에 속하는 것으로서, 자기 자신을 **개발**하기 위한 것입니다(MS-T, A66~67).

> 자기 자신에 대한 의무의 첫째 원칙은 다음의 격언으로 표현된다. "자연에 맞게 살라(자연에 따라서 살라)." 다시 말해 "너의 자연 본성을 완전하게 **보존하라**." 둘째 원칙은 다음의 명제로 표현된다. "한갓 자연이 너를 창조한 것보다 **너를 더 완전하게 만들라**(너를 목적으로서 완성하라, 너를 수단으로서 완성하라)."
>
> • MS-T, A67

자기 자신에 대한 의무의 구분	
형식적(소극적) 의무	**실질적(적극적) 의무**
자기보존 (자기의 자연 본성 보존)	자기완성 (자기의 잠재 능력 개발)

동물적 존재로서의 의무에 반하는 악덕	**도덕적 존재로서의 의무에 반하는 악덕**
자살, 성적 무절제, 식탐	거짓말, 인색함, 비굴함

인간의 자기 자신에 대한 의무는 자신을 '동물적이면서 동시에 도덕적인 존재'로 보느냐, 또는 '순수하게 도덕적인 존재'로 보느냐에 따

라 둘로 나누어 살펴볼 수 있습니다. 전자와 관련하여 의무에 반하는 악덕들로는 **자살**, **성적 경향성**의 부자연스러운 사용, **무절제한 식탐** 등이 있습니다. 후자와 관련한 의무는 자기 의지의 준칙이 자기 인격 안의 인간 **존엄성**과 일치하느냐 여부에 달려 있습니다. 따라서 이러한 의무에 반하는 악덕들로는 **거짓말**, **인색함**, **거짓 겸손**(비굴함) 등이 있습니다.

이러한 악덕들은 도덕적 존재로서 인간 자신의 품성에, 즉 내적 자유, 인간의 타고난 존엄성에 정면으로 모순되는 원칙들을 취하는 것이요, 어떠한 품성도 갖지 않는 것을 원칙으로 삼음을 의미한다. 즉 자기를 함부로 내던지고 자기를 경멸의 대상으로 만드는 것을 원칙으로 삼음을 의미한다. 이 모든 악덕에 맞서는 덕은 **명예심**(내적 품위, 공정한 자기 평가[존중])이라 불릴 수 있겠다.

• MS-T, A68~69

4. 자기 자신에 대한 완전한 의무

동물적 존재로서 자기 자신에 대한 의무

① 자살에 대하여

동물로서의 인간이 자기 자신에 대하여 가지는 첫째 의무는 자기 자신을 보존하는 일입니다. 이에 대립하는 것이 자의적인 **물리적 죽**

음, 즉 **자살**입니다.

칸트에 따르면 자기 살해는 범죄(살인)입니다. 이 범죄는 타자(배우자, 자녀, 정부나 동료 시민, 또는 신)에 대한 자기 의무의 위반이라는 관점에서도 고찰할 수 있겠지만, 여기서는 자기 자신에 대한 의무의 관점에서만 고찰하기로 합니다(MS-T, A72).

> 인간은 의무가 문제되는 한, 즉 그가 살아 있는 한, 인격성을 포기할 수 없다. … 자기 인격 안에 있는 도덕성의 주체를 파괴하는 일은, 도덕성이 목적 그 자체인데도 도덕성 자체의 존재를, 자기가 할 수 있다고 해서 말살해 버리는 것과 마찬가지이다. 따라서 자기 자신을 임의의 목적을 위한 한낱 수단으로 처분해 버리는 것은, 자기 인격 안의 인간성(예지적 인간)을 실추시키는 짓이다. 그 인간성이야말로 인간(현상적 인간)이 그 인격에 보존해 주도록 그에게 위탁했던 것이다.
>
> • MS-T, A73

이로써 우리는, 칸트에게 자살은 도덕성의 주체인 인격을 파괴하는 행위로서, 목적 그 자체이자 존엄한 존재인 자신을 한낱 수단으로 처분해 버리는 범죄임을 확인할 수 있습니다.

② 성적 경향성의 부자연스러운 사용(즉 쾌락적인 자기 모독)에 대하여

칸트는 "생명에 대한 사랑이 인격의 보존을 위해 자연에 의해 정해져 있듯이, 이성異性에 대한 사랑도 종種의 보존을 위해 자연에 의해 정해져 있는 것이며, 이 양자는 각각 자연의 목적"(MS-T, A75)이라고 말합니다.

우리가 일반적으로 '사랑'이라고 일컫는 말은 가장 좁은 의미에서 '성적 경향성'을 가리키며, 이는 실제로 한 대상에게서 가능한 최대의 감각적 쾌락입니다(MS-T, A79). 그런데 칸트는 이런 의미의 사랑에 대하여 문제를 제기합니다. 과연 인간이 자신의 성적 속성들을 순전한 동물적 쾌락에 쓸 수 있는 권한을 가지고 있느냐 하는 것입니다. 대답은 자명합니다. 인간은 단지 생물학적 차원만이 아니라 도덕적 차원도 지닌 인격 존재이기 때문입니다.

> 인간은, 두 인격이 서로 의무를 지우는 법적 계약을 통한 특별한 제한 없이는, 이러한 쾌락을 즐기기 위하여 다른 인격을 이용할 수 없다.
>
> • MS-T, A76

결혼의 서약이나 절차 없이 단지 향락에 대한 충동으로 육체적 쾌락을 추구하는 행위는 인간의 '자기 자신에 대한 의무'에 위배된다는 것입니다. 그리고 이러한 측면은 우리의 성적 수치심과 삼감의 태도를 통해서도 드러납니다.

> 대부분의 인간은 자기 자신을 짐승 이하의 지위로 떨어뜨리듯 자기 자신의 인격을 취급할 수 있음에 대해 부끄럽게 느끼는 것 같다. 그래서 허용된 (그 자체로는 물론 단지 동물적인) 결혼한 양성의 육체적 관계에서조차 세련된 교제의 장에서는 그것에 관해 언급해야 할 때 베일로 가릴 만큼의 섬세함이 필요하고 또 그것을 요구한다. …

동물적인 경향성에 전적으로 자신을 내맡기는 저 부자연스러운 환락은 인간을 향락적이면서 동시에 반자연적인 물건으로, 다시 말해 구역질 나는 대상으로 만들고, 그리하여 자기 자신에 대한 모든 존경을 빼앗는다.

• MS-T, A77~78

동물적인 경향성으로서의 사랑에 대한 칸트의 부정적 견해는 이토록 확고합니다. 그런 사랑은 인간을 인격체가 아닌 한낱 물건으로 대하는 것으로서, 인간으로부터 모든 품위와 존경을 앗아 간다는 것입니다. 그렇다면 이성에 대한 성적 경향성의 발로이기는 하되, 그러한 동물적 욕구를 실제 대상을 통해서가 아니라 스스로 해소하는 행위에 대한 칸트의 견해는 어떨까요? 그것은 상대 인간을 단지 나의 욕구 충족의 수단으로 삼는 일은 피하는 것이므로 조금 덜 나쁜 것일까요, 아니면 더 나쁜 것일까요?

만약에 인간이 현실적인 대상에 의해서가 아니라, 그러한 대상을 상상함으로써, 그러므로 목적에 반하여, 대상을 자기 자신이 지어내서 환락으로 자극된다면, 그러한 환락은 **부자연스럽다**고 일컬어진다. 왜냐하면, 이 경우 이러한 환락은 생명에 대한 사랑이라는 목적보다 더 중요한 자연의 목적에 반하는 욕구를 일으키기 때문이다. 말하자면 전자는 단지 개체의 보존을 목표로 삼지만, 후자는 전체 종의 보존을 목표로 삼기 때문이다.

• MS-T, A76

칸트에 따르면 "자기 자신에 대한 성적 유희 방식보다 더 인간의 신체와 정신을 약화시키는 것은 없으며, 그것은 인간의 본성에 정면으로 위배된다"는 것입니다(Päd., A140).

③ 음식물 등의 무절제한 섭취로 말미암는 자기 마비에 대하여

음식물을 향유할 때의 동물적인 무절제는 향유물의 남용이며, 이로써 그것의 지성적 사용 능력이 방해받거나 쇠잔해진다. **폭음**과 **폭식**이 바로 이런 부류에 속하는 악덕이다. 만취 상태에서 인간은 한갓 동물과 같아서 인간으로 취급될 수 없다. 과식한 상태에서 인간은 기민함과 숙고를 필요로 하는 행위를 한동안 하지 못할 만큼 무기력해진다. 자신을 그러한 상태에 빠뜨리는 것은 '자기 자신에 대한 의무'를 훼손하는 일임이 자명하다.

• MS-T, A80

인간의 품위를 동물 이하로 떨어뜨리는 요인 가운데 첫째는 보통 술이지만, 아편이나 다른 마취제들도 마찬가지입니다.

이 같은 물질은 한동안 꿈꾸는 듯한 행복감과 편안함을 느끼게 해 주고, 나아가 강력한 존재라고 느끼게 해 줌으로써 우리를 유혹한다. 그러나 그것은 의기소침과 무기력함을 낳으며, 가장 나쁜 것은 이러한 마취제를 반복적으로 사용하고 심지어 그 강도를 높일 수밖에 없게 된다는 것이다.

• MS-T, A81

연회에서 포도주 등은 많은 사람이 함께 어울리고 대화를 나누는 데 도움을 주기도 하지만, 칸트가 보기에 그러한 행사는 언제나 비도덕적인 것, 곧 무절제, 다시 말해 자기 자신에 대한 의무의 위반을 유혹하는 데로 흐르고 맙니다(MS-T, A82).

도덕적 존재로서 자기 자신에 대한 의무

① 거짓말에 대하여

순전한 도덕적 존재(자기의 인격 안의 인간성)로서 인간이 자기 자신에 대한 의무를 가장 크게 훼손하는 것은 진실성을 저버리는 행위, 즉 **거짓말**입니다.[5]

거짓말에는 외적인 것과 내적인 것이 있습니다. 전자의 경우에 거짓말하는 자는 자신을 타인의 눈에 경멸의 대상으로 만들고, 후자의 경우에는 그보다 더 나쁘게도, 자신을 자기 자신의 눈에 경멸의 대상으로 만들 뿐만 아니라, 자기 인격 안의 인간성의 존엄성을 훼손합니다(MS-T, A83).

---

5 아홉 번째 강의, '목적 자체의 정식(인격주의)'에서는 '거짓 약속 금지'를 '타인에 대한 완전한 의무'로 규정한 반면, 여기서는 '거짓말 금지'를 '자기 자신에 대한 의무'로 규정하고 있다. 그래서 전자에서는 거짓말이 '타인에 대한 의무의 위반'으로, 후자에서는 '자기 자신에 대한 의무의 위반'으로 서로 다르게 규정된 것처럼 보인다. 그러나 이 양자는 (언제나 목적 그 자체로 대우해야 할) 인격을 단지 수단으로 취급했다는 점에서 사실상 동일한 도덕법칙(그중에서도 '목적 자체의 정식')에 대한 위반 사례에 해당한다고 볼 수 있다.

거짓말은 자신의 인간 존엄성을 내던지는 것이고 나아가 그것을 말살하는 것이다. 자신이 타인(이 사람이 설사 한낱 관념적 인격체일지라도)에게 하는 말을 스스로 믿지 않는 인간은 그가 한낱 사물일 경우보다도 더 보잘것없는 가치를 지닌다. 사물은 현실적인 것이고 주어진 어떤 것이기에, 무언가에 쓸모 있는 그 속성을 누군가는 그 나름으로 사용할 수 있기 때문이다. 그러나 말하는 자가 누군가에게 (의도적으로) 자기가 생각하는 것과 반대되는 것을 포함하는 말로 자기의 생각을 전달하는 것은, 그러한 자기 능력의 자연적 합목적성에 정면으로 대립하는 목적이고, 따라서 자기 인격성의 포기이며, 인간에 대한 한낱 기만적 현상일 뿐, 인간 자신이 아니다.

• MS-T, A84

여기서 우리는, 거짓말이 나쁜 것은 무엇보다 자기 자신의 인간 존엄성을 훼손하기 때문이라는 칸트의 입장을 확인할 수 있습니다.

② 인색함에 대하여

여기서 칸트가 말하는 **인색함**은 단순한 구두쇠 짓을 의미하는 것이 아니라, 자신의 풍요로운 삶을 위해 필요한 수단을 (충분히 그렇게 할 수 있는데도) 자신에게 필요한 수준 이하로 줄이는 것을 의미합니다. 이러한 인색함은 '자기 자신에 대한 의무'에 위배됩니다(MS-T, A89).

우리가 덕과 악덕을 구별할 수 있으려면, 도덕적 준칙의 실행 **정도**가 아니라 그 준칙의 객관적 **원리**가 다르다는 것을 인식하고 제시해야 합니다. (낭비가의) **탐욕적** 인색함의 **준칙**은 풍요로운 삶의 모든 수단을 **향유하기 위해서** 장만하고 보존하는 것입니다. 이에 반해 **구두쇠 같은** 인색함의 준칙은 풍요로운 삶의 모든 수단을 취득하고 보존하되, **향유할 의도 없이**(즉 향유가 목적이 아니라 단지 점유만이 목적임) 하는 것입니다.

따라서 이 후자에 해당하는 악덕의 특징은 온갖 목적을 위한 수단들을 점유한다는 원칙인데, 단 자신을 위해서는 그 수단들을 사용하지 않을 것이며 그렇게 함으로써 쾌적한 삶의 향유를 단념한다는 유보 조건이 붙습니다. 이것은 목적의 관점에서 볼 때 자기 자신에 대한 의무에 정면으로 위배됩니다(MS-T, A90).

> 인색함은 단순히 검약을 오해한 것이 아니라, 오히려 자기 자신을 노예처럼 부에 종속시키는 것이다. 그런데 부의 주인이 되지 못하는 것은 자기 자신에 대한 의무의 훼손이다.
>
> • MS-T, A92

여기서 우리는, '자기 자신에 대한 인색함'도 일종의 의무 위반으로 간주하는 칸트의 입장을 확인할 수 있습니다.

③ 비굴함에 대하여

자연의 체계 안에서 인간(현상적 인간, 이성적 동물)은 그다지 의미 있는 존재가 아니며, 다른 동물들과 마찬가지로 대지의 산물로서 그저 보통의 가치를 지닌 존재입니다. 그러나 **인격**으로서, 즉 도덕적·

실천적 이성의 주체로서 인간은 모든 **외적** 가치(사용 가치)를 뛰어넘습니다. 그러한 인간(예지적 인간)은 한낱 타인의 목적, 아니 심지어 자기 자신의 목적이라 할지라도, 그것을 위한 수단으로서가 아니라 목적 그 자체로서 평가되어야 하기 때문입니다. 다시 말해 그는 **존엄성**(절대적인 내적 가치)을 지니며, 따라서 그는 다른 모든 이성적 존재에게 자신을 존중하라고 강요할 수 있습니다. 또한 자신을 같은 종에 속하는 모든 타자와 비교하여 동등한 입장에서 평가할 수 있습니다 (MS-T, A93).

무엇보다 인간은 아무리 다급해도 당면 목표를 위해 자기 존중을 부정하면 안 됩니다.

> 다시 말해, 인간은 그 자체로 의무이기도 한 그의 목적을 비굴하게, **노예처럼**(노예 정신으로) 은혜를 구걸하듯 추구함으로써 자신의 존엄성을 부정해서는 안 되며, 오히려 항상 (덕의 개념에 이미 포함되어 있는) 자신의 도덕적 소질의 숭고함을 의식해야 한다. 이러한 **자기 존중**이야말로 자기 자신에 대한 의무이다.
>
> • MS-T, A94

그렇다면 **겸손**이란 무엇일까요? 그것은 "**법칙과 비교해서** 자신의 도덕적 가치가 미미하다는 의식과 감정"입니다. 이에 반해 "법칙과 비교해 보지도 않고 자기의 [도덕적] 가치가 크다고 스스로 설득하는 것은 **덕의 교만**(도덕적 자만)"입니다(MS-T, A94).

칸트는 우리 안의 인간 존엄성에 대한 의무, 즉 우리 자신에 대한 의무를 다음과 같이 구체적으로 제시합니다.

사람들의 노예가 되지 마라. 처벌받는 상태가 아니라면 너희의 권리
가 타인에 의해 짓밟히게 놔두지 마라. 네가 갚을 수 있다는 완전한 확
신이 없으면 빚을 지지 마라. 굳이 필요하지 않은 자선을 받지 말고,
식객이나 아첨꾼, (확실히 이들과는 단지 정도의 차이만 있을 뿐인) 거지가
되지 마라. 구걸하는 신세가 되지 않도록 검약하라. 신체적 고통으로
호소하고 신음하며 단지 소리 지르는 일조차, 특히 네가 그 고통을 자
초한 것으로 의식될 경우에는 부끄러운 짓이다. 따라서 범죄자의 죽
음이라 할지라도 자기 죽음을 의연하게 맞이한다면 고상하게 보일 수
도(수치를 피할 수도) 있다. 무릎을 꿇거나 땅에 엎드리는 것은 그렇게
함으로써 천상의 대상에 대한 숭배를 드러내 보이기 위한 것이라 할
지라도 인간 존엄성에 반하는 일이다. 그 대상을 형상화한 상 앞에서
간청하는 것도 마찬가지다. 그렇게 함으로써 너희는 너희 자신의 이
성이 너희에게 표상하는 이상 아래에서가 아니라, 너희가 스스로 만
들어 낸 우상 아래에서 겸손한 것이기 때문이다.

• MS-T, A96~97

자기 자신에 대한 심판관(양심)으로서 자기 자신에 대한 의무

칸트에 따르면, 모든 의무 개념은 (우리의 자유를 제한하는 도덕적 명
령인) 법칙에 의한 객관적 강요를 함축하며, 규칙을 제시하는 실천적
지성에 속합니다. 법칙 아래에 있는 사례로서 (공적이든 과실이든) 어떤
사실행위의 내적 **귀책**은 **판단력**에 속합니다. 판단력은 행위에 대한

귀책의 주관적 원리로서, 과연 그 행위가 사실행위(즉 법칙 아래에 있는 행위)로 일어난 것인지 아닌지를 법적 효력의 관점에서 판단합니다. 이어서 **이성**의 결론(판결)이 뒤따라 나오는데, 이것은 그 행위의 법적인 결과(유죄, 또는 무죄의 선고)입니다. 이 모든 것은 **법정**이라 불리는, 법칙에 효력을 부여하는 도덕적 인격인 **재판정**에서 일어납니다. 인간 안의 **내적 법정**에 대한 의식이 곧 **양심**입니다(MS-T, A98~99).

인간은 누구나 양심을 가지고 있고, 내적 심판관에 의해 감시받고 위협받으며, 존중과 경외의 대상이 될 수 있습니다. 자기 안의 법칙들을 감시하는 이러한 권능은 인간이 (자의적으로) **만든** 어떤 것이 아니라, 자신의 본질과 한 몸이 되어 있는 것입니다. 인간이 도망치려 할 경우, 양심은 그림자처럼 그를 따라다닙니다. 양심은 때로 쾌락이나 유흥에 의해 무디어지거나 잠들 수도 있지만, 우리는 양심의 무서운 목소리를 지각할 때마다 곧 다시 자기 자신으로 되돌아오거나 정신을 차릴 수밖에 없게 됩니다(MS-T, A99).

양심이라 불리는 이 근원적이고 지성적이며, 도덕적인 소질에는 특이한 점이 있습니다. 즉 양심의 일은 인간이 자기 자신에게 행하는 것이지만, 인간은 마치 그가 **어떤 다른 인격**의 분부에 쫓기는 것처럼, 그렇게 자기의 이성에 의해 강요받고 있음을 안다는 것입니다. 인간의 양심은 모든 의무에서 (인간 일반을 대표하는) 어떤 **타인**을 자기 행위의 심판관으로 생각하지 않으면 안 됩니다. 이 타인은 실제 인격일 수도 있고, 이성 자신이 창출한 순전히 **이상적인 인격**일 수도 있습니다(MS-T, A100).

양심 안에서 자신을 고소하고 재판하는 인간은 자기 안의 이중적 인격성을 생각하지 않을 수 없다. 한편으로는 자기 자신에게 맡겨진 법정의 피고석에서 벌벌 떨며 서 있어야 하고, 다른 한편으로는 천부적 권위에 따라 자신의 손안에 판사직을 가지고 있다는 것이다. 그런데 이 이중적 자기는 이성이 자기 자신과 모순에 빠지지 않으려면 설명이 필요하다. 원고이자 동시에 피고인 나는 동일한 **인간**이다(수적으로 하나다). 하지만 자유 개념에서 나오는 도덕적 입법의 주체로서 나는, 자신이 스스로에게 부여하는 법칙에 종속되는 인간(예지적 인간)인데, [단지] 이성 능력을 지닌 감성 존재자와는 (종적으로) 다르며 오직 실천적 관점에서 고찰되지 않으면 안 된다. … 내면의 판사는 소송 절차가 끝나면 **권한을 지닌** 인격으로서 사실행위의 도덕적 결과로 행복 또는 불행에 관한 판결을 내린다. 우리는 우리의 이성에 따라 이러한 인격이 (세계의 지배자로서) 가지는 권력의 특성을 더 이상 추적할 수는 없으며, 그저 그것의 무조건적인 [지시명령인] '나는 명령한다' 또는 [금지명령인] '나는 금한다'를 경외[존중]할 수 있을 따름이다.

• MS-T, A100~101 각주

이러한 이상적인 인격(권위를 부여받은 양심의 심판관)은 마음속을 꿰뚫어 보는 자라야 합니다. 그 법정이 인간의 **내면**에 자리하기 때문입니다. 이 같은 도덕적 존재는 동시에 (천상과 지상에서) 모든 권한을 갖고 있어야 합니다. 그렇지 않다면 그는 (판사의 직무에 필수적으로 속하는 사항인) 자기의 법에 합당한 효력을 부여할 수 없기 때문입니다. 그런데 우리는 모든 것에 권한을 지닌 도덕적 존재자를 **신**이라 일컫습니다. 따라서 **양심**은 '신 앞에서 자기의 행위에 대해 책임을 져야 하는 주관적 원리'로 생각되어야 합니다(MS-T, A101~102).

5. 자기 자신에 대한 불완전한 의무

자신의 자연적 완전성을 개발하고 증진시킬 의무

갖가지 목적을 실현하는 수단으로서 자신의 자연적 능력(정신 능력, 영혼 능력, 신체 능력)을 개발하는 일은 인간의 자기 자신에 대한 의무입니다. 인간은 (이성적 존재인) 자기 자신에 대해, 자기 이성이 언젠가는 사용할 수 있는 자연 소질과 능력들을 녹슬지 않도록 관리할 책임이 있습니다. 칸트가 보기에, 인간이 자기의 능력들을 개발하는 것은 그 개발이 (온갖 목적을 위해) 제공해 줄 수 있는 **이익** 때문이 아니라, 실용적 관점에서 자기의 현존의 목적에 어울리는 인간이 되는 것이 도덕적·실천적 이성의 지시명령이자 인간의 자기 자신에 대한 **의무**이기 때문입니다(MS-T, A111).

정신 능력은 이성을 통해서만 발휘될 수 있는 능력입니다. 이 능력을 사용하는 일은 경험을 통해서가 아니라 원리로부터 아프리오리하게 도출된다는 점에서 창조적이라 할 수 있습니다. 그와 같은 것으로는 수학, 논리학, 자연 형이상학이 있는데, 뒤의 두 가지는 철학, 그 중에서도 이론철학에 속합니다.

영혼 능력은 지성과 이 지성이 임의의 의도를 만족시키기 위하여 사용하는 규칙에 종속되어 있으며, 그런 한에서 경험의 안내를 받습니다. 이 능력에는 기억, 상상력 등이 있고, 또 이 능력을 기초로 한 학식, 취미 등이 있는데, 이들은 다양한 의도를 구현하기 위한 도구들을 제공합니다.

끝으로 **신체 능력**의 개발(본래적 의미의 체육)은 인간이 자신의 목적을 실현하기 위해 꼭 필요한 인간 자신의 **도구적 부분**(질료)을 돌보는 일입니다. 자신의 동물적인 부분에 지속적으로 또 의도적으로 생기를 불어넣는 일은 인간의 자기 자신에 대한 의무입니다(MS-T, A111~112).

그러나 **자연적** 완전성에 관하여 인간이 자기 자신에 대해 가지는 의무는 단지 **넓고**(느슨하고) 불완전한 의무입니다. 왜냐하면, 그것 역시 행위의 준칙을 위한 법칙을 포함하고 있기는 하지만, 행위 자체의 방식이나 정도에 관해서는 아무것도 규정하지 않고, 자유로운 자의에 맡겨 놓기 때문입니다(MS-T, A113).

자신의 도덕적 완전성을 고양할 의무

이 의무는 **첫째**, 주관적으로 의무에 관한 마음씨가 지닌 **순수함**(도덕적 순수성)에서 성립합니다. 이 의무는 감성에서 나온 의도가 섞이는 일 없이 법칙 그 자체만으로 동기가 됩니다. 이때 행위는 단지 의무에 맞을 뿐만 아니라, **의무로 말미암아** 일어납니다. 여기에서의 명령은 '신성하라!'입니다. 이 의무는 **둘째**, 객관적으로 전체적인 도덕적 목적과 관련하여 성립합니다. 이 목적은 완전성에, 즉 자신의 의무 전체와 자기 자신과 관련한 도덕적 목적을 완전하게 달성하는 것에 관한 것입니다. 여기에서의 명령은 '완전하라!'입니다. 그러나 이 의무는 완전성을 향해 전진(노력)하라는 뜻으로 이해하는 편이 오히려 타당할 것입니다(MS-T, A113).

자기 자신에 대한 이러한 의무는 비록 '정도'의 관점에서 보면 인간 본성의 **허약성** 때문에 넓고 불완전한 의무이지만, '성질'의 관점에서 보면 **좁고**(엄격하고) 완전한 의무입니다.

이 의무는 완전성을 **추구할** 의무이지, (현세의 삶 속에서) 완전성을 **달성할** 의무는 아닙니다. 그러므로 이 의무를 따르는 것은 단지 지속적인 전진 속에서만 가능합니다. 이 의무는 대상(그 실행을 사람들이 목적으로 삼아야 할 이념)의 **관점**에서 보면 비록 '좁고 완전한' 의무이지만, 주체의 **견지**에서는 '넓고 불완전한' 의무일 뿐입니다(MS-T, A114). 칸트는 이러한 취지를 다음과 같이 인상적으로 피력하고 있습니다.

> 인간 마음의 심연은 깊이를 헤아릴 수 없다. 누구인들 자기 자신을 충분히 알 수 있겠는가? 다시 말해 자신에게서 의무를 준수하고자 하는 동기를 느낄 때, 그것이 전적으로 법칙에 대한 표상에서 나오는 것인지, 아니면 이익(또는 불이익 방지)을 노린, 다른 기회가 주어지면 능히 악덕에 기여할 수도 있는 많은 다른 감성적 충동이 함께 작용한 것인지를 누가 충분히 알겠는가? … 그러므로 우리 자신의 인격 안의 인간성의 목적과 관련한 자기 자신에 대한 모든 의무는 오직 불완전한 의무일 따름이다.
>
> • MS-T, A114~115

이것으로 열두 번째 강의를 마칩니다. 이번 강의는 「덕론」의 이슈들을 검토하되, 우선 **덕과 덕의무의 의미**를 규정하면서 시작했습니다. 칸트에게 '덕'이란 '우리가 도덕적 준칙을 실행하는 데 방해가 되는 경향성을 이길 수 있는 힘'을 의미하는데, 우리는 마땅히 이러한 능력을 길러야 합니다. '덕의무'란 우리의 자기 강제의 산물인 '의무인 동시에 목적인 것'을 가리키며, 여기에는 '자신의 완전성'과 '타인의 행복'이 있습니다.

　다음으로 **자기 자신에 대한 의무**에 관해 집중적으로 살펴보았습니다. 여기에는 '완전한(좁은, 엄격한) 의무'와 '불완전한(넓은, 느슨한) 의무'가 있는데, 자기 자신에 대한 완전한 의무에는 다시 '동물적 존재로서의 의무'와 '도덕적 존재로서의 의무'가 있습니다. 전자에는 '자살'과 '성적 무절제'와 '식탐'을 삼가야 할 의무가 있고, 후자에는 '거짓말'과 '인색함'과 '비굴함'을 피해야 할 의무가 있습니다.

　자기 자신에 대한 불완전한 의무에는 '자신의 자연적 완전성'을 개발할 의무와 '자신의 도덕적 완전성'을 고양할 의무가 있습니다. 전자는 자신의 심신을 잘 관리하고 돌보아야 할 의무이며, 후자는 가능한 한 도덕적 완전성(도덕법칙의 실현)을 추구해야 할 의무입니다.

　다음 강의에서는 이 강의에 이어 「덕론」의 후속 이슈들에 대해 논합니다.

『도덕형이상학』「덕론」의 이슈들 2

─타인에 대한 의무─

Immanuel Kant,

Werke in zehn Bänden, Hrsg. v. W. Weischedel

Kritik der reinen Vernunft   Kritik der praktischen Vernunft
Kritik der Urteilskraft   Grundlegung zur Metaphysik der Sitten
Prolegomena zu einer jeden künftigen Metaphysik, die als Wissenschaft
wird auftreten können
Die Metaphysik der Sitten Tugendlehre Rechtslehre
Die Religion innerhalb der Grenzen der bloßen Vernunft
Über Pädagogik   Eine Vorlesung über Ethik
Idee zu einer allgemeinen Geschichte in weltbürgerlicher Absicht
Untersuchung über die Deutlichkeit der Grundsätze der natürlichen
Theologie und der Moral

1. 사랑의 의무와 존경의 의무

칸트에 따르면, 타인에 대한 우리의 의무 중에는 그것을 수행함으로써 결과적으로 타인을 '구속하는 것'(부담을 주는 것)과 '구속하지 않는 것'(부담을 주지 않는 것)이 있습니다. 전자의 수행은 타인과의 관계에서 나의 '공로가 있는' 것이고, 후자의 준수는 단지 '마땅히 해야 할' 의무일 뿐, 특별히 공로를 의식하지 않는 것입니다(MS-T, A116). **사랑**Liebe과 **존경**Achtung은 각기 이런 의무들의 실행에 뒤따르는 감정으로서, 이 두 가지는 항상 법칙에 따르는 하나의 의무 안에 서로 결합되어 있습니다.

그런데 칸트는 이웃 사랑의 의무를 이행한다는 우리의 행위가 자칫 이웃에 대한 존경을 훼손할 수 있음을 경고합니다. 예컨대 우리는 어떤 가난한 사람에 대해 자선을 베푸는 것이 우리의 의무라고 인식할 것입니다. 그러나 이러한 친절은 그의 복리가 나의 관대함에 의존한다는 것을 함축하고, 이러한 의존은 타인의 위신을 떨어뜨릴 수 있습니다. 따라서 수혜자가 굴욕감을 느끼지 않고 자기 자신에 대한 존경을 유지할 수 있도록, 이러한 자선 행위가 당연한 의무 이행이나 사소한 사랑의 봉사처럼 보이게 할 의무가 우리에게 있다는 것입니다(MS-T, A117).

도덕세계 안에서 일어나는 이성적 존재들의 결합을 우리는 자연세계에 비유하여 **인력**引力과 **척력**斥力으로 표현할 수 있습니다. 인력은 **상호 사랑**의 원리로서 서로에게 끊임없이 **다가가도록** 하는 힘이고, 척력은 상호 부채가 있는(마땅히 해야 할) **존경**의 원리로서 서로 일정한 **거리**를 유지하도록 하는 힘입니다. 칸트는 이 위대한 도덕적 힘 가운데 하나가 약해진다면 "그때는 (부도덕의) 허무가 크게 벌어진 목구멍으로 (도덕적) 존재의 왕국 전체를 한 방울의 물처럼 삼켜 버릴 것"(MS-T, A117~118)이라고 말합니다.

칸트가 보기에, **존경**이란 한낱 자기 자신의 가치와 타인의 가치를 비교하는 데서 오는 **감정**(예컨대 자녀가 부모에 대해서, 제자가 스승에 대해서, 지체 낮은 사람이 높은 사람에 대해서 습관적으로 느끼는 것과 같은 감정)이 아니라, "타인의 인격 안의 인간성의 존엄에 의해 우리의 자기존중을 제한하는 **준칙**"으로만 이해되어야 합니다(MS-T, A118). 이처럼 존경의 의무는 인간이 자신을 타인 이상으로 높이지 않는다는 의미에서, 그리고 타인의 것(소유물)을 함부로 침해하지 않는다는 의미에서 법 의무와 비슷한 성격을 지닌 소극적 의무입니다. **사랑의 의무**가 '넓은 의무이며 느슨한 의무'라면, **존경의 의무**는 '좁은 의무이며 엄격한 의무'입니다.

이웃에 대한 **사랑의 의무**가 '타인들의 목적을 나의 목적으로 만드는 의무'라면, 이웃에 대한 **존경의 의무**는 '타인을 한낱 나의 목적을 위한 수단으로 격하시키지 않을 의무'입니다.

> 누군가에 대해 사랑의 의무를 수행함으로써 나는 동시에 타인을 의무
> 지운다. 나는 그를 위해 공을 세우는 것이다. 그러나 존경의 의무에 주
> 목함으로써 나는 오로지 나 자신을 의무 지우며, 타인이 인간으로서
> 자기 자신 안에 설정할 권한이 있는 가치를 조금이라도 훼손하지 않
> 기 위해 나를 나의 경계 안에 붙잡아 둔다.

• MS-T, A119

한편, 칸트는 『판단력비판』에서도 사랑과 존경의 감정에 관해 논
하는데, **아름다움**은 사랑의 감정을 불러일으키고 **숭고함**은 존경의 감
정을 불러일으키는 것으로 파악합니다. 특히 '도덕법칙에 대한 존경'
이라는 표현으로 잘 알려진 이 존경은 "**우리에 대해서 법칙인** 어떤 이
념에 이르는 데는 우리의 능력이 미치지 못한다는 감정"입니다(KU,
B96). 사실, 우리를 강제하는 어떤 법칙에 복종한다고 할 때, 감성적
존재인 우리는 일종의 불쾌감이나 자기 비하의 느낌을 지니게 됩니
다. 그러나 다른 한편으로는 이러한 강제가 순전히 자기 자신이 세운
법칙에 의해 부과되는 것이라는 점을 의식하는 순간, 우리는 일종의
뿌듯함, 또는 자기 긍정의 느낌을 지니게 됩니다. 이처럼 '법칙에 의지
가 자발적으로 복종한다는 의식이 바로 법칙에 대한 존경'입니다(KpV,
A142~143).

"순수하고 무조건적인 지성적 만족의 대상인 도덕법칙"(KU, B119)
에 대해 칸트는 다음과 같이 표현합니다.

[그것은] 아름답다기보다는 오히려 숭고하다고 표상되지 않으면 안 되며, 그래서 그것은 사랑과 친밀한 애호의 감정을 일으키기보다는 (매력을 경멸하는) 존경의 감정을 일으키는 것이다. 왜냐하면, 인간의 자연 본성은 그렇게 저절로가 아니라 오로지 이성이 감성에 가하는 강제력에 의해서만 도덕적 선에 부합하기 때문이다.

● KU, B120

타인에 대한 의무의 구분	
사랑의 의무	**존경의 의무**
자선, 감사, 동정(공감)	타인의 존엄성을 인정함

사랑의 의무에 반하는 악덕	**존경의 의무에 반하는 악덕**
시기, 배은망덕, 남의 불행에 기뻐하기	거만함, 비방, 조롱

2. 타인에 대한 사랑의 의무

① 자선의 의무에 대하여

자기 자신에게 **자선**을 베푸는 것도 일종의 의무입니다. 삶에서 최소한의 즐거움을 누리는 데 필요한 만큼 자기 자신을 배려하는 것(자기의 신체가 허약해지지 않도록 돌보는 것)은 자기 자신에 대한 의무에 속합니다. 이와 반대로 삶의 즐거움을 위해 꼭 필요한 것을 **인색함** 때문에 자신에게서 박탈하거나, 자기의 자연적 경향성들에 대한 과도한

훈육(절제) 때문에 자신에게서 삶의 기쁨을 누릴 기회를 빼앗는 것은 모두 자기 자신에 대한 의무에 위배됩니다(MS-T, A123).

나아가 타인에게 자선을 베푸는 것, 즉 어려움에 처한 타인의 행복을 위해 아무런 대가 없이 자기 능력껏 돕는 것은 모든 인간의 의무입니다.

> 어려움에 처한 사람은 누구나 다른 사람이 자기를 도와주기를 바란다. 그런데 만일 그가 어려움에 처한 타인에게 도움을 베풀지 않겠다는 준칙을 공공연히 내세운다면, 즉 그러한 준칙을 보편적인 허용 법칙으로 만든다면, 그 자신이 어려움에 처할 때, 누구라도 마찬가지로 그를 돕기를 거절하거나, 또는 적어도 거절할 권리를 가지게 될 것이다. 그러므로 만일 이기적 준칙이 보편적 법칙이 된다면, 그 준칙은 자기모순에 빠지게 된다. 다시 말해 그것은 의무에 반한다. 따라서 곤궁한 자에게 자선을 베풀라는 공익의 준칙은 인간의 보편적 의무이다. 인간은 동료 인간으로서, 다시 말해 서로 도움을 필요로 하는 자연 본성에 의해 한 거주지에 모여 사는 곤궁한 이성적 존재로 보아야 하기 때문이다.
>
> • MS-T, A124

② 감사의 의무에 대하여

감사란 우리에게 베풀어 준 친절함에 대해 한 인격에게 **경의를 표하는 것**입니다. 이러한 판단과 결부된 감정은 친절을 베푼 사람에 대한 존경의 감정입니다(MS-T, A127).

감사는 원래 의무 지워진 자가 친절을 베푼 자에게 그 친절에 대한 보답으로 행하는 사랑이 아니라, 그 사람에 대한 **존경**이다. 왜냐하면, 보편적인 이웃 사랑의 기초에는 평등한 의무가 놓여 있을 수 있고 또 그래야만 하기 때문이다.

• MS-T, A132

감사는 의무입니다. 다시 말해 감사는 나에게 베풀어진 친절에 대해 나의 책무성(내가 빚지고 있음)을 내보임으로써 타인으로 하여금 더 많은 친절을 베풀게 만들려는 한갓 **영리함의 준칙**이 아닙니다. 감사란 나의 다른 의도를 달성하기 위한 한낱 수단으로 이용되는 것이 아니라, 오히려 도덕법칙에 의한 직접적인 강요, 즉 의무입니다(MS-T, A127).

우리는 우리가 받은 친절에 대해 어떠한 보답으로도 이를 **갚을 수 없**다. 왜냐하면, 받은 자는 친절을 베푼 자가 먼저 호의를 보였다는 사실로 말미암아 그가 갖게 된 공적상의 우위를 결코 빼앗을 수 없기 때문이다. 그러나 그러한 (친절한) 행동 없이 순수한 진정성 있는 호의만으로도 이미 감사해야 할 책무의 근거가 된다. 이러한 종류의 감사의 마음씨를 **사의**謝意라고 부른다.

• MS-T, A128

감사의 범위는 동시대인뿐만 아니라 조상들, 심지어 우리가 그 이름을 확실하게 댈 수 없는 사람에게까지 미칩니다. 이것이 우리가 스승으로 간주할 수 있는 옛사람들이 공격당하고 책임 추궁당하고 과소평가될 때 가능한 한 그들을 옹호하고자 하는 이유입니다.

③ 동정의 의무에 대하여

함께 기뻐함과 함께 괴로워함(도덕적 공감)은 타인의 즐겁거나 고통스러운 상태에 대한 쾌 또는 불쾌의 감성적 감정(공감, 동정의 느낌)인데, 자연은 이미 이러한 감수성을 인간 안에 심어 놓았습니다(MS-T, A129~130).

> 타인들과 함께 괴로워하는 것(또는 기뻐하는 것)은 그 자체로 의무는 아니지만, 그럼에도 그것은 그들의 운명에 적극적으로 동참하는 것으로서, 결국에는 간접적인 의무이다. 그것은 우리 안의 함께 괴로워하는 자연적(감성적) 감정들을 계발하는 것이며, 그 감정들을 도덕적 원칙들과 그 원칙들에 적합한 감정에서 비롯하는 동참을 위한 그토록 많은 수단으로 이용하는 것이다.
>
> • MS-T, A131~132

칸트에 따르면 이러한 공감의 감정은 의무라는 생각 자체만으로는 성취할 수 없는 것을 행하기 위하여 자연이 우리에게 심어 놓은 충동 가운데 하나입니다.

인간애에 정면으로 반하는 인간 증오의 악덕에 대하여

인간 증오의 악덕에는 시기, 배은망덕, 남의 불행에 기뻐하기 등의 혐오스러운 것들이 있습니다.

① 시기

시기는 타인의 안녕을 고통으로 지각하는 성향으로서, 타인의 안녕이 자기의 안녕에 해를 끼치지 않는데도 그렇게 지각하는 것을 가리킵니다. 시기는 단지 간접적으로-악의적인 마음씨입니다. 다시 말해 우리 자신의 안녕이 타인의 안녕에 의해 빛이 바랜다고 생각하는 데서 비롯하는 불만입니다. 이것은 우리가 우리 안녕의 기준을 그것의 내적 가치에서 찾지 않고 오로지 타인의 안녕과 비교함으로써만 평가하고 또 이 평가를 구체화할 줄 알기 때문에 생깁니다. 그래서 사람들은 어떤 부부나 가족 등이 보이는 화목하거나 행복한 모습에 대해 **시샘**(선망)**할 만하다**고 말합니다. 마치 많은 경우 누군가를 시기하는 것이 허용되기나 하는 것처럼 말입니다.

시기 충동은 인간의 자연 본성 안에 들어 있으며, 이것은 폭발하기만 하면 음험하고, 자신을 괴롭히며, 적어도 소망하기로는 타인의 행복을 파괴하려는 욕망, 즉 혐오스러운 악덕이 됩니다. 따라서 시기 충동은 인간의 타인에 대한 의무뿐만 아니라, 자기 자신에 대한 의무와도 대립합니다(MS-T, A133~134).

② 배은망덕

자기에게 친절을 베푼 사람에 대한 **배은망덕**은, 만일 이것이 그 사람을 증오하는 정도에 이른다면 **본격적인 배은망덕**이라고 일컬어집니다. 이러한 악덕을 가능하게 하는 근거는 자기 자신에 대한 의무

를 오해한 데 있습니다. 그 오해란, 타인의 자선은 우리에게 그에 상
응하는 책무를 부과하기 때문에 필요하다고 하거나 요구하지 말아
야 하며, 타인을 귀찮게 만듦으로써 그 타인에게 빚(책무)을 지기보다
는 차라리 고단한 삶을 스스로 감당해야 한다는 것입니다. 이렇게 생
각하는 이유는 우리가 자선을 받음으로써 자선가에 대해 한낱 수혜를
입은 자의 낮은 지위로 떨어질 것을 두려워하기 때문입니다. 그러나
이러한 생각은 자기 존중(자기 인격 안에 있는 인간성의 존엄함에 자부심
을 갖는 것)에 반하는 것입니다.

배은망덕은 인간성을 분노하게 만드는 악덕이 되며, 사람들로 하
여금 자선을 계속하지 못하게 만듭니다. 그뿐 아니라 배은망덕으로
말미암아 인간 사랑은 전도되고, 사랑의 결여가 도리어 사랑하는 사
람을 미워할 권한으로까지 타락하게 됩니다(MS-T, A134~135).

③ 남의 불행에 기뻐하기

이는 남의 불행을 함께 나누는 동정과는 정반대되는 것인데, 인간
의 자연 본성에도 낯선 일이 아닙니다. 그러나 세계를 위한 보편적 복
지를 파괴하는 그러한 **법도에 맞지 않는 일**을 대놓고 기뻐하는 것은
은밀한 인간 증오이자, 우리에게 의무로 부과되어 있는 이웃 사랑에
정면으로 위배되는 일입니다.

남의 불행에 기뻐하기 가운데 가장 달콤한 것이 바로 **복수욕**입
니다. 복수욕은 나 자신에게 아무 이득이 되지 않더라도 타인의 손해
를 자기 목적으로 삼는 것이 가장 정당한 일처럼 보이게 하고, 심지
어 그것을 (권리에 대한 욕망으로서) 책무로까지 보이게 합니다(MS-T,

A135~136).

한 인간의 권리를 침해하는 모든 행위는 처벌(형벌)을 받아 마땅합니다. 처벌은 (단지 끼친 손해를 보상하는 데 그치지 않고) 범죄자에게 그 범죄행위에 대해 **복수하는** 것입니다. 그러나 처벌은 모욕을 당한 자의 사적 권위에 의한 행위가 아니라 그와 구별되는 법정의 행위입니다(MS-T, A136~137).

> 그러므로 사적으로 복수하기 위해 타인의 적의에 증오로 대응하지 않을 뿐만 아니라, 스스로 세계의 심판자에게 복수해 줄 것을 요구하지 않는 것이 덕의무이다. 한편으로는 인간이 스스로 용서가 필요할 만큼 자기 허물을 충분히 뒤집어쓰고 있기 때문이고, 다른 한편으로는 누가 행하든 처벌이 결코 증오에 의해 가해져서는 안 되기 때문이다. 따라서 **화해**는 인간의 의무이다.
>
> • MS-T, A137

그러나 칸트는 화해와 '모욕에 대한 **온건한 인내**'(불의와의 타협)를 혼동하면 안 된다고 지적합니다. 후자는 타인의 계속되는 모욕을 예방하기 위해 강경한(엄정한) 수단에 호소하기를 포기하는 것으로서, 이는 자기의 권리를 타인의 발밑에 포기하는 것이며, 인간의 자기 자신에 대한 의무를 훼손하는 일입니다(MS-T, A137).

3. 타인에 대한 존경의 의무

사람은 누구나 자기 이웃 사람에게 존경을 요구할 정당한 권리를 지니며, **입장을 바꾸어** 그 또한 모든 타인에 대해서 그럴 책무가 있다.

• MS-T, A139

인간성은 그 자체로 존엄합니다. 인간은 어떤 인간(타인이든 자기 자신이든)에 의해서도 한낱 수단이 아니라, 언제나 동시에 목적으로 대우받아야 합니다. 그는 존엄한 존재이기 때문입니다. 타인을 경멸하는 것, 다시 말해 인간 일반에게 마땅히 보여야 할 존경을 거부하는 것은 어떤 경우에서든 의무에 반하는 일입니다. 우리는 때때로 어떤 사람을 경멸하는 경우가 있습니다. 하지만 그렇다고 해서 이를 겉으로 드러내 보이는 것은 모욕입니다. 그가 아무리 사악하다고 할지라도 인간인 그에게 주어져야 할 모든 존경을 거부할 수는 없습니다(MS-T, A140).

사악한 사람에 대한 비난도 결코 그 사람의 모든 도덕적 가치를 완전히 멸시하고 부정하는 데까지 이르러서는 안 된다. 왜냐하면, 이러한 가정하에서는 그는 결코 더 나은 사람이 될 수 없을 것이기 때문이다. 이러한 생각은 (도덕적 존재로서의) **인간**의 이념, 즉 선을 향한 모든 소질을 결코 전적으로 상실할 수 없는 **인간**의 이념과 합치될 수 없다.

• MS-T, A142

타인에 대한 '사랑의 의무'와 '존경의 의무' 중에 어느 쪽이 더 우선할까요? 인간관계에 있어서 전자가 일종의 충분조건이라면 후자는 일종의 필요조건이라 할 수 있을 것입니다.

> 단순히 사랑의 의무를 이행하지 않는 것은 **부덕**Untugend이다. 그러나 모든 인간에 대한 마땅한 **존경**에서 나오는 의무를 이행하지 않는 것은 **악덕**Laster이다. 왜냐하면, 전자를 소홀히 하는 것에 의해서는 어떤 사람도 모욕당하지 않지만, 후자를 행하지 않는 것에 의해서는 인간에 대한 합법적인 요구와 관련하여 인간 침해가 발생하기 때문이다.
>
> • MS-T, A143

타인에 대한 존경의 의무를 훼손하는 악덕들

① 거만함

거만함은 **명예욕**의 일종으로, 이는 타인에게 우리와 비교하여 그들 자신을 낮게 평가하라고 무리하게 요구하는 것입니다. 따라서 거만함은 사람이라면 누구나 합법적으로 요구할 수 있는 존경과 상충하는 악덕입니다.

거만함은 **명예심**인 **자부심**, 즉 타인과 비교하여 자기의 인간 존엄성을 조금도 훼손하지 않으려는 신중함과는 구별됩니다. 거만함은 타인에게 자기에 대한 존경을 요구하면서, 자기는 그렇게 하기를 거절하는 것이기 때문입니다. 그러나 자부심 자체도 타인에게 자기의 중요성을 인정해 주기를 무리하게 요구하기만 한다면, 잘못이며 모욕이 됩니다(MS-T, A144).

거만함이란 명예를 갈구하는 자가 자신의 추종자를 얻으려는 것인데, 그러면서도 그는 그 추종자를 경멸적으로 대할 권리가 있다고 믿는 것이다. 이는 **부정의한** 일이며, 인간 일반에 대한 마땅한 존경에 반하는 일이다. 거만함은 또한 **어리석음**이며 … **멍청함**이다. 그것은 타인에게서 자기가 의도하는 목적과 정반대되는 것을 불러일으킬 수밖에 없는 수단을 사용하는(거만한 자가 존경받으려고 애를 쓰면 쓸수록, 누구나 그만큼 더 존경하기를 거부할 것이기 때문에) 모욕적인 무분별이다.

• MS-T, A144~145

② 비방

좋지 못한 **뒷말하기(험담)**나 **비방**은 직접적이지만 특별한 의도 없이 타인에 대한 존경에 해가 되는 어떤 것을 소문으로 퍼뜨리려는 경향성을 의미하는데, 그것은 인간성 일반에 대한 마땅한 존경에 반하는 일입니다.

타인의 명예를 깎아내리는 말을 고의적으로 **유포하는 것**은 인간성 일반에 대한 존경을 약화시키고, 마침내는 인류 자신을 비열함의 그늘 속으로 던져서, 인간 혐오와 경멸을 지배적인 사고방식으로 만듭니다. 또 그러한 모습을 자주 보게 되면 인간의 도덕적 감정이 무디어지고 그런 짓에 익숙해지게 됩니다(MS-T, A145~146).

그러므로 타인의 결점을 폭로하는 일에서 고약한 쾌감을 느끼고, 그렇게 함으로써 자신이 선량하다는, 적어도 다른 사람보다 더 나쁘지는 않다는 생각을 확고히 하는 대신에, 우리의 판단을 누그러뜨리고 타인의 잘못에 대한 판단을 입 밖에 내지 않음으로써 인간애의 장막을 쳐 주는 것이 덕의무이다.

• MS-T, A146

③ 조롱

경박한 타박과 타인을 웃음거리로 만드는 성벽, 즉 타인의 결점을 자기 오락의 직접적인 대상으로 만드는 **조롱하는 성벽**은 악한 것으로서, **농담**과는 전적으로 구별됩니다. 농담은 때로 통용되는 규칙에서 벗어나 있기도 하는, 단지 겉으로만 결점일 뿐, 실제로는 유별난 의기意氣인 것을 웃음거리로 만드는 친구들 사이의 신뢰입니다. 그렇기 때문에 그것은 **비웃음**이 아닙니다. 그러나 실제 결점이거나, 인격에 주어져야 할 존경을 앗아 갈 목적으로 날조된 결점을 한낱 웃음거리로 만드는 것과 그러한 성벽, 즉 **신랄한** 조롱의 성벽은 그 자체에 어떤 악마적 기쁨을 내포한 것으로서, 타인에 대한 존경의 의무를 그만큼 더 심각하게 훼손합니다(MS-T, A147).

이제까지 거만함, 비방하기, 조롱하기 등을 통해 타인에 대한 존경의 의무를 훼손하는 악덕들을 살펴보았습니다. 칸트가 특히 강조하는 점은, 비록 우리에게 타인 일반을 숭배해야 할 책무는 없을지라도 도덕법칙이 명하는 인간 존엄성에 대한 존중은 우리가 늘 명심해야 할 의무라는 것입니다.

내가 타인을 (한낱 인간으로 볼 경우) **숭배**해야 할 책무는 없다. 다시 말해 그에게 **적극적** 경의를 표해야 할 책무는 없다. 내게 본성상 책무가 있는 모든 존경은 법칙 일반에 대한 존경(법칙을 숭배함)이다. 그러나 이것은 타인 일반을 숭배하는 것(인간에 대한 숭배)이거나 그렇게 함으로써 그들에게 무언가를 기여해야 하는 것이 아니다. 그것은 타인에 대한 보편적이고 무조건적인 인간 의무이며, 그들에게 근원적으로 마땅한 존경(빚진 존경)으로서, 모두에게 요구될 수 있는 것이다.

• MS-T, A148

4. 사랑과 존경의 결합 —우애

칸트에 의하면 우애는 "두 인격이 상호 동등한 사랑과 존경을 통해 하나로 결합되는 것"을 의미합니다. 우애는 이처럼 도덕적으로 선한 의지를 통해 하나가 된 두 인격이 서로의 복리에 동참하고 함께 나누는 이상적인 모습입니다. 비록 이러한 우애의 이상이 인생 전체의 행복으로 연결되지는 않는다고 하더라도, 이러한 이상을 품고 있는 만남은 행복을 누릴 만한 품격을 함유하는 것입니다. 또 비록 이러한 이상을 현실에서 완전히 실현할 수는 없을지라도, 그것에 도달하기 위해 노력해야 한다는 의미에서 우애는 하나의 의무이기도 합니다(MS-T, A152).

그런데 친구 사이에서 사랑과 존경의 균형을 어떻게 이루어 나갈 것인가는 매우 중요한 과제입니다. 앞에서 살펴보았듯 **사랑**은 '인력'

으로, **존경**은 '척력'으로 이해됩니다. 그래서 전자의 원리가 접근을 명령한다면, 후자의 원리는 서로 간에 적당한 거리를 유지할 것을 요구합니다(MS-T, A153). 이해를 돕기 위해 칸트는 친구에게 조언하는 예를 듭니다. 한 친구가 다른 친구에게 그의 결점을 지적해 주는 일은 물론 친구에 대한 사랑에서, 즉 사랑의 의무를 행하는 것이겠지만, 그 다른 친구는 자기 친구한테서 기대한 존경이 사라짐을 느끼며, 그가 친구한테 관찰당하고 비판받는다는 사실만으로도 그에게는 이미 그 자체로 모욕적인 것으로 생각된다는 것입니다(MS-T, A154).

특히 곤궁에 처한 친구가 있어서 다른 친구가 그를 도울 수 있을 때에는 매우 조심스러운 상황이 발생합니다. 친구의 도움이 우애의 목적이나 근거로 생각될 경우, 그는 다른 편의 존경을 잃을 것이기 때문입니다.

> 그러므로 우애는 상호적인 이익을 목표로 하는 결합일 수 없으며, 오로지 순수하게 도덕적이어야 한다.
>
> • MS-T, A154

만약에 한 친구가 다른 친구에게서 **자선**의 혜택을 받는다면, 이때 그 친구는 서로의 평등함을 사랑에서는 기대할 수 있겠지만, 존경에서는 기대할 수 없을 것입니다. 왜냐하면, 그는 혜택을 받은 자로서 혜택을 준 자에 대해 스스로 한 단계 낮아짐을 느끼기 때문입니다. 칸트에 따르면 우애는 두 인격이 하나로 융합되는 아름다운 이상이지만, 동시에 너무나 취약한 것입니다.

존경의 요구를 통해 상호적인 사랑을 제한하는 규칙을 두지 않는 한, 우애는 단 한 순간도 **단절**의 위험에서 안전하지 못할 것이다. … 어떤 경우든 우애에서의 사랑은 **정념**일 수 없다. 정념은 선택할 때는 맹목적이고 지속하고자 할 때는 연기처럼 사라지기 때문이다.

• MS-T, A155

　　그러므로 우리는 감성적인 우애가 아니라 두 친구 상호 간의 존경이 함께하는, 그래서 두 인격 사이의 온전한 신뢰에 근거한 **도덕적인 우애**를 지향해야 합니다. 이러한 우애는 서로 가까워지려는 사랑이 낳는 문제점, 즉 서로를 함부로 대할 가능성을 경계하면서 서로에게 거리를 두는 존경의 감정으로 이어지게 합니다. 하지만 칸트는 이러한 우애의 이상의 이면에는 현실적 한계가 있음을 지적합니다. 진정한 친구 사이에는 온전한 신뢰를 가지고 자신을 열어 보일 수 있는 이해를 지니고 있어야 하겠지만, 실제로 이것은 매우 어려운 일이라는 것입니다. 예컨대 우애는 우리에게 친구의 명시적인 허락 없이는 친구의 비밀을 타인에게 전하지 않을 의무를 부과하지만, 실제로 그 정도로 고상한 품성과 분별력을 지닌 사람은 드뭅니다(MS-T, A157).

[그러므로] 우애는 이성개념상으로는 아무런 한계가 없는 것이지만, 경험상으로는 언제나 매우 제한될 수밖에 없는, 소망의 이상이다.

• MS-T, A157~158

　　사랑과 존경에 대한 설명의 말미에 칸트는 신과 인간 사이의 도덕적 관계에 대해서 언급합니다. 이성적 존재 사이의 모든 도덕적 관계는 사랑과 존경에 귀착되며, 사랑에 관한 의지의 규정 근거는 타자의 **목적**에 놓여 있고, 존경에 관한 의지의 규정 근거는 타자의 **권리**에 놓여 있습니다. 이를 신과 인간의 관계에 적용해 본다면, 신은 인간에게 오로지 권리만을 가지고 아무런 의무도 지니지 않으며, 인간은 신에게 오로지 의무만을 가지고 아무런 권리도 지니지 않습니다. 그래서 신이 인간을 창조한 것은 오직 **사랑** 때문이라고, 다시 말해 신의 목적은 인간의 **행복**에 있다고 생각될 수 있습니다. 또 사랑의 효과를 제한하는 **존경**에 관한 신의 의지의 원리, 즉 신의 권리의 원리는 **정의**의 원리라고 생각될 수도 있습니다. 아마도 사람들은 이렇게 생각할지도 모릅니다.

> 신은 그가 사랑할 수 있고 또 그에 의해 자신이 사랑받을 수 있는 어떤 존재를 자기 바깥에 가지려는 필요에 의해 이성적 존재를 창조했다고 말이다.
>
> • MS-T, A184

하지만 칸트에 따르면 신과 인간 사이의 관계에 관한 이러한 모든 생각은 다 부질없는 것입니다. 왜냐하면, 그것은 윤리학의 한계를 넘는 것이요, 우리에게는 절대로 이해될 수 없는 것이기 때문입니다. 윤리학을 통해서는 오직 **인간**의, **인간**에 대한 도덕적 관계들만이 이해될 수 있을 뿐입니다(MS-T, A188).

이것으로 열세 번째 강의를 마칩니다. 이 강의에서는 「덕론」의 이슈 중 두 번째 주제인 **타인에 대한 의무**에 관해 살펴보았습니다. 여기에는 크게 나누어 사랑의 의무와 존경의 의무가 있습니다. 인력에 비유되는 **사랑**이 '서로 끊임없이 다가가도록 하는 힘'이라면, 척력에 비유되는 **존경**은 '서로 일정한 거리를 유지하게 하는 힘'입니다. 또한 사랑의 의무가 '넓고 느슨한 의무'라면, 존경의 의무는 '좁고 엄격한 의무'입니다.

　타인에 대한 사랑의 의무로는 '자선', '감사', '동정'의 의무가 있고, 이 의무에 반하는 악덕으로는 '시기', '배은망덕', '남의 불행에 기뻐하기' 등이 있습니다. **타인에 대한 존경의 의무**는 타인을 언제나 존엄성을 지닌 인격체로 존중해야 할 의무인데, 이 의무에 반하는 악덕으로는 '거만함', '비방', '조롱' 등이 있습니다. 타인에 대한 존경의 의무가 인간관계에서 일종의 필요조건이라면 사랑의 의무는 충분조건이라 할 수 있습니다. 그래서 사랑의 의무의 위반은 단지 '부덕'이라 할 수 있지만, 존경의 의무의 위반은 '악덕'이 됩니다.

　두 인격이 상호 동등한 사랑과 존경을 통해 하나로 결합된 것이 바로 **우애**입니다. 우리는 존경의 요구를 통해 상호적인 사랑을 제한하는 규칙을 둠으로써(단지 감성적인 우애를 넘어 상호 간의 존경을 유지함으로써) 두 인격 사이의 온전한 신뢰에 근거한 '도덕적인 우애'를 지향해야 합니다.

　도덕법칙을 구체적인 현실 삶에서 구현하기 위해 고민한 칸트의 담론(일종의 응용윤리학)을 통해 우리는 칸트 윤리학이 단지 형식적이고 추상적인 도덕 원리만을 논한 것이 아니라, 우리 삶의 현장에서 마주치는 **현실적 윤리 이슈들**도 (물론 경험적 사례를 통해서가 아니라, 도덕 형이상학의 견지에서) 세밀하게 다루었다는 점이 조명되기를 기대합니다.

다음 강의는 이제까지의 여정을 마무리하는 마지막 강의로, **도덕과 행복의 관계**에 대해서 논하고자 합니다. 이 강의를 통해서 우리는 칸트의 윤리학이 어떻게 종교철학으로 이어지는지 이해할 수 있을 것입니다.

마지막 강의,

도덕적 삶은
행복을 보장할 수 있는가?

―영혼 불멸과 신의 현존에 대한 요청―

Immanuel Kant,

Werke in zehn Bänden, Hrsg. v. W. Weischedel

Kritik der reinen Vernunft   Kritik der praktischen Vernunft
Kritik der Urteilskraft   Grundlegung zur Metaphysik der Sitten
Prolegomena zu einer jeden künftigen Metaphysik, die als Wissenschaft
wird auftreten können
Die Metaphysik der Sitten Tugendlehre Rechtslehre
Die Religion innerhalb der Grenzen der bloßen Vernunft
Über Pädagogik   Eine Vorlesung über Ethik
Idee zu einer allgemeinen Geschichte in weltbürgerlicher Absicht
Untersuchung über die Deutlichkeit der Grundsätze der natürlichen
Theologie und der Moral

1. 도덕과 행복은 일치하는가?
─플라톤의 경우

　　　　　　우리는 도덕적으로 바르게 살아 봐야 손
해만 본다는 말을 흔히 듣습니다. 그래서 어떤 이는 적당히 비도덕적
행위를 하면서도 들키지 않는 게 자신에게 가장 이득이 된다고 주장
하기도 합니다. '정의는 강자의 이익'이라는 말로 유명한 트라시마코
스는 이러한 입장을 가장 강하게 피력합니다.

　정의(올바름 및 올바른 것)란 실은 '남에게 좋은 것', 즉 강자나 통치자
　의 이익일 뿐, 복종하고 섬기는 자 '자신에게는 해가 되는 것'입니다.
　반면에 '불의'(올바르지 못함)는 참으로 순진하고 의로운 사람들을 조
　종하여 피치자들이 강자에게 이익이 되는 것을 행하고 그를 섬기며
　행복하게 만들 뿐, 결코 자신들을 행복하게 만들지는 못합니다. 그러
　니 지극히 순진하신 소크라테스 선생님, 선생님은 다음과 같은 사실
　을 아셔야만 합니다. 즉 의로운(올바른) 자는 불의한(올바르지 못한) 자

보다 언제나 '덜 가진다'[손해 본다]는 것을 말입니다.

• 『국가』, 343c~d[1]

이처럼 트라시마코스에 따르면 도덕적 행위는 남에게 이익을 주고 남을 행복하게 해 줄 뿐, 결코 자기 자신을 행복하게 해 주지는 못합니다. 의로운 사람일수록 손해만 보고 더 불행해지며, 불의한 사람일수록 더 이익을 보고 더 행복해진다는 것입니다. 이것이 진실이라면 우리는 어떻게 사람들보고 정의롭고 도덕적으로 살아야 한다고 설득할 수 있을까요? 비도덕적인 행위를 통해 이득을 챙기면서도 전혀 들키거나 처벌받지 않을 수 있다면, 그래도 여전히 도덕적으로 살고자 하는 사람이 있을까요?

플라톤의 과제는 이러한 회의주의에 맞서 도덕적인 삶이 '그 자체로 좋을 뿐만 아니라 결과적으로도 좋다'는 것을 보여 주는 일입니다. 다시 말해서 도덕(정의)은 어떤 목적을 달성하기 위한 수단이 아니라 '목적 그 자체'라는 것, 그리고 결과적으로 '우리를 선과 행복으로 인도'하는 것이요, '인간의 참된 본성에 부합'하는 것이라는 사실을 보여 주는 일입니다.

『국가』의 마지막 부분은 올바른(도덕적인) 삶에 대한 보상이 생전에는 물론이고 특히 사후에도 얼마나 큰지를 언급함으로써 '올바름'이 그 자체로도 좋은 것이지만 그 결과 때문에도 좋은 것이라는 점을 밝

---

1 이하 『국가』의 인용은 플라톤 지음, 박종현 옮김, 『플라톤의 국가·정체』, 서광사, 2005 참조.

히고 있습니다.

> 올바른 사람의 경우에는 우리가 이렇게 생각해야만 하네. 그가 가난
> 한 처지가 되거나 또는 질병이나 그 밖에 나쁜 것으로 여겨지는 어떤
> 곤경에 처하게 되더라도, 이런 일들이, 그가 살아생전에건 또는 죽어
> 서건, 결국에는 좋은 일로 끝을 맺게 된다고 말일세. 그야 물론 올바르
> 게 되려고 열심히 노력하는 사람이, 그리고 훌륭함(덕)을 수행하여 인
> 간으로서 가능한 한 신을 닮으려 하는 사람이 적어도 신들한테서 홀
> 대받는 일은 결코 없을 것이기 때문이네.
>
> •『국가』, 613a~b

　도덕과 행복의 일치에 관한 문제는 윤리학의 핵심적 과제입니다.
칸트와 같은 의무론자들은 도덕은 그 자체가 목적이기 때문에 행복을
염두에 두지 말고 무조건 실현할 것을 주장합니다. 칸트의 정언명령
은 이러한 정신을 대표합니다. 하지만 플라톤도 고민했듯이 이 문제
는 모든 사람의 관심사이자 딜레마이기도 합니다. 칸트 역시『실천이
성비판』의 마지막 부분에서 '최고선' 개념을 통해 이 문제를 진지하게
다룹니다.

2. 도덕 원리와 행복 원리의 구분

　앞에서 살펴본 것처럼 플라톤은 도덕(올바름,

정의)이 '목적 그 자체'일 뿐만 아니라, '우리를 행복으로 인도'하며, 또한 '인간의 참된 본성에 부합'한다고 주장합니다. 여기서 '인간의 참된 본성'이란 무엇일까요? 그것은 바로 '이성'입니다. 도덕은 이성적 존재인 인간이 마땅히 추구해야 할 바이자 궁극적으로 행복에 이르는 길이라는 것입니다. 그래서 올바른 사람의 삶은 "살아생전에건 또는 죽어서건, 결국에는 좋은 일로 끝을 맺게 된다"는 것입니다. 그런데 여기에 한 가지 유의할 점이 있습니다. 올바른 삶이 행복으로 귀결된다는 것이지, 행복하기 위해 올바른 삶을 살라는 말은 아니라는 것입니다. 플라톤의 입장 또한 도덕(올바름, 정의)이란 마치 '건강함'처럼 그 자체로 좋은 것이지, 단지 행복을 위한 수단은 아니라는 것입니다.

칸트는 플라톤보다 더욱 분명하게 도덕의 원리와 행복의 원리를 구분합니다. 『정초』의 '선의지'를 논하는 부분에서 살펴보았듯이, 칸트는 인간에게 '이성'이 주어져 있는 이유가 '행복'을 추구하는 데 있지 않음을 분명히 합니다. 행복은 이성에 의해서보다는 본능에 의해서 훨씬 더 잘 달성될 수 있기 때문입니다(GMS, A5). 그렇다면 이성의 진정한 역할은 무엇일까요? 칸트가 보기에 이성이 존재하는 이유는 행복이나 만족을 얻는 일보다 훨씬 더 고상한 다른 목적을 위해서입니다. 이성은 본래 행복이 아니라 전적으로 이 목적에 맞추어져 있는 것이며, 그렇기 때문에 (행복 같은) 인간의 사사로운 목적은 언제나 이 최상의 목적 다음에 와야 한다는 것입니다(GMS, A6).

물론 인간이 감성적 존재인 한, **행복**은 그의 **모든** 관심사일 수밖에 없으며, 따라서 "인간의 이성은 감성 측으로부터 거절할 수 없는 주문"을 받는데, "그것은 감성의 관심사를 돌보라는 것, 현세의 삶은 물론, 내세의 삶의 행복을 위해 실천적 준칙을 만들라는 것"입니다(KpV, A108). 하지만 한갓 동물적 차원을 초월한 예지적 존재자로서 "인간이 이성을 가지는 것은 [복福과 고苦에 대한 관심에서] 더 나아가 그 이상의 어떤 목적을 위해서"입니다. "특히 그 자체로 선하거나 악한 것, 그리고 감성적 관심을 전혀 가지지 않는 순수 이성만이 판단할 수 있는 것을 숙고하기 위해서는 물론, 선·악의 판정을 복·고의 판정과 전적으로 구별하고, 선·악의 판정을 복·고의 판정의 최상 조건으로 삼기 위해서"입니다(KpV, A108~109). 이처럼 칸트는 "이성의 참된 사명은 어떤 다른 목적을 위한 **수단으로서**가 아니라 **그 자체로 선한 의지**를 산출하는 것"(GMS, A7)임을 분명히 합니다.

> 순수 실천이성의 분석론이 해야 할 제일 중요한 작업은 **행복론**과 **도덕론**을 구별하는 것이다. 행복론에서는 경험적 원리가 전체 토대를 이루지만, 도덕론에는 그런 것이 조금도 섞여 있지 않다.
>
> • KpV, A165

그러나 이렇게 행복 원리와 도덕 원리를 구별한다고 해서 칸트가 그의 윤리학에서 행복을 아예 도외시하는 것은 아닙니다. 칸트는 단지 의무가 무엇인지를 결정하려 할 때, 행복의 동기를 고려하면 안 된다는 점을 강조할 뿐입니다. 그러면서 경우에 따라서는 자기의 행복을 도모하는 것이 의무가 될 수도 있다고 주장합니다.

행복 원리와 도덕 원리를 이같이 **구별**하는 것이 그렇다고 곧 양자를 대립시키는 것은 아니다. 순수한 실천이성은 행복에 대한 요구를 **포기하려는** 것이 아니라 단지 의무가 문제시될 때 행복을 전혀 **고려하지 않으려는** 것뿐이다. 오히려 어떤 점에서는 자기의 행복에 마음을 쓰는 일이 의무일 수도 있다. 일부는 행복(숙련·건강·부 등)이 자기의 의무를 실현하는 수단을 내포하기 때문이고, 또 어느 정도는 행복의 결여(예컨대 가난)가 자기의 의무를 위반하게 하는 유혹을 내포하기 때문이다. 다만 자기의 행복을 촉진하는 것은 결코 직접적으로 의무일 수 없으며, 더구나 모든 의무의 원리일 수는 없다.

• KpV, A166~167

3. 최상선과 최고선

최고선이란 무엇인가?

다섯 번째 강의에서 살펴본 바와 같이, 칸트의 인식론에서 '순수 이성의 이율배반'이 생기는 이유는 우리가 순수 이성을 경험 불가능한 대상에, 즉 무제약자에게 사용하기 때문입니다. 칸트에 따르면 이러한 이율배반은 이성의 본성 때문에 불가피하게 생기는 것입니다. 그런데 이성은 사변적으로 사용될 때와 마찬가지로 실천적으로 사용될 때에도 무제약자를 추구합니다.

어떻게 순수 이성의 사변적 사용에서 저 자연적인 변증론을 해소할 수 있을지, 어떻게 그 밖의 자연적인 가상^Schein에서 비롯하는 오류를 방지할 수 있을지는 저 [사변이성] 능력에 대한 비판에 자세히 나와 있다. 그런데 이성의 실천적 사용에서도 사정은 나을 게 없다. 이성은 순수 실천이성으로서, [사변적 사용에서와] 마찬가지로 실천적으로 제약된 것(경향성과 자연적 필요에 근거한 것)에 대해서도 무제약자를 추구하는데, 그것도 의지의 규정 근거로서 추구하는 것이 아니라, 이 규정 근거가 (도덕법칙 안에) [이미] 주어져 있는데도, 순수 실천이성의 **대상**의 무제약적 총체를 **최고선**이라는 이름으로 추구한다.

• KpV, A194

이와 같이 칸트가, 비록 순수한 의지의 '규정 근거'는 도덕법칙이지만 그 '대상'은 최고선이라고 말하는 이유는, 도덕법칙은 단지 형식적이어서, 다시 말해서 준칙의 형식만을 보편적인 법칙을 수립하는 것으로 요구함으로써 규정 근거로서의 모든 실질, 즉 의욕의 모든 대상을 도외시하기 때문입니다. 따라서 최고선만이 실천이성의 대상이라고 말하는 것입니다. 물론 최고선이 순수한 의지의 전체 **대상**이라고 해서 그것이 순수한 의지의 **규정 근거**로 여겨질 수는 없습니다. 오직 도덕법칙만이 최고선과 최고선의 실현을 대상으로 만드는 근거로 여겨져야 합니다(KpV, A196).

최고das Höchste라는 개념은 **최상**das Oberste을 의미하거나, 또는 **완전**das Vollendete을 의미합니다. 최상은 "그 자체로 무조건적인 조건, 다시 말해 어떤 다른 조건에도 종속되지 않는 조건(원본)"을 가리키고, 완전은 "같은 종류이면서 자신보다 더 큰 전체의 부분을 이루지 않는 전체(완전)"를 가리킵니다(KpV, A198). 칸트에게 **최고선**이란 '**덕**Tugend에 행

복이 더해진 상태'입니다.

> (행복할 자격으로서) **덕**은 우리에게 오로지 소망할 만한 가치가 있는 것
> 으로 여겨지는 모든 것의 **최상 조건**이자, 행복을 얻으려는 우리의 모
> 든 노력의 **최상 조건**, 즉 **최상선**이다. 이는 분석론에서 증명된 바와 같
> 다. 그러나 덕은 아직 유한한 이성적 존재자의 욕구 능력의 대상인 전
> 체적이며 완전한 선은 아니다. 전체적이고 완전한 선이려면 또한 **행**
> **복**이 추가로 요구되기 때문이다. 이는 자기 자신을 목적으로 삼는 인
> 격의 당파적 관점에서만 그런 것이 아니라, 세계 내 인격 일반을 목적
> 자체로 여기는 무당파적 이성의 판단에서조차 그러하다. 행복이 필요
> 하고 행복할 자격이 있는데도 행복을 누리지 못하는 것은 이성적 존
> 재자의 완전한 의욕과 결코 일치될 수 없기 때문이다. 우리가 이러한
> 이성적 존재자를 시험 삼아 생각해 본다고 하더라도 이 존재자는 모
> 든 권능을 지닌 자일 것이다. 이제 덕과 행복이 다 같이 한 인격에서
> 최고선을 소유하고, 또한 행복이 (인격의 가치이자 행복할 자격인) 도덕
> 성에 아주 정확히 비례해서 할당될 때, 가능한 세계의 **최고선**을 구성
> 한다. 이런 한에서 최고선은 전체, 곧 완전한 선을 의미한다.
>
> • KpV, A198~199

이상의 논의를 요약하자면, **덕**은 최고선의 '필요조건'이요, **행복**은
최고선의 '충분조건'이라 말할 수 있을 것입니다.

실천이성의 이율배반 및 해소

그런데 문제는 덕과 행복 사이의 관계입니다. 덕과 행복은 최고선을 이루는 두 가지 요소로서, 우리는 우리의 실천이성이 추구하는 최고선에서 덕과 행복이 필연적으로 결합되어 있는 것으로 생각하지만, 실제로 덕과 행복은 서로 일치하지 않을 뿐만 아니라 그 성질 또한 전혀 다른 것으로 보입니다. 예컨대, 우리가 아무리 도덕법칙을 완전하게 실천한다고 하더라도 현세에서는 그러한 덕에 합당한 행복을 기대할 수가 없는 것입니다.

> 그런데 원인[덕]과 결과[행복]의 이러한 결합을 개념 안에 내포한 최고선을 촉진하는 것이 우리 의지의 아프리오리하게 필연적인 대상이기 때문에, 그리고 이 최고선의 촉진이 도덕법칙과 뗄 수 없게 연결되어 있기 때문에, 첫째 것[최고선]이 불가능하다는 것은 또한 둘째 것[도덕법칙]도 거짓이라는 것을 증명하는 것일 수밖에 없다. 그러므로 만일 최고선이 실천적 규칙에 따라 불가능하다면, 최고선을 촉진할 것을 명령하는 도덕법칙 또한 환상적이고, 공허한 가공적 목적들 위에 세워진 것으로서, 그 자체로 거짓된 것일 수밖에 없다.
>
> • KpV, A205

그러나 "덕이 행복을 가져온다"라는 명제가 반드시 틀린 것만은 아닙니다. 우리가 우리 자신을 감성계에만 속하는 존재로 생각할 때에는 그것이 불가능하겠지만, 예지계에 속한 존재로 생각할 때에는 가능할 수 있는 것입니다. 이는 마치 사변이성에서의 이율배반, 즉 자연필연성과 자유 사이의 이율배반을 현상계와 예지계(지성계)의 서로 다른 인과성의 관점에서 해소한 것과 비슷한 맥락입니다.

> 나는 나의 현존을 지성계 내의 예지체로도 생각할 권한을 가질 뿐만 아니라, 도덕법칙에서 (감성계 내의) 나의 원인성의 순수 지성적 규정 근거까지 가지기 때문에, 원인으로서 마음씨의 도덕성이 감성계 내의 결과로서의 행복과 비록 직접적은 아니지만 (자연의 예지적인 창조자를 통해) 간접적으로, 그것도 필연적으로 연결되는 것이 불가능하지는 않다. [그러나] 이러한 결합은 한낱 감각 능력의 대상인 자연에서는 단지 우연적으로만 일어날 수 있고, 최고선을 위해서는 충분할 수가 없다.
>
> • KpV, A206~207

그러나 덕이 행복과 연결되어 있다는 것은 굳이 예지계의 차원에 호소하지 않더라도 이미 상식적으로 알려져 있습니다. 예컨대 에피쿠로스와 스토아학파는 "인생에서 덕을 의식하는 데서 생기는 행복을 무엇보다도 찬양"했습니다. 특히 에피쿠로스는 "사심 없는 선의 실행을 가장 내면적인 기쁨을 향유하는 방식으로 보았으며, 그가 기획한 즐거움(그는 이 말을 늘 기쁜 마음이라는 의미로 이해했다)에 속했던 것은 가장 엄격한 도덕철학자들이 요구할 법한 방식대로 경향성을 절제하고 제어하는 것"이었습니다(KpV, A208). 그런데 이처럼 덕스러운 에피쿠로스를 비롯한 많은 사람이 범하는 오류가 있습니다. 그것은 덕이 무엇인지를 규정하지 않은 채 덕스러운 마음씨를 전제하고 있다는 점입니다. 이는 마치 선이 무엇인지를 규정하지 않은 채 선의지나 도덕

마지막 강의. 도덕적 삶은 행복을 보장할 수 있는가?

을 논하는 것과 마찬가지입니다.

덕을 행함으로써 마음이 즐거워지려면 우선 덕이 무엇인지 알아야 하고 또 자신이 이 덕을 실행하고 있음을 의식해야 합니다. "도덕적 마음씨는 **법칙이 직접적으로** 의지를 규정한다는 의식과 필연적으로 결합되어 있기" 때문입니다(KpV, A210). 그리고 이때 수반되는 즐거움은 감성적 쾌감과는 구별되는 어떤 숭고함을 내포한 감정입니다.

> 이것은 존경이지, 즐거움이나 행복의 향유가 아니며, 이성의 근거에 놓여 있는 어떤 **선행하는** 감정이 (이런 감정은 언제나 감성적이고 정념적일 것이므로) 결코 대신할 수 없는 무엇이다. 이것은 법칙에 의해 의지를 직접적으로 강제하는 의식으로서 쾌의 감정과 비슷한 것이 아니다. 이것은 욕구 능력과의 관계에서 [쾌의 감정이 하는 것과] 똑같은 일을 하지만, 다른 근거에서 그렇게 하기 때문이다. 그러나 우리는 이러한 [법칙에 의해 의지를 직접적으로 강제하는] 표상 방식을 통해서만 우리가 추구하는 것에 도달할 수 있다. 그것은 행위가 단지 (유쾌한 감정을 좇아) 의무에 맞게 생겨나는 것이 아니라 의무로부터 생겨나는 것으로서, 이것이야말로 모든 도덕적 육성의 참된 목적이어야 한다.
>
> • KpV, A211

'도덕법칙에 대한 존경'이라는 특별한 감정에 관해서는 이미 여덟 번째 강의에서 다각도로 살펴본 바 있는데, 이 감정은 여기서는 이른바 '도덕적 만족감, 또는 행복감'이라는 표현에서 잘 드러납니다. 그것은 '자발적으로 도덕법칙을 준수하는 태도 안에서 느껴지는 기쁨'을 의미합니다. 내가 나의 도덕적 준칙을 준수하는 가운데 '나는 모든 경향성의 영향으로부터 자유롭다'는 이러한 의식은 "어떠한 특수한 감정에도 근거하고 있지 않은 변치 않는 만족의 유일한 원천"이며, 우리는 이것을 "지성적 만족이라 부를 수 있을 것"입니다(KpV, A212).

이러한 '자기만족', '지성적 만족', 또는 '도덕적 행복' 개념을 통해 순수 실천이성의 이율배반(도덕과 행복의 불일치)은 해소된 셈입니다. 이로부터 나오는 결론은 다음과 같습니다.

> 도덕성을 의식하는 것과 도덕성에 비례하는 행복을 도덕성의 결과로서 기대하는 것, 이 양자가 실천 원칙들 안에서 자연적이고 필연적으로 결합하는 일은 적어도 가능하다고 생각된다.
>
> • KpV, A214

칸트에 따르면 최고선은 순수 실천이성의 전체 대상(목적)으로서 반드시 가능한 것일 수밖에 없습니다. "왜냐하면, 최고선을 낳기 위해서 가능한 모든 것을 하라는 것이 순수 실천이성의 명령이기 때문"입니다(KpV, A214~215). 하지만 평범한 인간인 우리에게 최고선의 실현은 매우 힘든 과제입니다. 우선, 그 필요조건인 최상선에 이르는 것, 즉 도덕법칙을 준수하는 것 자체가 힘듭니다. 우리는 늘 경향성에 휘둘리기 쉬운 존재이기 때문입니다. 다음으로, 설사 도덕법칙을 준수한다고 하더라도 현상계의 인과관계가 지배하는 현실에서는 도덕성에 합당한 행복이 도무지 보장될 것 같지 않기 때문입니다. 칸트는 이

4. 순수 실천이성의 요청

영혼 불멸

칸트가 보기에 이 세상에서 최고선을 실현하는 일은 도덕법칙에 의해 규정될 수 있는 의지의 필연적인 목표입니다. 그리고 최고선의 첫째 요소인 최상선은 의지가 도덕법칙에 **완전하게 부합**하는 것입니다. 그러나 그것은 **신성한** 의지, 완전한 의지에나 가능한 일입니다. '이성적이지만 유한한' 존재인 우리에게 가능한 일은, 도덕적 완전성의 더 낮은 단계에서 더 높은 단계로 나아가는 **무한한 전진**뿐입니다. 그런데 이러한 완전성을 향한 무한한 전진은 이성적 존재자의 무한히 계속되는 생존, 즉 **영혼 불멸**의 전제 아래에서만 실천적으로 가능합니다. 따라서 영혼 불멸은 순수한 실천이성의 **요청**^{Postulat}입니다(KpV, A219~220).

칸트는 이 요청이라는 개념이 "아프리오리하게 무조건적으로 타당한 **실천법칙**에 반드시 동반될 수밖에 없는 **이론적인** 명제이지만, 증명될 수는 없는 명제"라고 말합니다. 그것은 그야말로 '가능한 것이 아니면 명령될 수 없다'는 의미에서 설정된 "이론적인" 명제인 것입니다(KpV, A220). 증명될 수는 없지만, 이론적으로는 가능해야 하는 것, 그래서 **요청**될 수밖에 없는 것이 바로 **영혼 불멸**입니다.

이성적이지만 유한한 존재자에게는 도덕적 완전성의 더 낮은 단계에서 더 높은 단계로의 무한한 전진만이 가능할 뿐이다. … [신이 정해 주는] 최고선의 몫에 대한 희망과 관련하여 피조물이 유일하게 가질 수 있는 것은 그의 마음씨가 시련받고 있다는 의식일 것이다. 그리하여 그는 더 나쁜 것에서 도덕적으로 더 좋은 것으로의 지금까지의 진보와 이 진보를 통해 자신이 알게 된 변치 않는 결의로부터 이 진보를, 자신의 실존이 얼마만큼 길든지 간에, 심지어 이생 너머까지라도 계속해 나가기를 희망할 수 있다. 그것도 결코 이생에서나 현존의 가시적 미래의 어느 시점에서가 아니라, 오로지 (신만이 내다볼 수 있는) 그의 무한한 지속성 내내 신의 의지에 완전히 부합하기를 (정의에 걸맞지 않은 관용이나 사면 없이) 희망할 수 있을 것이다.

• KpV, A222~223

신의 현존

이제 최고선의 둘째 요소, 즉 도덕성에 부합하는 행복에 관해 논할 차례입니다. 앞에서 칸트가 최고선의 첫째 요소(최상선)를 달성하기 위해서 '영혼 불멸을 요청'했다면, 이제 최고선의 둘째 요소를 달성하기 위해서는 '신의 현존을 요청'합니다. 칸트는 행복의 개념에 대해 다음과 같이 설명합니다.

행복이란, 이성적 존재자가 그의 실존의 전체에서 **모든 것이 바라고 뜻하는 대로 이루어지는** 세계에 살고 있는 상태이다. 따라서 행복은 자연[즉 현실]이 이성적 존재자의 전체 목적[즉 최고선]과 일치하는 데 근거하고, 동시에 자연이 이 존재자의 의지의 본질적인 규정 근거[즉 도덕법칙]와 일치하는 데 근거한다.

● KpV, A224

도덕법칙은 원래 (자유와 함께) 예지계에 속하는 것입니다. 그래서 도덕법칙은 감성계의 어떠한 동인과도 무관한 규정 근거에 의해 명령합니다. 그뿐만 아니라 도덕법칙 자체 안에는 도덕성과 그 도덕성에 비례하는 (부분적으로 감성계에 속해 있고 또 거기에 의존해 있는 존재의) 행복을 필연적으로 연결시켜 줄 근거가 전혀 없습니다. 그렇기 때문에 도덕법칙을 따르는 이성적 존재자는 자기 의지에 의해서 자연의 원인일 수가 없고, 자기 의지의 힘만으로는 자기의 도덕적 원칙들과 행복을 완전히 일치시킬 수가 없습니다.

그럼에도 순수 이성의 실천적 과제, 다시 말해 최고선을 위한 필수적 작업에서는 이러한 연관이 필연적인 것으로서 요청된다. 우리는 마땅히 최고선의 촉진을 추구해야 한다(그러므로 최고선은 역시 가능할 수밖에 없다). 따라서 이러한 연관의 근거, 즉 행복과 도덕성 사이의 정확한 일치의 근거를 포함할, 자연과는 구별되는 전체 자연의 원인의 현존이 **요청된다.**

● KpV, A224~225

그러므로 이 세상에서 최고선은 오로지 도덕적 마음씨에 적합한 원인성을 갖는 자연의 최상 원인이 전제되는 한에서만 가능하다. 법칙의 표상에 따라 행위할 수 있는 존재자는 **예지자**Intelligenz(이성적 존재)이며, 이 법칙의 표상에 따르는 그런 존재자의 원인성이 **의지**이다. 따라서 자연의 최상 원인은 최고선을 위해 전제되어야만 하는 한, **지성과 의지**에 의해 자연의 원인인 (따라서 창시자인) 존재자, 즉 **신**이다. 결국, **최고의 파생적 선**의(최선의 세계의) 가능성에 대한 요청은 동시에 **최고의 근원적 선**의 현실성에 대한 요청, 즉 신의 실존에 대한 요청이다. 최고선을 촉진하는 것은 우리에게 의무였다. 따라서 이 최고선의 가능성을 전제하는 것은 단지 권한일 뿐만 아니라, 요구인 의무와 결합된 필연성이기도 하다. 그런데 최고선은 신의 현존이라는 조건하에서만 가능하므로, 최고선은 신의 현존이라는 전제와 의무를 불가피하게 결합한다. 다시 말해 신의 현존을 받아들이는 것은 도덕적으로 필연적이다.

• KpV, A225~226

한마디로 칸트는 우리의 유한성, 즉 무능력을 보완함으로써 도덕성과 행복의 엄밀한 일치를 보장해 주는 원인, 전체 자연의 원인인 신의 현존이 요청된다고 하는 것입니다. 하지만 칸트 자신의 말처럼, 이러한 도덕적 필연성은 "**주관적인** 요구"에 불과한 것인지도 모릅니다(KpV, A226). 신이라는 전체 자연의 최고 원인이 있어, '행복할 만한 자격'(도덕성)을 갖춘 상태와 실제로 행복한 상태가 일치되기를 바라는 우리의 소망을 충족시켜 줄 것이라는 믿음인 것입니다. 그러므로 이러한 신의 현존에 대한 요청은 이론이성의 관점에서는 하나의 **가설**이라 부를 수 있겠지만, 도덕법칙이 우리에게 부과하는 최고선을 실현해야 할 의무 의식과 결합되어 있는 실천적 관점에서는 **신앙**, 즉 순수한 **이성신앙**Vernunftglaube이라 부를 수 있을 것입니다(KpV, A227).

> 이리하여 도덕법칙은 순수한 실천이성의 대상이자 궁극 목적인 최고선의 개념을 통해서 **종교**에 이른다. 다시 말해 **모든 의무를 신의 명령으로서 인식하는 데** 이른다.
>
> • KpV, A233

물론 도덕법칙은 우리 자신의 자유로운 의지가 세운 법칙이지만, "그럼에도 이것은 최고 존재자의 명령으로 여겨져야만 하는데, 왜냐하면, 우리는 오직 도덕적으로 완전한(신성하고 인자한), 그리고 전능한 의지에 의해서만 최고선, 즉 도덕법칙이 우리에게 추구할 대상으로 삼으라고 의무화하는 최고선을 바랄 수 있고, 따라서 이 의지와 일치함으로써 최고선에 도달하기를 희망할 수 있기 때문"입니다(KpV, A233).

여기에서 칸트는 그리스도교 윤리학이 바로 이러한 (도덕) 종교의 모습을 보여 준다고 말합니다.

> 그리스도교 윤리학은 이러한 (최고선의 둘째 필수 불가결한 구성요소의) 결핍을 이성적 존재자가 도덕법칙에 전심전력으로 헌신하는 세계를 **신의 나라**라고 표현함으로써 보완하고 있다. 이러한 신의 나라에서 자연과 도덕은 파생적인 최고선을 가능하게 하는 신성한 창시자에 의해 양자가 각기 단독적으로는 낯설었던 조화에 이르게 된다.
>
> • KpV, A231~232

이로써 칸트의 윤리학은 '도덕에 종교가 더해질 때 언젠가 우리는 행복을 누릴 수 있을 것'이라는 **도덕 종교**로 귀결됩니다.

> 도덕은 원래 우리가 어떻게 자신을 행복하게 만들지에 관한 가르침이 아니라, 우리가 어떻게 행복을 누릴 만한 자격을 갖추어야 하는지에 관한 가르침이다. 종교가 도덕에 더해지는 오직 그때에만, 우리가 행복을 누릴 만한 자격이 없지 않도록 마음 쓴 정도만큼 언젠가 행복을 나누어 갖게 될 것이라는 희망도 나타날 것이다.
>
> • KpV, A234

5. 도덕과 행복은 일치하는가?
—비트겐슈타인의 경우

잘 알다시피 칸트의 도덕법칙은 정언명령의 형식으로 되어 있습니다. 정언명령은 무조건적 명령이기 때문에 그 명령을 뒷받침하는 별개의 이유를 필요로 하지 않습니다. 그런데도 그 이유를 묻는 경우가 있다면, 그것은 정언명령을 가언명령으로 오해한 난센스라 할 수 있을 것입니다. 정언명령에 따른 행위는 어떤 결과나 결과에 대한 기대와 무관하게 오로지 그것이 옳기 때문에 행해진 것일 뿐입니다. 그런데도 왜 칸트는 **최상선**(덕)을 논하는 데 그치지 않고 **최고선과 행복**까지 언급하는 것일까요? 왜 시간과 공간(현실)의 차원을 넘어선 '영혼 불멸'과 '신의 현존'까지 요청하는 것일까요?

사실 '도덕과 행복의 일치'에 관한 문제는 칸트뿐만 아니라 상식을 지닌 모든 사람의 관심사이기도 합니다. 칸트의 논의 또한 겉으로는 거창해 보여도 이 문제에 관한 상식적 문제 제기와 상식적 답변으로 보아도 좋을 것입니다. 비트겐슈타인을 통해서 우리는 이 문제에 대한 평범한 답변을 다시 확인할 수 있습니다.

> "당신은 ~해야 한다"라는 형식의 도덕법칙이 세워졌을 때 떠오르는 최초의 생각은 '그런데 만일 내가 그렇게 하지 않는다면 어떻게 되지?'라는 것이다. 그러나 윤리학이 통상적인 의미의 상이나 벌과 아무 상관도 없다는 것은 분명하다. 그러므로 행위의 **결과**에 대한 이러한 물음은 중요하지 않음이 틀림없다. ─ 적어도 이러한 결과들이 사건들이어서는 안 된다. 왜냐하면, 이러한 문제 제기에는 무언가 일리 있는 것이 있음이 틀림없기 때문이다. 일종의 윤리적 상과 벌이 있기는 해야 하지만, 이러한 상과 벌은 행위 자체 속에 놓여 있어야 한다(그리고 상은 유쾌한 어떤 것이어야 하고 벌은 불쾌한 어떤 것이어야 한다는 것도 또한 분명하다).
>
> ●『논고』, 6.422

도덕법칙은 당위를 지시하는 명령, 그중에서도 가언명령이 아닌 정언명령의 형식으로 되어 있습니다. 이러한 명령에 대해 누군가가 "만약 그것을 따르지 않으면 어떻게 되지요?"라고 물어보는 것은 당연한 일일 것입니다. 그리고 이러한 물음에 대해 "그것을 지키면 모종의 유쾌한 결과가 따르지만 지키지 않으면 모종의 불쾌한 결과가 따를 것이니 너는 그것을 지키는 게 좋다"라고 답변하는 것도 충분히 예상되는 일입니다. 그런데 이러한 물음과 대답은 은연중에 도덕법칙을 가언명령으로 전제하고 있다는 데 문제가 있습니다. 어떤 명령에 대해 "왜?"라고 묻는 것은 그 명령을 따라야 할 이유, 즉 전제되어 있는 상위의 목적을 묻는 것이고, 대답으로서 이러한 상위의 목적을 그 명령의 정당화 근거로 제시할 경우 그 명령은 무조건적인 정언명령이 아니라 조건이 붙은 가언명령이 되고 말기 때문입니다. 가언명령은 단지 상대적 가치 판단을 담은 명제로서 모두 사실 명제(혹은 과학적 명제)로 환원될 수 있습니다.

그렇다면 당위적 명령을 담은 도덕법칙에 대해 "왜"라고 묻는 것은 잘못일까요? 물론 (일종의 사건이나 다름없는) 행위의 결과를 염두에 두고서 "왜"라고 묻는 것은 위와 같은 이유로 잘못이겠지만, 그러한 물음 자체는 일리가 있다고 비트겐슈타인은 말합니다. 그러면서 "일종의 윤리적 상과 벌이 있기는 해야 하지만, 이러한 상과 벌은 행위 자체 속에 놓여 있어야 한다"고 덧붙입니다. 상과 벌이 행위 자체 속에 놓여 있다는 말은, 아마도 상과 벌이 행위와 별개로 행위 후에 뒤따르는 어떤 것(결과)이 아니라, 행위와 동시에 우리 내면의 즉각적인 양심의 심판과 더불어 유쾌하거나 불쾌한(또는 행복하거나 불행한) 느낌을 통해 주어진다는 뜻일 것입니다. 이러한 입장은 다음 글에서 더욱 분명히 드러납니다.

행복하게 살기 위해서는, 나는 세계와의 일치 속에 있어야 한다. 이것이 바로 "행복하다"라는 말의 의미이다.

그때 나는, 내가 의존해 있는 것으로 여겨지는 저 낯선 의지와의 일치 속에 있다. 이는 '나는 신의 의지에 따른다'는 것을 의미한다. …

만일 나의 양심이 균형을 잃는다면, 나는 어떤 것과의 일치 속에 있지 않다. …

양심이 신의 음성이라고 이야기하는 것은 확실히 옳다.

예컨대, 어떤 이를 모욕했다는 것을 생각하는 것은 나를 불행하게 한다. 그것이 나의 양심인가?

우리는 다음과 같이 말할 수 있는가? 즉 "너의 양심에 따라 행동하라, 네가 그러한 소질을 가지고 있다면 말이다"라고.

행복하게 살라!

• 『일기』, 1916. 7. 8.

내가 거듭 말하고 싶은 것은, 단지 행복한 삶은 좋고, 불행한 삶은 나쁘다는 것이다. 그리고 만일 내가 **이제** 다음과 같이, 즉 **왜** 내가 행복하게 살아야 하느냐고 자문한다면, 그것은 그 자체 동어반복적 문제 제기로 보인다. 다시 말해서, 행복한 삶은 스스로 정당화되는 것이요, 그것만이 유일하게 올바른 삶**인** 것으로 보인다.

• 『일기』, 1916. 7. 30.

비트겐슈타인에 따르면 행복은 세계와의 일치, 신의 의지와의 일치, 즉 양심에 따른 삶 속에 있다는 것이며, 도덕적 행동, 도덕적 삶은 뒤따르는 결과와 상관없이 그 자체로 유쾌한 삶, 행복한 삶이고, 그런 삶은 스스로 정당화된다는 것입니다.

간단히 말해서, 선하거나 악한 의지를 통해 세계는 전혀 다른 세계가 되어야 한다. 말하자면 세계는 전체로서 감소하거나 증가해야 한다. 행복한 자의 세계는 불행한 자의 세계와는 다른 세계이다.

• 『논고』, 6.43

이 글에 의하면 선하거나 악한 의지는 세계를 전혀 다른 세계로 바꿀 수 있습니다. '악한 의지'는 세계를 전체적으로 감소시킬 것이며, '선한 의지'는 세계를 전체적으로 증가시킬 것입니다. 만일 어떤 사람이 자신의 삶과 조화되는 느낌을 가지면서 동시에 행복하다고 느낀다면, 그의 관점에서 세계는 좋은 세계로 보일 것이며, 반대로 그가 자신의 삶과 조화되는 느낌을 지니지 못하고 그래서 불행하다면, 세계는 나쁜 세계로 보일 것입니다. 도덕적 관점에서 바라볼 때, 양자가 설사 똑같은 사실을 경험한다고 하더라도 행복한 자의 세계와 불행한 자의 세계는 일치하지 않을 것입니다. 이 경우, 양자의 차이는 그러한 두 세계의 한계들의 차이입니다. 다시 말해서, 행위 주체가 가지고 있는 가치 체계의 차이입니다.[2]

이제 윤리에 대한 비트겐슈타인의 논의는 마치 칸트처럼 종교의 차원으로, 즉 삶과 죽음의 문제를 포함하여, 시간과 공간을 초월한 영원의 관점에서 삶을 바라보는 종교적 차원의 성찰로 이어집니다.

---

2   P. Frascolla, *Understanding Wittgenstein's Tractatus*, London & New York: Routledge, 2007, p. 212 참조.

죽음은 삶의 사건이 아니다. 죽음은 체험되지 않는다.

영원이 무한한 시간의 지속이 아니라 무시간성으로 이해된다면, 현재에 사는 사람은 영원히 사는 것이다.

• 『논고』, 6.4311

공간과 시간 속에 있는 삶의 수수께끼에 대한 해결은 공간과 시간 **밖에** 놓여 있다(정말 해결되어야 할 것은 자연과학의 문제들이 아니다).

• 『논고』, 6.4312

세계가 **어떻게** 있느냐는 더 높은 존재에게는 완전히 아무래도 좋은 일이다. 신은 자신을 세계 **속에서** 드러내지 않는다.

• 『논고』, 6.432

세계가 **어떻게** 있느냐가 신비스러운 것이 아니라, 세계가 있다는 **것**이 신비스러운 것이다.

• 『논고』, 6.44

세계를 영원의 관점에서 직관하는 것은 세계를 전체 ─한계 지어진 전체─ 로서 직관하는 것이다.

한계 지어진 전체로서의 세계에 대한 느낌은 신비스러운 느낌이다.

• 『논고』, 6.45

실로 언표할 수 없는 것이 있다. 이것은 스스로 **드러난다**. 그것이 신비스러운 것이다.

• 『논고』, 6.522

죽음조차 넘어선 영원의 관점에서 세계와 삶을 바라볼 때, 우리는 세계가 '어떻게' 있느냐와 같은 세계 '속의' 관점(시간적·공간적 제약 아래에 놓여 있는 현상계의 관점)에서 벗어나 세계를 전체로서 볼 수 있을 것이고, 그것은 세계가 '지금-여기' 있다는 것에 대한 신비스럽고 경이로운 느낌으로 다가올 것입니다. 그리고 그런 사람에게는 더 이상 삶의 문제도 존재하지 않을 것입니다. 말하자면 그는 "실존의 목적을 성취한 만족한 자, 행복한 자"(『일기』, 1916. 7. 6.)일 것입니다.

이로써 우리는 칸트와 비트겐슈타인의 윤리학이 '도덕과 행복의 일치'라는 문제를 통해서 마침내 '도덕 종교'에 이른다는 것을 다시금 확인하게 됩니다.

도덕이 완전하게 제시된다면, 그리고 법칙에 근거하여 최고선을 촉진하고자 하는 (신의 나라를 우리에게 이끌어 오려 하는) 도덕적 소망이 … 일깨워지고, 이 소망을 위해 종교로의 발걸음이 내딛어진 이후라면, 비로소 도덕론은 행복론으로 불릴 수 있다. 왜냐하면, 행복에 대한 **희망**은 종교와 더불어 비로소 시작되기 때문이다.

• KpV, A235

이것으로 마지막 강의를 마칩니다. 마지막 강의에서는 **도덕과 행복의 관계**에 대해 논했습니다. 플라톤은 도덕적 삶이 행복을 낳는다는 것을 사후死後의 보상을 통해 정당화하려 하지만, 칸트가 보기에 이는 자칫 도덕을 행복이라는 목적을 달성하기 위한 수단(즉 가언명법)으로 간주할 우려가 있습니다. 그래서 칸트는 처음부터 도덕 원리와 행복 원리를 명확히 구분합니다. 그렇다고 그가 행복을 완전히 도외시한 것은 아닙니다. 인간은 감성계에 속한(즉 경향성을 지닌) 존재로서 행복은 그의 지대한 관심사일 수밖에 없기 때문입니다. 여기서 등장하는 것이 **최고선** 개념입니다. 최고선이란 '덕에 행복이 더해진 상태'입니다. 덕이란 도덕법칙을 실현한 상태, 즉 '최상선'으로서 최고선의 필요조건입니다. 문제는 최고선의 실현이 순수 실천이성의 명령이자 궁극 목적임에도 실제로는 이것을 달성하는 것이 힘들다는 사실입니다. 우선 최상선의 실현부터 불가능합니다. 인간은 유한한 존재이기 때문에 살아생전에 도덕법칙을 온전히 구현할 수가 없습니다. 이에 **영혼 불멸이 요청**됩니다. 다음으로 도덕성이란 '행복할 만한 자격'임에도 거기에 합당한 행복이 보장될 수 없다는 문제입니다. 이에 행복과 도덕성 사이의 일치를 보장해 줄 **신의 현존이 요청**됩니다. 이로써 칸트의 윤리학은 '도덕에 종교가 더해질 때 언젠가 우리는 행복을 누릴 수 있을 것'이라는 **도덕 종교**로 귀결됩니다.

　도덕과 행복 간의 불일치 문제를 (다소 모호해 보이는) '요청Postulat' 개념을 통해 해결하려는 칸트의 시도는 오늘날의 사람들에게 설득력을 얻기 어려워 보입니다. 과학자에게는 '비합리적인 논증'이라는 이유로, 종교인에게는 '신앙심이 부족해 보인다'는 이유로 양자 모두로부터 불만을 살 것 같습니다. 특히 과학적·합리적 사고에 익숙한 현대인에게 '도덕의 실현을 위해 다음 생이 있어야 한다'거나, '도덕성에 걸맞은 행복을 보장해 줄 신이 있어야 한다'는 논리는 어딘가 억지스럽고 비합리적인 것으로 보입니다. 이제까지 체계적이고 탄탄한 논증을 이어 온 칸트의 윤리학도 결국에는 '선한 사람이 행복해야 한다'는 평범한 결론으로 끝맺을 수밖에 없는 것일까요?

하지만 필자는 이런 '평범한' 결론이야말로 가장 합리적인 사고를 지닌 자가 내놓을 수 있는 최선의 해법이라고 생각합니다. 잘 알다시피 칸트는 뛰어난 과학자의 면모를 지니고 있습니다. 그는 오늘날에도 정설로 인정받고 있는 '칸트-라플라스의 성운설'을 통해 세계 최초로 태양계의 기원을 설명해 낸 천체 물리학자이기도 합니다.[3] 다른 한편으로 칸트는 당시 사후세계를 다녀왔다고 주장하며 영계靈界, Geisterwelt의 모습을 증언한 스베덴보리Emanuel Swedenborg(1688~1772)의 책을 비평한 적이 있는데, 그것은 단지 '형이상학의 꿈'이라 할 수도 있지만 이를 통해 우리는 '비물질적 세계의 도덕적 질서'(즉 예지계의 이념)를 떠올릴 수 있다고 하면서 자신의 '도덕 신앙'의 입장을 표명한 바 있습니다.[4]

---

3 「일반 자연사와 천체 이론 또는 뉴턴의 원칙에 따라 다룬 우주 전체의 구조와 기계적 시원에 관한 시론(*Allgemeine Naturgeschichte und Theorie des Himmels oder Versuch von der Verfassung und dem mechanischen Ursprunge des ganzen Weltgebäudes, nach Newtonischen Grundsätzen abgehandelt*)」 참조.

이로써 우리는 과학자인 동시에 형이상학자(종교철학자)인 칸트의 모습을 확인할 수 있습니다. 현상계에 속한 존재로서 우리는 가능한 한 합리적으로 살기를 지향하지만, 동시에 예지계에도 속한 존재로서 가능한 한 도덕적으로 살아야 할 의무를 지닙니다. 이 의무를 다한 사람이 마땅히 행복을 누려야 한다는 것은 우리의 상식이지만, 이것이 현세에서 우리의 힘만으로 가능하지 않다는 것 또한 우리의 상식입니다. 따라서 우리는 이것이 (현세에서건 내세에서건) 가능해야 한다는 것과 이것을 가능하게 만들어 줄 존재가 있어야 한다는 것을 요청할 수밖에 없습니다. 칸트의 윤리학에서 우리는 이처럼 평범한 진리를 다시금 확인하게 됩니다. 또한 그것은 가장 합리적인 사람이 내릴 수 있는 결론이기도 합니다.

여기까지 강의를 함께해 주신 여러분 모두 수고하셨습니다. 열네 개의 강의 중 어떤 강의가 여러분의 마음에 가장 와닿았을지는 알 수 없으나, 여러분이 이 책에서 함께한 강의를 통해 칸트 윤리학에 대해 좀 더 깊게 이해하게 되었다면 본 강의는 제 몫을 한 셈이라고 할 수 있겠습니다.

<hr />

4 「형이상학의 꿈으로 해명한 시령자(視靈者)의 꿈(*Träume eines Geistersehers, erläutert durch Träume der Metaphysik*)」 및 박찬구, 「전(前) 비판기의 칸트 윤리학 —도덕감 개념을 중심으로」, 『칸트연구』 제20집, 한국칸트학회, 2007 참조.

찾아보기

[ㄹ]

원전으로 이해하는

칸트 윤리학